A Poética de Maiakóvski

Coleção Debates
Dirigida por J. Guinsburg

Equipe de Realização – Edição de texto: Adriano Carvalho Araújo e Sousa; Revisão de originais: Boris Schnaiderman; Revisão: Carol Gama; Produção: Ricardo W. Neves, Sergio Kon e Raquel Fernandes Abranches.

boris schnaiderman
A POÉTICA DE MAIAKÓVSKI
ATRAVÉS DE SUA PROSA

2ª EDIÇÃO REVISTA E AMPLIADA

PERSPECTIVA

CIP-Brasil. Catalogação na Publicação
Sindicato Nacional dos Editores de Livros, RJ

S383
2. ed.

Schnaiderman, Boris, 1917-
    A poética de Maiakóvski através de sua prosa / Boris Schnaiderman. – 2. ed. – São Paulo : Perspectiva, 2014.
368 p. : il. ; 23 cm. (Debates ; 39)

   Inclui bibliografia e índice
   ISBN 978-85-273-0590

1. Maiakóvski -Crítica literária. 2. Poesia russa. I. Título. II. Série.

14-09903

CDD: 809
CDU: 82.09

21/02/2014   27/02/2014

2ª EDIÇÃO REVISTA E AMPLIADA

Direitos reservados à

EDITORA PERSPECTIVA S.A.

Av. Brigadeiro Luís Antônio, 3025
01401-000 São Paulo SP Brasil
Telefax: (11) 3885-8388
www.editoraperspectiva.com.br

2014

Maiakóvski em 1929.

*Para Regina (em memória),
Miriam e Carlos*

SUMÁRIO

A Segunda Edição Revista e Ampliada 15
   Notas 16
Nota Prévia da Primeira Edição 17

INTRODUÇÃO 19
   Este Livro: O "Porquê" e o "Como" 21
   Maiakóvski e as Correntes Artísticas e Críticas
   de Seu Tempo................................. 29
   Maiakóvski e a Tradição 63
   Maiakóvski e a Modernidade................... 69
   A Prosa de Maiakóvski Como Experiência
   de "Texto" 79
   Notas 85

POÉTICA E VIDA

Eu Mesmo 107

Resumo da Palestra "Abaixo a Arte, Viva a Vida!" ..135

Notas 137

POR UMA ARTE DA CIVILIZAÇÃO INDUSTRIAL

Carta Aberta aos Operários 155

Léger 157

Agitação e Publicidade 159

De uma Entrevista Com o Escritor
Norte-Americano Michael Gold 163

Notas 167

POESIA E POÉTICA

Os Dois Tchékhov 173

V.V. Khlébnikov 183

Carta Sobre o Futurismo.......................191

Como Fazer Versos? 195

A Sierguéi Iessiênin........................... 239

Nosso Trabalho Vocabular 245

Em Quem Finca Seus Dentes a LEF? 249

"Operários e Camponeses Não Compreendem
o Que Você Diz"............................... 253

Intervenção Num Debate Sobre os Métodos
Formal e Sociológico.......................... 261

Notas 263

A POÉTICA DO TEATRO

Intervenção no Debate "O Pintor no Teatro de Hoje"................................... 297

Intervenção no Debate Sobre a Encenação de *O Inspetor Geral* no Teatro Estatal V. Meierhold................................ 303

Intervenção no Debate Sobre *Os Banhos*, Realizado na Casa da Imprensa, em Moscou..... 309

Notas 312

A POÉTICA DO CINEMA

Teatro, Cinematógrafo, Futurismo 319

Cinema e Cinema 323

Intervenção no Debate "Os Caminhos e a Política da Sovkino".......................... 327

Notas 335

MAIAKÓVSKI HOJE

Maiakóvski................................. 341

Notas 348

Bibliografia..................................... 349
Índice 359

A SEGUNDA EDIÇÃO
REVISTA E AMPLIADA

Decorridos tantos anos após a primeira publicação deste livro, não decresceu o nosso apego ao material nele incluído. Apesar do distanciamento histórico e da inevitável mudança de tom na abordagem das mesmas questões, no meu entender, este acervo mantém sua importância.

É verdade que, após a publicação, houve quem o atacasse como "formalista", mas até hoje é importante lembrar as conquistas conceituais de teóricos russos e aproximá-las da fase heroica das vanguardas do século xx.

Se a reação imediata na imprensa apareceu às vezes de forma bastante negativa, o livro se tornou material de consulta para os que se dedicavam ao tema, e não foram poucas as referências a ele em trabalhos universitários no Brasil e em Portugal.

Em relação a este campo, lembro com especial satisfação o trabalho de Willi Bolle, "Viagem a Moscou: O Mito da

Revolução"[1], sobre a estada de Walter Benjamin na capital soviética em dezembro de 1926 e janeiro de 27. Os materiais contidos neste meu livro levaram-no a considerar o quanto o pensador alemão ficou então afastado de boa parte do que se produzia de mais arrojado na Rússia, em termos de arte e literatura, embora essa permanência em Moscou tenha contribuído decisivamente para o desenvolvimento de sua visão de mundo.

Voltando agora ao tema de Maiakóvski, não posso deixar de frisar sua importância para nós. Por este motivo, incluí, como posfácio ao livro, o texto em que me baseei nas diversas palestras que proferi por ocasião do centenário do nascimento do poeta, em 1993.

Devo acrescentar, também, que além de corrigir uns poucos deslizes meus da primeira edição, foi necessário alterar as referências bibliográficas, pois muitos livros que estavam indicados somente no original foram, de então para agora, traduzidos para o português e publicados pela Perspectiva.

Notas

1. Viagem a Moscou, *Revista USP*, n. 5, incluído no livro do autor, *Fisiognomia da Metrópole Moderna*, p. 177-207.

NOTA PRÉVIA DA PRIMEIRA EDIÇÃO

Este livro constitui versão ligeiramente modificada de uma tese de doutoramento em Letras, defendida junto ao curso de Teoria Literária e Literatura Comparada, da Faculdade de Filosofia, Letras e Ciências Humanas, da Universidade de São Paulo. A banca examinadora estava constituída pelo professor Antonio Candido de Mello e Souza, presidente da mesma e orientador da tese, e pelos professores Adolfo Casais Monteiro, Alfredo Bosi, Ruy Coelho e Sérgio Buarque de Holanda.

No decorrer da arguição, vieram à baila diversos problemas, o que me permitiu compreender melhor alguns dos temas abordados por mim, bem como retificar certos enganos cometidos. Agradeço, pois, aos membros da banca esta ajuda ao meu trabalho.

No caso de determinadas passagens, assinaladas nas notas, precisei pedir traduções novas e inéditas a Haroldo de Campos, que também me emprestou livros e outros materiais necessários, além de discutir comigo problemas relacionados com o tema.

Regina S. Schnaiderman, minha mulher, acompanhou de perto os diversos passos da elaboração do volume, ajudando-me também em sua revisão, conforme acontece quase sempre com o que publico.

Diversos textos traduzidos por mim foram cotejados com o original, com a participação de alunos do curso de russo de nossa faculdade. Aí fica meu agradecimento a cada um.

Pude beneficiar-me de um contato valiosíssimo estabelecido com Roman Jakobson e Krystyna Pomorska, quer por correspondência, quer pessoalmente, durante a permanência deles em São Paulo para um ciclo de conferências, em setembro de 1968. Ambos me remeteram materiais preciosos, como livros, separatas e cópias xerox.

Annete Rezende de Rezende, então bolsista da Fundação de Amparo à Pesquisa do Estado de São Paulo, e que estava preparando um trabalho sobre linguagem poética em português, espanhol e russo, pôs à minha disposição os materiais de que dispunha e discutiu comigo problemas em que nossos setores de estudo se identificavam. Outros livros me foram cedidos por Aurora Fornoni Bernardini. Recebi também materiais e sugestões de Anatol Rosenfeld, Augusto de Campos e Jacó Guinsburg.

São Paulo, 1971.

INTRODUÇÃO

ESTE LIVRO:
O "PORQUÊ" E O "COMO"

Não é meu objetivo defender em tese a importância das asserções teóricas dos artistas criadores: trata-se de assunto amplamente debatido e, conquanto ainda se possam tirar conclusões válidas num estudo em profundidade, não parece vantajoso simplesmente enfileirar dezenas de asserções sobre esse tema, que iriam desde a orgulhosa advertência de Ezra Pound aos leitores, de que não prestassem atenção à "crítica de pessoas que jamais escreveram um trabalho notável"[1], até as dúvidas que repontam ora aqui ora ali sobre a validade dos juízos teóricos emitidos pelos próprios autores, como a observação de Roman Jakobson, no sentido de que as teorizações dos poetas revelam frequentemente inconsistência lógica, ao desviar a tessitura vocabular, da poesia para a filosofia e a ciência[2].

"As grandes épocas da história da literatura são, ao mesmo tempo, épocas teóricas" – afirmou Víctor Schklóvski[3].

E a época do futurismo russo, que marcou uma virada em todos os meios de expressão literária em russo, não foge à regra. Com muita frequência, há uma tendência a dividir a produção dos futuristas russos em duas partes: reconhece-se a importância de sua obra de criação, mas acrescenta-se uma afirmação sobre a fragilidade de suas formulações teóricas. O presente trabalho procura mostrar, baseado nos textos críticos de Maiakóvski, mas também com referência à sua obra poética, que tal asserção carece de fundamento.

Numa nota à edição das *Obras Completas* do poeta, lê-se que "o trabalho criador de Maiakóvski era mais amplo e mais rico do que suas concepções estéticas"[4]. E este ponto de vista, expresso em 1959, encontra-se repetido à saciedade até hoje. Não admira, pois, que em nosso meio se encontrem formulações semelhantes, sobretudo em obras escritas sob a influência da crítica russa mais dogmática. É verdade que semelhante fato se torna cada vez mais raro no Ocidente, mas assim mesmo o erro criou raízes.

Na *Antologia Poética* de Maiakóvski, organizada por E. Carrera Guerra e editada tardiamente em 1963[5], quando o autor não podia mais retificar seus enganos, por ter falecido em janeiro de 1958, lê-se a respeito de Maiakóvski: "Como teórico de arte, no que aliás nunca se arvorou, teria errado mais de uma vez" (p. 40) e, pouco depois, afirma-se que, em face das "desenfreadas tentativas de teorização" dos seus companheiros da revista *Lef*, ele mantinha certa sobriedade (p. 51). Já tive ocasião de argumentar contra esse erro de se atribuir a Maiakóvski "sobriedade" e ausência de intenção teórica[6], mas creio que a melhor demonstração neste sentido se encontrará nos próprios textos em prosa do poeta, incluídos neste livro.

Para que se compreenda bem a importância desses textos, é necessário fixar os limites de seu campo de ação. Pois, se dermos ênfase a elementos que neles não se encontram, se não procurarmos a função específica desses escritos, poderemos criticá-los por visarem um objetivo diverso daquele que tenhamos estabelecido como essencial.

Para ilustrar isto, convém examinar uma abordagem diferente daquela que se pretende fazer aqui. O grande estudioso italiano Ettore Lo Gatto, a quem todo o Ocidente deve tanto, do ponto de vista da divulgação da cultura russa, refundiu diversas vezes sua *História da Literatura Russa*, mas nas diferentes edições não atribuiu importância primordial aos escritos teóricos de Maiakóvski. Compreendem-se melhor as razões de semelhante critério, na base do que Lo Gatto escreveu em *A Estética e a Poética na Rússia*:

> O simbolismo, graças aos pontos teóricos de partida e de chegada, Solovióv e Ivanov[7], conseguiu criar um verdadeiro sistema estético; o mesmo não se pode dizer daquelas correntes que se opuseram ao simbolismo com maior ou menor violência, e no fundo aspiraram a ser seus herdeiros na história do pensamento artístico russo: em particular, o acmeísmo[8] e o futurismo (p. 40).

Pouco adiante, faz outra alusão ao "escasso valor estético-filosófico do decadentismo, do acmeísmo e do futurismo", reconhecendo-lhes apenas a "importância enorme" de haverem contribuído para "a mais recente escola de Poética, que em certo sentido tomou na Rússia o lugar da Estética, com o nome de escola formalista" (p. 41).

Realmente, do ponto de vista estético-filosófico, a obra de Maiakóvski não traz contribuição de vulto. Ele admitia como certo aquilo que o marxismo lhe podia dar neste campo, e não se preocupava em elaborar uma estética baseada no marxismo. Não era este o seu setor. Sua contribuição, como teórico, foi toda no campo da Poética, compreendida como a fundamentação do trabalho poético (vou ater-me a esta definição um tanto simplista, sem cogitar de outras definições da matéria, tão numerosas e variadas hoje em dia, por ser a que melhor delimita o assunto em questão).

Neste sentido, basta ler umas poucas páginas de seu "Como Fazer Versos?", incluído neste livro, para se perceber o manancial valiosíssimo de informações que encerra.

Ficarão geralmente fora de meu campo de análise as apreciações mais extremadas da obra de Maiakóvski, como o verdadeiro culto maiakovskiano de Lila Guerrero[9] e a visão negativa de Otto Maria Carpeaux, conhecedor sério da literatura russa e autor de ensaios admiráveis sobre ela, mas que revela falta completa de empatia com Maiakóvski e apresenta-o de maneira absurdamente amesquinhadora, embora chegue a considerá-lo, entre todos os futuristas, "o maior poeta ou antes o único"[10].

Se no Ocidente aparecem aqui e ali asserções que frisam a importância primordial das teorizações de Maiakóvski, por vezes o desconhecimento destas faz com que alguns estudiosos da linguagem poética refaçam por conta própria, teoricamente, o caminho percorrido pelo poeta, na base de seu trabalho prático. Um exemplo interessante é dado pelo importante livro de Hélcio Martins, *A Rima na Poesia de Carlos Drummond de Andrade*, definido por Antônio Houaiss como "a mais aprofundada e articulada pesquisa que sobre a natureza e função da rima e apoios fonéticos conexos já se fez em língua portuguesa"[11]. No livro, Hélcio Martins se revela grande conhecedor da crítica estilística espanhola, mas os estudos russos de poesia comparecem apenas numa citação de "Reiterações Sônicas" de Óssip Brik, feita através da *Teoria Literária* de Wellek e Warren.

A propósito da classificação das figuras fonéticas segundo as características das reiterações sônicas (proposta por Óssip Brik), Wellek e Warren, citados por Hélcio Martins, escrevem:

> Esta última e utilíssima classificação requer maior subdivisão. Podem-se distinguir repetições de sons situados próximos uns dos outros, dentro de um só verso, de sons que se produzem ora no começo de um grupo e no término de outro, ora no final de um verso e no início do seguinte, ou no começo de versos, ou ainda, simplesmente, em posição final. O penúltimo destes grupos é paralelo à figura estilística da anáfora. O último compreende fenômeno tão corrente como a rima. Segundo esta classificação, a rima se apresenta unicamente como um exemplo de repetição de sons e não deve ser estudada com exclusão de fenômenos análogos, como a aliteração e a assonância.[12]

Ora, semelhante argumentação de Wellek e Warren quase repete a formulação de Maiakóvski, que sempre mantinha contato estreito com Óssip Brik, a ponto de a teoria de Brik estar intimamente ligada à obra poética do amigo, e esta, por sua vez, desenvolver-se paralelamente àquela teorização.

Mas, a partir da formulação de Wellek e Warren e aparentemente sem conhecer a de Maiakóvski, Hélcio Martins desenvolve uma argumentação rica e sutil sobre a rima como elemento ligado às demais reiterações sonoras e ao ritmo[13].

A crítica do ensaísta brasileiro à indigência das definições correntes de rima, nos tratados de versificação existentes em português e francês (p. 11 s), encontra sua contrapartida na veemência de Maiakóvski ao voltar-se contra as obras equivalentes em russo[14].

Hélcio Martins chama a atenção para a habilidade com que Carlos Drummond de Andrade utiliza as rimas do tipo "nelumbo-deslumbrados", esta intensificada pela ocorrência das palavras "mundo" e "sujo" na mesma quadra (p. 46), e aponta como um precursor do processo António Nobre, que rimou "Santíssima" e "relâmpago" (p. 31). Ora, trata-se de processo tipicamente maiakovskiano, embora utilizado antes metodicamente por Vielimir Khlébnikov, processo este que foi amplamente exposto por Maiakóvski em diversos escritos teóricos, particularmente em "Como Fazer Versos?"

O estudo de Hélcio Martins aborda inúmeros outros aspetos relacionados com o problema, mas estes poucos já ilustram, segundo parece, a necessidade de se trazer para o convívio cultural brasileiro uma reflexão teórica baseada em seguríssima prática poética, e que tem tantos pontos de contato com trabalhos realizados em nosso meio.

E foi o que procurei fazer, com a tradução dos ensaios teóricos e críticos de Maiakóvski. Na sua elaboração, baseei-me no mesmo princípio seguido nas traduções poéticas realizadas com Augusto e Haroldo de Campos[15]: busquei uma tradução que recriasse o texto em português, no espírito da obra maiakovskiana, mesmo que isto por vezes obrigasse a um recuo da fidelidade literal. Em suma, procurei a fidelidade estilística mais que a filológica[16].

Deixei para as notas anexas a cada artigo a parte explicativa do texto e às vezes algum comentário, em vez de fazê-lo na introdução, embora isto acarretasse uma extensão considerável desses apêndices.

Na transliteração dos nomes russos, segui aproximadamente as normas de nossa ortografia.

Os textos de Maiakóvski foram agrupados por mim tematicamente, sendo meus os títulos de cada secção da pequena antologia assim formada.

A tradução baseou-se nas *Obras Completas* de Vladímir Maiakóvski, edição dirigida pela Academia de Ciências da URSS, em treze volumes (1955-1961). As referências ao texto são feitas sempre com indicação do volume em algarismos romanos e das páginas, em arábicos, precedidos das iniciais O.C.

Ilustração de Maiakóvski para um de seus poemas.

MAIAKÓVSKI E AS CORRENTES ARTÍSTICAS E CRÍTICAS DE SEU TEMPO

Para se compreender melhor a poética de Maiakóvski, parece útil considerar a sua posição em relação aos movimentos artísticos e literários da época. Se há uma dialética de interdependência e afirmação individual, de traços comuns e traços distintivos, de semelhanças e diferenças, essa dialética tem de ser pesquisada, mesmo sem um estudo exaustivo, que não caberia aqui, pois ela permite estabelecer mais plenamente a originalidade dos grandes criadores.

Para compreender estas aproximações e afastamentos, convém lembrar que, antes da Revolução, a Rússia estava muito próxima do Ocidente cultural, mas que os anos de guerra civil e de bloqueio acarretaram uma ruptura, que se refletiu, pelo menos nos primeiros anos, no desconhecimento mútuo da arte revolucionária.

Neste sentido, vejamos parte de um resumo, publicado em jornal, de uma conferência de Maiakóvski sobre sua estada em Berlim, em 1922:

A ARTE ALEMÃ

As condições artísticas ali eram tão más que, meditando sobre algo de que se alimentar, Maiakóvski não encontrou nada que prestasse. Bustos e quadrinhos, naturalmente, existem, mas o que não existe é aquela força condutora, desencadeadora de movimento, que antes nos vinha da Europa [isto se refere também a Paris].

Na pintura, o lugar mais importante em Berlim é ocupado pelo expressionismo, mas, prestando atenção mais de perto, ficou constatado que seus pintores mais famosos na Alemanha são... russos: Chagall e Kandínski. O único alemão talentoso no movimento é Dix. [...]

Um fenômeno admirável é Georges Grosz, que absorveu todas as premissas sociais da Alemanha [...].

Em literatura, destacam-se dois grupos: 1. o místico-revolucionário, que se aproxima de A.V. Lunatchárski (Kaiser, Toller) e 2. o grupo dos escritores proletários, que ainda não têm editor: Haspar [...]

Não existem teatros interessantes em Berlim. A inventividade dos diretores se orientou para as revistas, que espantam com seu luxo e mau gosto [...].[1]

Parece desnecessário frisar o facciosismo e parcialidade de semelhante panorama de um período tão rico da arte europeia como o expressionismo alemão, mas o que realmente surpreende é o desconhecimento de algumas das realizações mais importantes, inclusive de obras de artistas que tinham concepções estéticas e políticas bem semelhantes às de Maiakóvski.

É verdade que o período correspondeu a um intervalo nas encenações de Erwin Piscator, pois o Teatro Proletário de Berlim só existira por um curto período, 1920-1921, não conseguindo das autoridades uma concessão permanente para seu funcionamento, e a colaboração de Piscator com o Teatro Central se iniciaria somente em 1928[2]. É, porém, realmente espantoso que Maiakóvski, mesmo desconhecendo o alemão, não tivesse recolhido os ecos das realizações de Piscator[3].

Mas em seu *Teatro Político*, o diretor e teórico alemão revela igual desconhecimento do que se fazia na Rússia, no mesmo terreno que ele estava explorando. Aliás, este desconhecimento é confessado com toda a honestidade (p. 81), havendo também expressão de admiração pelos diretores revolucionários russos, na base do pouco que conseguira conhecer de seu trabalho (p. 158), e essa admiração se dirigia para os que assumiam posição contrária à do "naturalismo de Stanislávski" (p. 258); portanto, implicitamente, a teorização de Piscator acabava exaltando as posições de Maiakóvski e Meierhold. Mas onde o desconhecimento se apresenta mais grave é justamente na descrição das atividades práticas de Piscator, em suas tentativas de encenar uma obra soviética. Justificando-se pelo fato de ter escolhido a peça *Raspútin* de Aleksiéi Tolstói, conta não ter recebido da Rússia obras mais adequadas e, mesmo quando cita as que receberia depois, falta aí o nome de Maiakóvski (p. 190). Ora, a adaptação que fez da peça *Raspútin*, os acréscimos, a orientação para os cenários, tudo mostra que ele procurou suprir as deficiências da peça acrescentando-lhe elementos que encontraria realizados no *Mistério-Bufo* de Maiakóvski.

Descrevendo seu trabalho, Erwin Piscator afirma (p. 193, 194):

> Impôs-se em mim a ideia do globo terrestre, sobre o qual todos os acontecimentos se desenrolariam em estreito entrelaçamento e mútua dependência. Dessa leitura resultam duas coisas distintas: como armação cênica do drama, o globo terrestre, ou pelo menos um semiglobo, e a ampliação do destino de Raspútin em destino de toda a Europa.

Ora, a maquete de A. Lavínski para o *Mistério* mostra uma coincidência absoluta com o que Piscator projetaria anos depois. E a própria definição da peça pelo autor (ela não constituiu o ponto mais alto da realização de Maiakóvski dramaturgo) como "representação heroica, épica e satírica de nossa época" (O.C., I, 167) mostra que essa obra dava justamente aquilo que Piscator estava procurando, através de adaptações de peças escritas com outro espírito.

Maquete de A. Lavínski para o cenário de O Mistério-Bufo.

É verdade que, mais tarde, Piscator entraria em contato com Maiakóvski e chegaria a pensar na montagem de *O Percevejo*[4]. Mas, nos primeiros anos após a Revolução, semelhantes contatos eram muito escassos[5].

Observe-se, porém, que este desconhecimento mútuo ocorria paralelamente à existência de uma "Berlim russa", isto é, na capital alemã fixara-se boa parte dos que fugiam da Rússia, mas também havia soviéticos em trânsito ou instalados ali temporariamente, pois o controle exercido por Moscou ainda não atingira a rigidez que teria a partir de meados da década de 1920. Havia então em Berlim jornais, revistas e editoras russas, além de agremiações literárias de diferentes instâncias.

Maiakóvski e o Futurismo

O primeiro capítulo de *Maiakóvski e o Teatro de Vanguarda*, de Angelo Maria Ripellino, inicia-se com as palavras:

> Em sua tendência a fazer de Maiakóvski em um poeta fiscal, pálido campeão acadêmico, alguns críticos russos esforçam-se por separá-lo do futurismo, como se o futurismo fosse um ninho de corvos, uma corja de transviados. Falseando uma verdade facilmente verificável, procuram convencer-se de que Maiakóvski conseguiu subtrair-se ao influxo maléfico dos futuristas, tal como as heroínas dos romances sentimentais escapavam aos embusteiros indecentes. Um dos mais tempestuosos poetas de nossa época torna-se em suas mãos um compungido sacerdote do realismo, um tedioso seminarista, surgido por acaso numa súcia de biltres e malandros.[6]

Desenvolvendo seu argumento, Ripellino mostra como o futurismo deixou sua marca em toda a obra de Maiakóvski e lembra que, depois da Revolução de Outubro, o movimento foi protegido pelo regime e por vezes quase considerado como a tendência oficial no campo das artes[7].

Num artigo traduzido para o português em 1963 e publicado em revista de acentuado cunho ortodoxo, L. Pajitnov e B. Chráguin escrevem:

> A história desenvolve-se de maneira diferente daquela que é às vezes narrada nas antologias escolares. O futurismo não foi para Maiakóvski qualquer coisa de superficial e adventício. Em seus lábios, soava como um apelo à derrubada das caducas fronteiras da arte burguesa – precisamente da arte decadente – uma palavra de ordem que exortava a criar a cultura artística do futuro. "Por incômodo que seja à iconografia", escreveu Louis Aragon, "Maiakóvski não foi simplesmente um futurista, mas o fundador do futurismo russo".[8]

Mas que futurismo era aquele? Maiakóvski fez parte do grupo dos cubofuturistas russos, que publicaram em 1910 o almanaque *Sadók Sudiéi* (Armadilha Para Juízes) e lançaram em 1912 seu famoso manifesto "Bofetada no Gosto Público", eis o texto:

"Bofetada no Gosto Público"

Aos que nos leem, o nosso Primeiro e Inesperado. Unicamente *nós* somos a *face de nosso* Tempo. A trompa do tempo ressoa por nosso intermédio na arte vocabular.

No outrora, o espaço é acanhado. A Academia e Púschkin são mais incompreensíveis que os hieróglifos.[9]

Jogar Púschkin, Dostoiévski, Tolstói etc. etc. de bordo do Navio da atualidade. Quem não esquecer seu *primeiro* Amor, não conhecerá o amor derradeiro.[10]

E quem, confiante, há de orientar seu Amor derradeiro para a fornicação de Perfumaria de Balmont?[11] É nesse amor que se reflete o espírito viril de hoje?

Quem, assustado, temerá tirar a armadura de papel do fraque negro do guerreiro Briússov?[12] Ou sobre ela Pairam auroras de ignorada beleza? Lavem as mãos que tocaram no muco imundo dos livros escritos por esses infindáveis Leonid Andriéiev.

Todos estes Maksims Górki, Kuprin, Blok, Sologub, Riêmizov, Aviértchenko, Tchórni, Kúzmin, Búnin etc. etc. só precisam de uma casa de campo à margem do rio. O destino concede semelhante prêmio aos alfaiates. Do alto dos arranha-céus contemplamos a insignificância deles!...

Ordenamos que se leiam os *direitos* dos poetas:

1. A ampliação do dicionário, *em volume*, por meio de palavras criadas arbitrariamente.
2. Ao ódio incoercível à língua que existiu antes deles.
3. Afastar, com horror, da fronte altiva o laurel da glória de vintém, Que vocês teceram com vassourinhas de banho.[13]
4. Permanecer sobre o rochedo da palavra "nós", em meio ao mar das vaias e da indignação.

E se *por enquanto* em nossas linhas ainda ficaram as marcas imundas do vosso "bom senso" e "bom gosto", sobre elas já tremulam, *pela primeira vez*, as Fulgurações da Nova Beleza Futura da Palavra Valiosa em Si (autoformada).

D. Burliuk, Aleksandr Krutchônikh,
V. Maiakóvski, Víctor Khlébnikov
Moscou, 1912, dezembro

Seus companheiros eram: Vielimir Khlébnikov, a quem Maiakóvski considerava seu mestre, David Burliuk, Vassíli

Kamiênski, Aleksiéi Krutchônikh e poucos mais. O nome de "futuristas" lhes foi dado pelos que os atacavam, e eles o aceitaram[14], embora geralmente preferissem o termo cunhado por Khlébnikov: *budietliânie* (de *búdiet*, será). Eram muito diferentes, quanto a concepções, estilo e atuação, do assim chamado ego-futurismo de Igor Sievieriânin, criador de uma poesia de salão, de ritmos acariciantes e estranhas montagens de palavras.

Por vezes, tem-se frisado as diferenças entre o futurismo russo e o italiano. Não é muito exato, porém, negar influência do italiano para o surgimento do russo, conforme se fez com certa frequência. No ambiente tumultuoso da arte europeia da primeira década do século, o aparecimento de Marinetti e de seu manifesto repercutiu profundamente, suscitando ecos os mais diversos e desencadeando um processo de atração e repulsão que se torna às vezes difícil de precisar. Se ficaram famosas as manifestações de repulsa a Marinetti, promovidas pelos cubofuturistas, quando o fundador do futurismo esteve na Rússia, no início de 1914, e se o próprio Maiakóvski enviou, com dois companheiros, ao jornal *Nov* (Terra Virgem), uma carta em que se negava qualquer relação com o futurismo italiano, a não ser o urbanismo manifestado por este (O.C., I, 369), não é menos certo que uma série de características passaram do futurismo italiano para o russo: o próprio título do manifesto deste, "Bofetada no Gosto Público", era de sabor nitidamente marinettiano, o apelo à destruição dos museus, as bravatas sobre a exclusão de Púschkin, Tolstói, Dostoiévski etc. da literatura, o comportamento desafiador dos futuristas russos, suas vestes escandalosas e seus rostos pintados, a exaltação do movimento e da máquina, são outros tantos elementos que mostram bem a relação entre eles.

Ao mesmo tempo, tem razão Angelo Maria Ripellino, quando sublinha as diferenças, não obstante algumas "escassas analogias"[15] e a influência decisiva e direta que Marinetti exerceu sobre o teatro de vanguarda surgido com a Revolução, influência essa a que estiveram sujeitos também futuros cineastas, como Eisenstein, Iutkévitch, Kózintzev, Trauberg e outros. O clima de paganismo eslavo que há na poesia de Khlébnikov e Kamiênski contrasta francamente com as páginas dos futuristas italianos. A aversão pela guerra é intensa tanto em Khlébnikov como em Maiakóvski, há neles um acento anti-imperialista inconfundível e um apelo à rebelião social, e tudo isto é bem oposto à ideologia de Marinetti[16]. Ademais, enquanto este falava de "palavras em liberdade" e punha em prática suas asserções, os futuristas russos empreendiam uma renovação da linguagem que não se baseava numa soltura completa das palavras e sim numa libertação dos cânones artificiais, numa pesquisa dos verdadeiros processos de formação linguística, enfim na construção de um sistema que se afastasse do tradicional e cediço, mas que seria sempre um sistema coerente e organizado. Neste sentido, adquire particular importância a crítica feita por Roman Jakobson, em 1919, aos manifestos de Marinetti, cuja linguagem é caracterizada como emotiva e não poética[17]. É justo observar, porém, que se trata de oposição entre o cubofuturismo russo e um dos aspectos do futurismo italiano, que, em sua totalidade, foi mais complexo e rico do que se poderia supor pelo expresso aqui.

Em 1923, Maiakóvski afirmava existirem, entre os dois movimentos, semelhanças nos métodos de elaboração formal, e ao mesmo tempo completa divergência ideológica[18].

Trata-se de um assunto que só posso abordar aqui de passagem. Ele está bem exposto por Ripellino[19], havendo, também, hoje em dia, trabalhos especialmente dedicados ao tema[20].

Um aspecto diferencial, porém, relacionado com os demais, me parece sobremaneira importante. Tem-se apontado o papel do futurismo italiano como verdadeiro precursor do surrealismo. Ruggero Jacobbi chega a frisar a importância da contribuição futurista para "o desencadeamento do irracional, que foi a verdadeira *higiene do mundo* operada pelas vanguardas"[21]. Não concordando com a identificação de vanguarda e irracionalismo, considero mais correto ver nos movimentos de vanguarda uma dialética de irracional e racional, com predomínio ora de um ora de outro desses elementos. Alfredo Bosi, que tem pesquisado ultimamente em nosso meio os textos futuristas italianos, apontou-me para a construção e racionalidade que existiram também no futurismo italiano. E, certamente, ele tem razão.

Aliás, não foi pequena a contribuição russa para o irracionalismo das vanguardas. Mas, ao mesmo tempo, a preocupação de construir a obra como um sistema, tão evidente nos futuristas russos, era a manifestação de um nacionalismo bem consciente. Maiakóvski escreveu no poema inacabado "v Internacional":

> Eu
> à poesia
> só permito uma forma:
> concisão,
> precisão das fórmulas
> matemáticas.[22]

Jakobson chama a atenção para o papel que o irracional exerce na obra de Maiakóvski e para a ocorrência, nesta, da "racionalização do irracional"[23]. Na realidade, um aspecto não exclui o outro, mas é certamente em Maiakóvski que aparece mais claramente a afirmação de um nacionalismo que o distancia muito de certas correntes da vanguarda europeia. E este elemento surge até em seu período declaradamente futurista.

E em relação ao futurismo russo? Qual seria a posição de Maiakóvski, cada vez mais voltado para o racional, em relação a um movimento em cujas raízes havia marcas acentuadas de irracionalismo?

Mesmo na fase das grandes polêmicas futuristas, ele chegou a frisar que não se agarrava ao futurismo como a um fetiche. O desafio ao público burguês, a famosa blusa amarela, eram etapas necessárias da luta por uma arte completamente nova. Já em 1915, porém, no artigo "Uma Gota de Fel", depois de afirmar: "Hoje todos são futuristas. O povo é futurista", escreveu:

Mas, visto que o futurismo já morreu como ideia dos eleitos, ele não nos é mais necessário. Consideramos concluída a primeira parte de nosso programa: a destruição. Eis por que vocês não devem espantar-se se virem hoje em nossas mãos, em lugar do chocalho do bufão, o desenho do arquiteto, e a voz do futurismo, ontem ainda macia de um devanear sentimental, se moldar hoje num bronze de pregação (o.c., I, 351).

Mas a posição de Maiakóvski nunca pode ser definida por uma única afirmação: seu pensamento dialético só pode ser acompanhado em desenvolvimento. Depois daquelas palavras, continuou a se proclamar futurista, e foi também esta a sua atitude após a Revolução de Outubro. O futurismo era para ele uma bandeira, e ainda em 1923 ressaltava a importância de se conservar o uso do termo, pois em torno dele se congregavam os que partilhavam a atitude agressiva e inovadora de Maiakóvski, no campo da arte[24].

Mais tarde, porém, considerou que o futurismo já havia cumprido seu papel e devia ceder lugar à posição literária da Lef, ao construtivismo: a negação, a bofetada no gosto público, tinham de ser substituídas pela organização e pela construção industrial e socialista. Em 1925, numa conferência nos Estados Unidos, disse:

Na exaltação extremada da América pelo futurismo se revela o seu engano radical: a exaltação da técnica como tal, da técnica pela técnica [...]
O futurismo ocupou o seu lugar e se imortalizou na história da literatura, mas na União Soviética ele já acabou de desempenhar o seu papel [...]
O trabalho e os anseios da União Soviética não encontrara seu reflexo no futurismo, e sim na Lef, que celebra não a técnica pura e crua, caótica, mas a organização racional. O futurismo e a construção soviética não podem mais avançar lado a lado. De hoje em diante, estou contra o futurismo e vou lutar contra ele.[25]

Trata-se de um resumo de jornal, provavelmente correto, a não ser aquele termo "imortalizar" com referência ao futurismo, e que é totalmente antimaiakovskiano.

No debate de 1923, porém, citado há pouco, ele já afirmara que o futurismo deveria ser examinado do ponto de vista dos problemas que tinha pela frente, e que determinavam uma série de gradações. Se a própria evolução da problemática levava à conclusão de que era necessário algo novo, Maiakóvski aceitava isto e tomava outro rumo.

Maiakóvski e Breton

Existem muitos pontos de contato entre Maiakóvski e o surrealismo. A imaginação solta, voltada para o descomunal e hiperbólico, e que frequentemente busca os espaços cósmicos, conforme se patenteia em tantas obras do poeta; a reação contra um realismo imediatista e chão; o gosto evidente pelo visual, pela imagem; a atitude desabusada em relação à tradição literária; a negação da ficção e a afirmação da necessidade de ligar a arte à vida, de buscar nesta, diretamente, os elementos para a criação artística – eis alguns elementos que aproximam a posição do poeta russo das posições defendidas pelo surrealismo e particularmente por Breton em seus manifestos.

Mas, ao mesmo tempo, quantas diferenças!

Em primeiro lugar, o racionalismo maiakovskiano a que já me referi, e que o coloca numa posição diametralmente oposta à de Breton.

Este visava a construção de um sistema estético-filosófico, e já se viu também que era algo de que Maiakóvski absolutamente não cogitava. A posição de Breton, sua luta por uma síntese entre a psicanálise e o materialismo dialético, era algo que não poderia de modo algum ser aceito por Maiakóvski, tão ferozmente hostil a qualquer psicologismo. A afirmação bretoniana da "crença nessa luz que o surrealismo procura revelar no fundo de nós"[26] teria provocado a reação mais violenta do poeta russo, que talvez nem tenha chegado a tomar conhecimento da frase. E a exaltação da magia, da astrologia[27], o apelo ao sobrenatural, são outros elementos que afastam completamente a criação bretoniana da obra de Maiakóvski, embora o mágico e o esotérico sejam comuns na obra de seu amigo e mestre, V.V. Khlébnikov.

Maiakóvski e o Cubismo

É quase obrigatória nos estudos sobre o futurismo russo a referência ao fato de que os futuristas russos estavam muito ligados à pintura, ao contrário dos simbolistas, mais propensos à música[28]. A própria biografia dos principais representantes do grupo cubofuturista mostra a sua vivência pictórica, por vezes até em base profissional: David Burliuk estudara em escolas de arte de Kazan e Odessa e na Academia Real de Munique e estivera praticando em estúdios parisienses, antes de se matricular na Escola de Pintura, Escultura e Arquitetura de Moscou; Maiakóvski estudara com os pintores Jukóvski e Kélin, antes de ingressar na mesma Escola, e depois desenharia cartazes, ilustrações e capa de seus livros, figurinos para suas peças etc.; Krutchônikh foi professor de desenho; Khlébnikov e Nicolai Burliuk praticaram muito o desenho, como amadores.

O nome atribuído aos futuristas do grupo de Maiakóvski, cubofuturistas, faz ênfase sobre o cubismo, embora os manifestos do grupo não sejam propriamente declaratórios neste sentido. Uma argumentação incisiva sobre a importância do cubismo para os russos da época encontra-se no "Retrospecto" de Roman Jakobson:

> Aqueles dentre nós que se preocupavam com a linguagem aprenderam a aplicar o princípio da relatividade às operações linguísticas, éramos consistentemente impelidos nessa direção pela Física moderna e pela teoria e prática pictórica do cubismo, onde tudo "se baseia nas relações", e na interação entre as partes e o todo, entre a cor e o contorno, entre a representação e o que é representado.[29]

Em "As Concepções Teóricas dos Futuristas Russos", Krystyna Pomorska considera a teoria e prática do cubismo como o recurso teórico fundamental do cubofuturismo. Sua argumentação, baseada em escritos de David Burliuk, Khlébnikov, Krutchônikh e Roman Jakobson, assim como na prática dos futuristas russos, é bem convincente neste sentido[30]. Aliás, numa obra ulterior da autora, há uma análise de poema de Khlébnikov, em que se destacam os elementos cubistas nele contidos[31].

E Maiakóvski? Também em seus versos não seria difícil encontrar "imagens deslocadas", consideradas por Krystyna Pomorska elemento essencial do cubismo, bem como outros elementos cubistas, mas isto nos levaria a um tema alheio aos objetivos do presente trabalho.

Aliás, uma exemplificação muito boa pode ser encontrada em Ripellino[32]. Todavia, se o cubismo está presente na prática poética de Maiakóvski, no uso das imagens feito por ele, em seus escritos teóricos (pelo menos os incluídos nas *Obras Completas*) não há propriamente argumentação a favor do cubismo. Mesmo em seu escrito mais extenso sobre pintura, *Exame da Pintura Francesa em Sete Dias* (O.C., IV, 233 a 253), não figura nenhuma apologia do cubismo como tal, a não ser ligeiras referências elogiosas. Ele perpassa mais como elemento implícito em toda a obra maiakovskiana, como algo aceito e assimilado. A própria aceitação por Maiakóvski do construtivismo nas artes plásticas, de que se trata adiante, não deixa de ser outra consequência da incorporação da experiência cubista, dada a relação íntima entre um e outro movimento.

Maiakóvski e Piscator

Já tive a oportunidade de mostrar, neste livro, a pouca ligação que havia entre a Rússia e o Ocidente no início da década de 1920, e como, apesar disso, concepções semelhantes se desenvolveram em países separados entre si pelas tempestades políticas da época. Isto se evidencia particularmente quando se comparam as teorizações de Maiakóvski e o que escreveu Piscator em seu *Teatro Político*.

Piscator, tal como o poeta russo, afirma a necessidade da eliminação total do teatro burguês (p. 280), de sua substituição por um teatro em que a arte seria um meio de atingir um fim político (p. 39 s, 110 s, 191 s, 263, 285). Escreve: "Riscamos radicalmente a palavra 'arte' do nosso programa; as nossas 'peças' eram apelos com os quais queríamos intervir no fato atual e 'fazer política'" (p. 51). Ora, não era outra a posição de Maiakóvski, conforme se pode constatar em diversos de seus artigos incluídos no presente trabalho, pela sua insistência em "desestetizar" as artes e a sua afirmação categórica, no discurso sobre a peça que escrevera, *Os Banhos*, de que pretendera fazer uma peça "inartística".

Erwin Piscator quer explicitamente tornar o teatro uma arte menos rígida, menos desligada da realidade presente, ligá-lo ao jornalismo, ao dia de hoje (p. 52). E era também o que pretendia Maiakóvski, que chegou a escrever pecinhas de ocasião, ligadas a algum problema específico, e que hoje nos dizem muito pouco (por isso mesmo, não têm sido traduzidas). Outras vezes, porém, esta ligação do teatro com o jornalismo resultava tão harmoniosa que o próprio trabalho do dramaturgo se enriquecia. Por exemplo, a segunda versão do *Mistério-Bufo*, que reflete diversos acontecimentos ocorridos após a redação da primeira, parece mais rica e vigorosa. E o prefácio a esta segunda versão, que é de 1921, recomenda a quem dirigir, representar, ler ou imprimir a peça, que lhe mudem o argumento, tornando-o "atual, do dia, do minuto" (O.C., II, 245).

Piscator frisa que "na mesma época na qual o proletariado, ideológica e organicamente, atrai o teatro para o seu campo, se inicia igualmente a revolução técnica da cena" (p. 45, cf. p. 71, 158, 187, 218, 268, 276) e indica a necessidade, para o teatro revolucionário, de aproveitar adequadamente os progressos da técnica. Realmente, não pode haver afirmação mais condizente com o que vinha pregando Maiakóvski. Veja-se, por exemplo, na discussão sobre *Os Banhos*, sua afirmação: "Derrubamos uma frisa, derrubamos paredes, se for preciso derrubaremos o teto".[33] Os velhos teatros, construídos para a representação de pequenos dramas individuais, tinham de ser refeitos, para que se pudessem montar espetáculos de massas, e estes teriam de utilizar as conquistas da técnica moderna.

Para Piscator, a forma dramática até então existente deveria ser completamente destruída, para em seu lugar surgir um teatro que refletisse as necessidades da época, a ascensão do proletariado (p. 191). Os próprios clássicos tinham de ser revitalizados, à luz das exigências do presente (p. 103 s). Ora, justamente isto afirmou continuamente Maiakóvski, e em forma bem radical, conforme se pode constatar em diversos artigos contidos neste trabalho, e particularmente pela sua intervenção no debate sobre *Os Banhos*.

Finalmente, como que para tornar o paralelo ainda mais evidente, houve a oposição de certos meios comunistas ortodoxos tanto ao teatro de Piscator (p. 55 s, 90, 139 s, 268) como ao de Maiakóvski e, em ambos os casos, semelhante oposição se fazia em nome dos "valores eternos da arte".

Brecht – Maiakóvski

A teorização de Brecht forma um conjunto admirável de reflexões que ultrapassam o mero campo da realização artística imediata e de sua fundamentação. Um ensaio como "Cinco Dificuldades no Escrever a Verdade", publicado em *Teatro Dialético*, é um estudo de sabedoria humana e sabedoria política, uma reflexão sobre os problemas do intelectual que se defronta com a máquina opressora do Estado. Outros estudos seus lançam luz sobre a problemática humana do teatro, sobre a sua condição no mundo de hoje, mas a sua condição mais geral, não apenas a condição particularizada, que se relaciona com este ou aquele tema, com esta ou aquela corrente. Naturalmente, dirigiu o olhar também para o particularizado, e sua reflexão parte de uma base concreta, definida no espaço e no tempo. Mas ela sempre atinge mais longe, seu próprio objetivo é colocado mais alto.

Não é o que sucede com Maiakóvski. Sua teoria é quase sempre uma teoria do imediato, do contingente, a fundamentação de um trabalho, que se expõe para que os outros vejam como foi realizado e possam encontrar seu próprio caminho, à base desse ensinamento. Outras vezes, está ligada a polêmicas, a discussões em torno de problemas artísticos colocados pela realidade cotidiana. Note-se bem: isto não amesquinha nada, é apenas a escolha de um campo determinado. Neste campo mais restrito, Maiakóvski tem muito a ensinar, parece sempre pronto a exibir novidades, advindas de sua atividade prodigiosa.

E embora os objetivos de um estejam colocados no campo da especulação estético-filosófica, para a qual a atividade prática serve de base, e os do outro se restrinjam ao campo da ação imediata, as conclusões a que chegam são frequentemente as mesmas. Eis, por exemplo, um trecho do já citado "Cinco Dificuldades no Escrever a Verdade":

> Para o escritor é importante encontrar o tom da verdade. Geralmente, o que se ouve é um tom muito manso e lamentoso de pessoas que não podem fazer mal sequer a uma mosca. Quem escuta esse tom e está na miséria, torna-se ainda mais miserável. Assim falam pessoas que talvez não sejam inimigas, mas que certamente não são companheiros de lutas. A verdade é combativa. Não luta somente contra a inverdade, mas também contra certos homens que a divulgam (p. 26).

Não parece Brecht fazendo a apologia da agressividade, da posição por vezes dir-se-ia selvagem de Maiakóvski? Compare-se o início da discussão sobre *O Inspetor Geral* (neste trabalho), aquele "Por que estão rinchando, companheiros?", com as palavras de Brecht. Não são lutadores da mesma contenda – um em atitude mais serena e filosófica, o outro vibrante e polêmico, todo agressividade e ímpeto?

A argumentação de Brecht contra a ideia de que "uma peça tem a missão de satisfazer as necessidades humanas *eternas*" (p. 38), encontra-se, em outra forma, quase a cada passo nos escritos teóricos de Maiakóvski. Ela é o cerne de inúmeras de suas atitudes e lhe valeu rancores sem conta.

Brecht formulou nitidamente a concepção de um teatro épico, pedagógico, que não se baseasse na velha estética, e procurou mesmo dar-lhe os fundamentos teóricos. Em Maiakóvski, não se encontra nada de semelhante como exposição, mas há um apelo constante a um teatro de massas, épico, antipsicológico, satírico quando necessário. O próprio título *Mistério-Bufo* reflete este duplo objetivo. Neste sentido, o antipsicologismo de Brecht encontra brilhante paralelo no antipsicologismo de Maiakóvski.

Às vezes, até a terminologia empregada é bem parecida. "Podemos falar do dinheiro na forma dos iâmbicos?" – pergunta Brecht (p. 47). E Maiakóvski exclama: "Não! É inútil conter num tetrâmetro anfibráquico, inventado para o murmúrio, o reboar destruidor da Revolução!"[34] A diferença de tom entre a oração interrogativa e a exclamativa marca realmente uma diferença essencial entre a teorização do alemão e a do russo (em Maiakóvski, por exemplo, não se encontra uma teoria teatral que se aproxime sequer do distanciamento brechtiano – ele quer a participação do público no espetáculo, sua identificação com este).

Brecht se opõe à velha concepção do poeta como um ser extraterreno e confessa: "torço o nariz para as pessoas de quem sei que não estão à altura da compreensão científica, ou seja, que cantam como os pássaros cantam, ou como nós acreditamos que os pássaros cantem" (p. 100). Não é algo muito semelhante, pela intenção, às palavras de Maiakóvski sobre a arte dos que lutam por um pedaço de pão?[35]

No artigo "O Popular e o Realista", Brecht afirma que não se deve ter medo de colocar coisas novas e não usuais diante do operário, e que, pelo contrário, o intelectual tem muito a aprender com os operários (p. 120, 121). É exatamente a posição de Maiakóvski. No poema "Incompreensível para as Massas", condena-se a autossuficiência dos intelectuais que acreditam conhecer o operário e lhe falam de cima.

> E para a massa
> > flutuam
> > > dádivas de letrados –
> lírios,
> > delírios,
> > > trinos dulcificados.[36]

E, no final do artigo "Operários e Camponeses Não Compreendem o Que Você Diz" (neste livro), o poeta conta, com orgulho, como os operários de uma usina apreciaram versos seus, que os intelectuais consideravam "incompreensíveis para as massas".

Outras asserções de Brecht que são muito comuns em Maiakóvski: a necessidade de uma forma nova para expressar o novo conteúdo (p. 257 s); a interpretação corrente dos clássicos, considerados patrimônio de um povo, é, na realidade, uma tradição de deterioração dos clássicos, que não são trazidos vivos para o homem de hoje (p. 269 s)[37]; os clássicos usados para intimidar tudo o que é novo e criador (p. 269 s) etc.

A afirmação que se encontra tantas vezes em Brecht de que a arte não é incompatível com uma atitude crítica, tratando-se de um preconceito a combater, encontra eco na atitude de Maiakóvski, ao afirmar que desejava colocar-se na fileira de Edison e Einstein e pretendia, com a poesia, chegar à "precisão das fórmulas matemáticas". Aliás, pouco adiante acrescenta, em prosa (ou, melhor, num limiar de prosa e poesia): "Sei exatamente o que é poesia. Descrevo aqui acontecimentos interessantíssimos, que me abriram os olhos. Minha lógica é indiscutível. E minha matemática infalível" (O.C., IV, 108). Não é, em outras palavras, o que afirma Brecht no ensaio "Teatro de Diversão ou Teatro Pedagógico", com o subtítulo "Teatro e Ciência" (p. 99-101)?

Enfim, Brecht (que formulou suas concepções, em grande parte, antes de conhecer o poeta russo) e Maiakóvski, que parece não ter conhecido o poeta alemão[38], foram dois marcos na vanguarda racionalista e lúcida, em meio ao irracionalismo absorvente das vanguardas europeias. Um e outro também renderam seu tributo ao irracionalismo. Ambos souberam, porém, absorver esse irracionalismo numa dialética de irracional e racional e opor ao absurdo que há no mundo moderno uma atitude de análise penetrante, que é reflexiva e filosófica no primeiro, ligada a um tumultuar agressivo – no segundo[39].

Maiakóvski, Construtivismo, Dadá

Quando Maiakóvski afirmava, em 1922, "pela primeira vez não foi da França e sim da Rússia que chegou uma nova palavra da arte: construtivismo"[40], esta afirmação altiva refletia todo um fundo rico de trabalhos artísticos que procuravam expressar o espírito da nova civilização industrial.

O simbolista Aleksandr Blok já entrevira, em 1913, em meio à "indigente Rússia fínica"[41], em meio às "genuflexões", às "velas e ladainhas", ao "incenso azul", uma Rússia sobre cujas estepes se erguia "a estrela da nova América"[42].

O grande e visionário Khlébnikov, mestre de Maiakóvski, escrevera a partir de 1914 uma série de fragmentos utópicos, em que aparece uma visão da cidade do futuro, liberta dos rateiros[43] de hoje, da ganância dos donos de prédios de aluguel e dos arquitetos que perderam a noção, evidente nas antigas construções, de que a natureza condensada – a pedra, deve alternar-se com a natureza rarefeita – o ar, como no verso as tônicas se alternam com as sílabas átonas. Hoje, "as ruas não têm pulsação. As ruas ininterruptas são tão difíceis de olhar como é difícil ler palavras sem intervalos ou pronunciar palavras sem acentos. É necessária uma rua fragmentada, com acento no alto dos prédios, esta oscilação no respirar da pedra"[44]. Há nessas utopias de Khlébnikov uma identificação entre natureza, construção humana e linguagem poética:

> O que enfeita uma cidade? No umbral de sua beleza, estão as chaminés das usinas. As três chaminés fumegantes de

Zamoskvoriétchie[45] lembram um castiçal com três velas, invisíveis à luz do dia. E a floresta das chaminés sobre o pântano setentrional e sem vida[46] obriga a presenciar a passagem da natureza de uma ordem a outra; há um musgo tenro, fraco, de segunda ordem, e a própria cidade torna-se a primeira experiência de uma plantação de ordem mais elevada, conquanto ainda escolar. Esses pântanos são campina do musgo sedoso das chaminés. E as chaminés são o encanto dos cabelos dourados.[47]

Estes "cabelos dourados" das chaminés transportam-nos, realmente, para bem longe do clima sombrio das utopias de H.G. Wells, com as suas "guerras dos mundos" e um futuro desvendado pela máquina de explorar o tempo, onde a humanidade se divide em indivíduos frágeis e delicados, descendentes dos ricos de hoje, e umas aranhas humanas, resultantes da vida secular nos bairros miseráveis das nossas cidades[48].

E levam-nos para bem longe, também, de muitas utopias negativas atuais, como as de Ray Bradbury, Alfred Bester e outros. Não! O mundo futuro de Khlébnikov é o mundo em que o homem viverá fundido com a natureza, em que cidade, natureza e linguagem poética formarão um todo harmonioso, inconfundível[49]. E tudo isto num universo em que as distinções de espaço e tempo estão apagadas, como no conto "Ka" de Khlébnikov, onde uma isbá russa surge à margem do Nilo[50] e um sábio do ano 2222 aparece na época em que "se acreditava ainda no espaço e pensava-se pouco no tempo" etc[51].

Aliás, uma visão otimista da sociedade industrial, que deveria forçosamente evoluir para o socialismo, já se encontra num romance russo de 1863: *Que Fazer?*, de N.G. Tchernichévski.

De maneira semelhante à dos utopistas do passado, os artistas da Rússia revolucionária sonham com um futuro industrial e construtivo, em meio às ruínas da guerra civil, à fome, à paralisação quase total da vida nas cidades. É muito ilustrativo, neste sentido, o final da "Carta Aberta aos Operários", de Maiakóvski (neste livro).

Conforme declaração expressa do poeta, no debate "O Pintor no Teatro de Hoje", a visão nova em arte, após a Revolução de Outubro, iniciou-se na pintura[52]. Ela teve por fulcro, certamente, a IZO (*Otdiel Izobrazítelnikh Iskustv*, Seção das Artes Plásticas), junto ao Comissariado do Povo para a Instrução, da qual faziam parte Maiakóvski e seus amigos. A princípio, os desenvolvimentos nas artes plásticas tenderam, por um lado, para o colorismo intenso de Larionov e Gontcharova, que em sua busca dos raios que emanam dos objetos acabavam chegando à pintura abstrata; e, por outro, para as abstrações geométricas de Casimir Malévitch, o iniciador do suprematismo; tudo isso a par de uma influência considerável do cubismo[53].

Mas, a partir da pintura, e já com intenção declarada de expressar a nova sociedade, o movimento abrangeu os setores mais diversos das artes e refletiu-se intensamente em literatura. Eis o que escreve sobre o construtivismo N.A. Sviertchkóv:

> O construtivismo está intimamente ligado ao crescimento da cultura industrial e expressa o seu patos intelectual, técnico e industrial. Ele formula a ideia da adequação racionalista, da exigência de economia, do cálculo matemático, do laconismo nos meios de expressão artística. Em sua tendência de aproximar a arte da indústria, o construtivismo renega o decorativo não motivado funcionalmente, ele esquematiza, logiciza e maquiniza a linguagem da arte. Em suas formulações mais extremadas, visa a liquidação da arte como esfera espiritual independente, a substituição do artista pelo engenheiro, pelo construtor, e a dissolução da obra artística na construção da vida, na criação de objetos adequados e racionais; por vezes, o construtivismo adere objetivamente às tendências tecnocráticas.[54]

Em linhas gerais, o construtivismo na Rússia constituía um desenvolvimento consequente do cubofuturismo e das tendências pictóricas de vanguarda. Seu centro de gravidade passou a ser a revista *Lef*, fundada por Maiakóvski em 1923. E o próprio poeta foi, pode-se dizer, o agente catalisador do movimento.

Este deixou sua marca em algumas das realizações mais pujantes da arte e da literatura russas da época: a poesia e as peças teatrais de Maiakóvski; a direção teatral de Meierhold e de Taírov; o estilo de direção cinematográfica de Eisenstein e o "cine-olho" de Dziga-Viértov; a arquitetura funcional e a escultura, que por vezes se fundiam, como no projeto do monumento à III Internacional, de Tátlin; os projetos gráficos e as montagens de El Lissítzki[55]; as fotomontagens de Ródtchenko.

Como escola literária particularizada e definida, o construtivismo na Rússia surgiu em 1923, encabeçado pelos poetas I.L. Selvínski e A.M. Tchitchérin. Maiakóvski continuou a defender os princípios do construtivismo, embora não participasse do grupo e mesmo chegasse a travar polêmicas com diversos de seus representantes, particularmente, com o mais vigoroso deles: Iliá Selvínski. O antagonismo entre os dois grupos, o da revista *Nóvi Lef* e o Centro Literário dos Construtivistas, chegou a tal ponto que, em 8 de fevereiro de 1930, isto é, pouco antes do suicídio e no período de sua atuação na RAPP (Rossíiskaia Assotziátzia Proletárskikh Pissátieliei), depois de ter deixado *Nóvi Lef*, Maiakóvski chegou a afirmar, numa intervenção, que, do ponto de vista da aplicação didática, o construtivismo era a mais nociva de todas as tendências, e que ele repetia o erro do futurismo: a veneração pura e simples da técnica (O.C., XII, 409).

Esta declaração tardia, que tem sido tomada isoladamente para indicar um rompimento de Maiakóvski com o construtivismo e mesmo para sugerir que este lhe era hostil (o que fez, entre outros, N.A. Sviertchkóv, no artigo citado), não anula a brilhante atuação do movimento construtivista russo nem o papel fundamental que nele exerceu o poeta.

Mais complexa é a questão da relação entre o construtivismo russo e o dadaísmo. Um escrito de Hugo Ball, datado de Zurique, 15 de maio de 1916, narra a fundação do Cabaré Voltaire naquela cidade e refere-se a certa participação russa[56]. No entanto, o isolamento em que ficou a Rússia a partir da Revolução impediu, a princípio, um contato maior, de modo que os dois movimentos se desenvolveram paralelamente, refletindo com muita frequência características comuns, e isso faz com que certas formulações maiakovskianas pareçam tipicamente dadaístas[57]: a hostilidade ao escritor e artista tradicional, à própria figura do artista como ser diferençado dos demais; a desestetização, o apelo à vida cotidiana e às suas formas de expressão, como o jornal e a crônica cinematográfica; o apreço pela abstração pictórica; a exaltação do industrial, do objeto útil, necessário. (É verdade que estes elementos não são privativos do dadaísmo – são comuns às vanguardas da época; o dadaísmo, porém, formulou-os de maneira drástica e contundente).

A partir de 1922, tornaram-se maiores os contatos artísticos entre a Rússia e o Ocidente. Um dos elos foi certamente El Lissítzki, que morou por muitos anos na Alemanha, onde publicou diversos trabalhos, entre os quais *Os Ismos da Arte*, 1925. Colaborou na revista *De Stijl* e foi um dos fundadores, em Berlim, da revista trilíngue *Viesch-Gegenstand-Objet* e chegou a exercer influência sobre o teatro Bauhaus, conforme se reconhece geralmente[58]. Naum Gabo, Pevsner e Iliá Zdaniévitch (Iliazd) foram outros artistas russos que auxiliaram a difusão do construtivismo no Ocidente.

Certamente, o construtivismo russo contribuiu para reforçar, no próprio dadaísmo, uma tendência para a construção racional, o geometrismo consciente e rebuscado, que é evidente, por exemplo, num Kurt Schwitters[59]. A propósito deste, Haroldo de Campos lembra que Tristan Tzara dizia não ser ele "um dadaísta absolutamente puro"[60]. Ao mesmo tempo, se o dadaísmo tem um de seus pontos de partida no individualismo extremado e no irracionalismo de Tristan Tzara – que afirmava a impossibilidade de pôr alguma ordem no caos que, segundo ele, constituiria a base do humano –, e se o dadaísta Ricardo Hülsenbeck repete com evidente satisfação a acusação que Hitler fizera ao dadaísmo de que, neste, o elemento revolucionário sempre sobrepujara o elemento construtivo[61], havia desde o início no dadaísmo uma tendência para a construção racional. Indicam-no de sobra os desenhos de Picabia para as primeiras revistas do movimento.

Assim como o construtivismo russo teria reforçado essa tendência no dadaísmo, parece exercer até hoje influência, direta ou indiretamente, no sentido de uma racionalidade oposta à parafernália surrealista.

Maiakóvski e o Formalismo Russo

Realmente, foi muito estreita a ligação entre Maiakóvski e o assim chamado formalismo russo. Já tratei do assunto no artigo "Maiakóvski e o Formalismo". No entanto, esse artigo foi escrito com um objetivo preciso: expressar minha estranheza ante o fato de que a exaltação da obra de Maiakóvski era acompanhada, na União Soviética, de uma condenação radical e categórica do formalismo russo[62], quando são evidentes as ligações de Maiakóvski com esse movimento: toda a atuação dos futuristas russos estava encaminhada para a pesquisa de uma linguagem poética vinculada à vida e não petrificada nos livros; já em 1913, o grupo cubofuturista publicava uma "Declaração da Palavra Como Tal", expressão que seria também usada pelos formalistas para indicar a necessidade de um estudo puramente formal da linguagem; revelando uma posição formalista radical, Maiakóvski afirmava em 1914, no artigo "Os Dois Tchékhov" (incluído neste livro), que Tchékhov fora o primeiro, na literatura russa, "a compreender que o escritor apenas modela um vaso artístico, e não importa se ele contém vinho ou porcarias" e acrescentava: "O escritor não possui nenhum objetivo fora de determinadas leis da palavra" e "cada uma das obras de Tchékhov é resolução de problemas exclusivamente vocabulares", pois "não é a ideia que engendra a palavra, mas a palavra que engendra a ideia", e essas formulações aproximam-se muito das que, na mesma época, estava começando a afirmar o crítico formalista Víctor

Schklóvski, aliás amigo de Maiakóvski; elas marcariam a posição inicial dos formalistas russos, que depois se tornaria muito mais matizada e sutil quanto à relação entre a literatura e as diversas formas da vida social; ainda em 1914, numa série de artigos, Maiakóvski aplicava análise formal com resultados interessantes, comparando, por exemplo, versos de Púschkin sobre temas triviais com outros de intenção grandiloquente, escritos com o mesmo metro, o mesmo ritmo e quase a mesma entonação, e citando a seguir três quadras de três diferentes poetas de 1914, em que os feitos das armas russas eram exaltados de maneira totalmente uniforme, como se fossem obra do mesmo poeta medíocre, embora os firmassem nomes então em grande evidência[63] (semelhante desmistificação através da análise estilística seria um dos processos prediletos dos formalistas russos e resultaria em alguns dos mais valiosos trabalhos que essa corrente nos deixou); toda a obra de Maiakóvski reflete, quase sempre em forma bem radical e extremada, uma luta contra a banalização da linguagem poética, contra o cediço e o convencional em literatura, e a exaltação de um estilo pesquisado e estudado acuradamente, um estilo que implique obrigatoriamente em novidade, sendo verdadeiro monumento nesse sentido o ensaio "Como Fazer Versos?"; íntimo de Óssip Brik, Maiakóvski esteve também ligado a outros formalistas, que publicaram trabalhos na revista *Lef*, por ele fundada; num debate público em 23 de março de 1927, isto é, quando os formalistas russos eram alvo de acirrados ataques, Maiakóvski defendeu a necessidade de que eles prosseguissem nos seus estudos sobre a forma literária:

Costuma-se pensar que a escola formal contradiz o marxismo e que ela envolveu completamente a *Lef*. Eis em que sentido a escola formal não contradiz o marxismo. Vocês sabem, companheiros, que, por exemplo, toda a química, nas suas fontes de origem, e todos os processos químicos são ditados totalmente pelas condições sociais. O surgimento de novas substâncias corantes, por exemplo, é provocado pela transformação da indústria têxtil. Isto significa que a química deve ser considerada na dependência da sociologia. Mas, dentro da química, existem relações químicas particulares. E pode-se falar da química na base do sistema periódico dos elementos.[64]

Ora, essa tentativa de erguer uma ponte entre o formalismo e o marxismo constituía então preocupação constante dos próprios formalistas[65], e Maiakóvski favoreceu estes trabalhos, particularmente as tentativas de Boris Arvatov de estabelecer um método formalista-sociológico[66].

Tudo isto se encontra em meu artigo, de onde o tirei quase literalmente. Hoje, considero que está certo, mas não basta para explicar a posição de Maiakóvski em relação ao problema.

Os estudiosos do formalismo russo são concordes em afirmar que a grande contribuição dessa corrente foi uma compreensão mais acurada do problema literário, de sua especificidade[67]. E, no entanto, em diversas manifestações, Maiakóvski afirma o primado da vida sobre a arte, a literatura. Numa autobiografia, só tem importância aquilo que "foi defendido pela palavra", conforme se expressa no início de "Eu Mesmo" e, ao mesmo tempo, "Abaixo a Arte, Viva a Vida!" é o título de uma palestra cujo resumo se lerá adiante.

Tais afirmações apenas não serão contraditórias, se se considerar a necessidade de introduzir na literatura a linguagem corrente e suprimir a diferença entre linguagem comunicativa e linguagem literária. Esta seria apenas uma concentração, uma condensação da primeira. E é certamente a concepção de Maiakóvski[68]. Este já estabelecera como um dos tópicos de uma conferência de 1912, no período da famosa "blusa amarela", a "literariedade da poesia"[69]. Mas, o que viria a ser esta "literariedade", no desenvolvimento de sua concepção poética? Em "Nosso Trabalho Vocabular", artigo escrito com Óssip Brik, lê-se: "Não queremos saber de nenhuma diferença entre a poesia, a prosa e a linguagem prática".[70] Evidentemente, o próprio Maiakóvski aplicava em seu trabalho poético processos diferentes dos que usava para escrever um artigo. Apenas o material utilizado era o mesmo. E este fato era considerado fundamental por ele. De acordo com a necessidade de maior concentração, variaria o arranjo, a disposição dos elementos. Mas estes seriam essencialmente os mesmos. Neste sentido, Jakobson recorda um fato interessante: ouvindo uma discussão de filólogos sobre que espécies de atributos poderiam ser considerados em poesia como epítetos, Maiakóvski os interrompeu para afirmar que, para ele, qualquer adjetivo numa obra poética era, pela sua simples presença ali, um epíteto poético[71].

A relação de Maiakóvski com o formalismo russo ficou marcada pelo apreço que dedicava aos críticos daquela corrente, como iniciadores de uma determinada metodologia que permitiria ao escritor e ao poeta apoiar-se numa "teoria de produção". E quando, no item 10 de "Como Fazer Versos?", afirma que os poetas se diferenciam entre si pelos métodos de elaboração que utilizam, sua concepção se aproxima da noção de "procedimento" (*priom*) dos formalistas. Mas a relação entre poesia e vida, entre linguagem poética e linguagem de função comunicativa, foi estabelecida por ele de maneira drástica, que marcou época e que parece ter exercido influência sobre muitos de seus contemporâneos, lembrando-lhes provavelmente que o *procedimento* da utilização do *material* não significava uma divisão em material adequado e inadequado, esclarecimento esse que funcionou, talvez, como um corretivo em relação à preocupação dos formalistas com uma distinção entre linguagem comunicativa e linguagem de função estética[72].

Aliás, não é difícil encontrar exemplos de resistência à posição maiakovskiana em relação ao problema. Conforme já lembrei no artigo "Reflexões de um Poeta", Nicolai Assiéiev, que foi amigo e companheiro de Maiakóvski e a quem se devem tantos estudos esclarecedores sobre este, voltou-se contra o uso por ele da expressão "catinga de tinta", no poema "Conversa Sobre Poesia Com o Fiscal de Rendas"[73]. Realmente, a distinção entre "palavras nobres" e "palavras vis" não é facilmente erradicada, e até hoje vemos com frequência a consagração do mesmo preconceito[74].

Maiakóvski – Croce

À primeira vista, não existe nada mais oposto às teorizações de Maiakóvski que as concepções expostas por Benedetto Croce em *La poesia*.

Para o filósofo italiano, "os poetas são pessoas etéreas que não habitam um supramundo, mas o nosso mundo, vivas e operantes na pura humanidade, às quais se pede e das quais se obtém a doçura do consolo" (p. 158). Em primeiro lugar, para Maiakóvski o poeta é apenas um produtor, um homem empenhado numa produção como outra qualquer, e que não deve proporcionar-lhe nenhuma categoria especial; em segundo, a própria terminologia croceana é o que há de mais contrário à teorização de Maiakóvski.

A beleza de um verso é, para Croce, "beleza espiritual" e não pode ser descoberta e explicada pelos elementos materiais, e o caráter da poesia não pode ser determinado pela "fragmentação das formas da poesia", pelo estudo dos "vocábulos, metáforas, comparações, figuras, nexos sintáticos, esquemas rítmicos etc.", tarefa essa absolutamente vã, pois a "forma da poesia" é "una, indivisível e idêntica em todos os poetas, porque é a forma da beleza" (p. 128). Evidentemente, todo o escrito "Como Fazer Versos?" é uma negação categórica de semelhante afirmação. Às vezes, tem-se a impressão de que Maiakóvski polemiza com Croce; a edição original de *La poesia* é de 1935, mas, em vida de Maiakóvski, Croce já havia exposto muitas de suas concepções sobre a matéria, particularmente em *Teses Fundamentais de uma Estética como Ciência da Expressão e Linguística Geral*, cuja primeira edição é de 1900. Maiakóvski polemiza, porém, com os representantes da estética idealista em bloco, cujas concepções haviam criado raízes mesmo na crítica de autores marxistas[75].

Para Croce, em seu referido livro sobre o tema, a poesia é "obra e culto de uns poucos" e, quando um grande número de leitores procura a poesia, isto se dá geralmente por motivações extrapoéticas, procurando-se encontrar na poesia aquilo que a mais autêntica não pode nem deve dar

(p. 65). Mais uma vez, tem-se aí o oposto do que o poeta russo afirma, e Croce é bem explícito em sua condenação às "falsas estéticas materialistas, positivistas, psicológicas, utilitaristas e similares", que "participam das erradas filosofias e gnoseologias designadas por esses nomes, e que são refutadas pela refutação geral do materialismo, do psicologismo, do utilitarismo, e assim por diante" (p. 57). Seguindo Kant, Croce afirma que o prazer estético é "uma especial qualidade de prazer", que "tem caráter universal e absoluto e é imune a qualquer interesse prático" (p. 76).

Croce alude a certo "calor poético", que deve libertar-se por si mesmo (p. 74), e toda a argumentação de Maiakóvski parece negar isto. O mundo poético maiakovskiano é um mundo ordenado, ligado à vida de todos os dias, e onde nada acontece espontaneamente. O italiano afirma em diversas passagens a impossibilidade de uma poesia de classe, partido, país etc. (p. 125, 143 s, 173), o que torna evidente sua oposição aos conceitos defendidos pelo soviético.

Referindo-se à preceptística, isto é, à orientação normativa inspirada nos grandes modelos, Croce escreve que ela pode dar a sugestão de se "prestar atenção a uma ou outra das formas de expressão historicamente existentes", não para "reproduzi-las", mas para "deixar que atuem sobre o espírito e o disponham em certo sentido" (p. 177, 178). Evidentemente, é algo bem diverso do que afirmaram Maiakóvski, Brecht e Piscator em relação aos clássicos, não obstante a mesma condenação da mera aceitação passiva e cópia.

Em relação a Maiakóvski, ao lado da oposição categórica, marcada pelas atitudes fundamentalmente diversas no ponto de partida, há curiosas convergências, que parecem significar o seguinte: no fenômeno poético, há traços que podem ser captados por abordagens diferentes, mesmo que as premissas sejam diametralmente opostas.

A distinção admiravelmente formulada por Croce entre linguagem emotiva e linguagem poética (p. 3 s), por exemplo, está plenamente de acordo com Maiakóvski, que sempre lutou contra a confusão da poesia com a expressão imediata e fácil dos sentimentos, conforme se poderá constatar em diversos dos trabalhos aqui incluídos.

O conceito croceano de que o conhecer da poesia é o "conhecer como um fazer" combina plenamente com a concepção maiakovskiana do poeta como organizador da linguagem, operário entre os demais operários, um oficial em seu ofício, e nada mais.

Croce nega a distinção entre matérias poéticas e não poéticas (p. 11, 12) e, embora as razões que apresenta para isto sejam totalmente diversas das maiakovskianas, acaba afirmando: "Não existem palavras belas ou feias por si; elas são belas ou feias segundo estejam ou não em seu lugar próprio" (p. 63), e isto concorda com o que Maiakóvski e Brik escreveram em "Nosso Trabalho Vocabular", que se encontrará adiante. O filósofo italiano chama-nos a atenção para a poesia que ocorre com tamanha frequência na linguagem cotidiana, que aparentemente deveria ser apenas comunicativa e utilitária (p. 19). E outra não é, afinal, a atitude de Maiakóvski, preocupado em anotar o ouvido na rua e lido nos anúncios, conforme narra em "Como Fazer Versos?", pois tudo pode ser matéria de poesia.

Lemos em *La poesia* (p. 82):

a afirmativa de que toda nova poesia é uma nova linguagem, pertence à experiência e à reflexão comuns; e Deus nos livre de que ela seja uma linguagem velha, combinação mecânica de formas já fixadas e de palavras já proferidas. Quando a língua, como soma de expressões já produzidas, pretende ela própria fazer poesia em lugar do poeta, sem a intervenção criadora do espírito poético, o resultado não passa de uma burla (ainda que por vezes jogo de prestígio) ou mero acidente (semelhante à lendária esponja de Apeles).

Apesar do exemplo clássico e da alusão ao espírito poético, que na concepção croceana significa realmente uma invocação do espiritual, o antiacademismo expresso neste trecho corresponde perfeitamente ao antiacademismo bem mais cru e desabusado de Maiakóvski, pois ambos defendem o papel inovador da linguagem inerente à poesia.

Aliás, em meio à prosa elegante e refinada do esteta italiano, surgem aqui e ali exemplos de truculência verbal que o aproximam muito da violência maiakovskiana: por exemplo, em uma referência aos "monturos de lixo erudito" (p. 152) que se atiram com muita frequência sobre a obra dos poetas, escondendo-a sob o entulho dos fatos anedóticos.

As restrições de Croce aos tratados de retórica e versificação (p. 174 s), embora menos violentas, tendem para a mesma valorização maiakovskiana da pesquisa individual e da linguagem recriada pelo poeta. E esta atitude resulta, por fim, numa condenação das proibições codificadas, em relação aos vocábulos estrangeiros e dialetais, aos neologismos não registrados nos dicionários e às flexões de palavras não acolhidas pela morfologia, condenação esta que se estende também à proibição da mistura dos gêneros (p. 183 s).

As diferenças entre Croce e Maiakóvski teórico, que são tantas e tão profundas, não anulam a convergência que se nota, na abordagem de determinados aspectos fundamentais do fenômeno poético. E a meu ver, a estética de Croce aproxima-se da teorização maiakovskiana nos momentos em que traz para o seu sistema algo do espírito moderno, da vida de nosso século.

Maiakóvski – Ezra Pound

Estes dois nomes parecem repelir-se, há uma espécie de protesto subjetivo imediato, quando os vemos lado a lado[76]. As grandes tempestades políticas de nosso século atingem a todos, invadem nosso campo de trabalho, dificultam as tentativas de uma apreciação equilibrada sobre qualquer tema escolhido.

No entanto, o desafio tem de ser aceito. A tragédia profunda de Ezra Pound, seus erros políticos, dos quais se penitenciou de maneira tão pungente[77], não podem impedir-nos de apreciar-lhe a obra com o respeito e a admiração devidos.

Quando se leem seus escritos críticos, parecem surpreendentes as coincidências entre seu pensamento poético e o de Maiakóvski. T.S. Eliot escreveu sobre Ezra Pound que "de nenhum outro poeta será mais importante dizer que sua crítica e sua poesia, seu preceito e sua prática, compõem uma única *oeuvre*"[78]. Estas palavras parecem escritas sobre Maiakóvski, em resposta aos que lhe valorizam a obra poética e tentam amesquinhar as concepções teóricas, como se tal ruptura entre teoria e prática não fosse uma aberração antidialética.

É ainda Eliot quem diz que "a limitação de Pound está em sua concentração no ofício das letras, especialmente na poesia", mas acrescenta que, "por outro lado, esta própria limitação lhe imprime alcance maior"[79]. Ora, foi justamente o que procurei demonstrar neste trabalho, em relação a Maiakóvski, cuja teorização atua num campo limitado, é geralmente avessa a generalizações estético-filosóficas, mas nem por isso deixa de alcançar resultados relevantes: sua força reside, em grande parte, nessa concentração no contingente e imediato do trabalho poético.

A crítica violenta de Pound à "caceteação desnecessária na sala de aula"[80], que ele considerava inerente ao ensino da literatura em seu tempo; seus ataques virulentos à vida universitária na Inglaterra e nos Estados Unidos[81]; a negação do cediço e consagrado no ensino escolar da literatura, particularmente sua alusão à "estupidez e obtusidade de Milton"[82]; a noção de que o ofício da poesia exige duro esforço[83]; a repulsa aos tratados usuais de versificação e o desprezo pela contagem de sílabas e pés, pois o meio de aprender a música do verso é ouvi-la[84]; a revolta contra a consagração burocrática de determinadas normas em poesia e nas artes em geral, quando ao artista criador cabe escolher os elementos fixos e os variáveis a utilizar em sua obra[85]; a noção de que não há nada de sagrado na simetria e que, se esta é útil para a obtenção de determinados efeitos, outras vezes tem de ser violada[86], e ao mesmo tempo a noção de que o verso nunca é "livre", de que deve ser sempre construído[87]; o ataque à glorificação do passado, apenas pelo fato de ser passado, como algo contraposto às obras atuais[88]; a compreensão do fato de que o cinema e a pintura afetam a literatura[89] e, também, que o valor das velhas obras é constantemente afetado pelo valor das novas[90]; a afirmação categórica de que o mais errado que pode haver em poesia é escrever à maneira daquilo que se leu ou se ouviu[91]; a argumentação no sentido de que a poesia não pode ser feita sem análise[92]; a exaltação do método científico, cuja aplicação em crítica literária teria sido defendida com clareza, pela primeira vez, por Ernest Fenollosa em seu *Ensaio sobre os Caracteres Chineses*, e a aceitação da afirmação deste de que o método da poesia é o método da ciência e nunca o da discussão filosófica[93]; o conselho no sentido de se atuar, no estudo da poesia, como o biólogo, que compara lâmina com lâmina, espécime com espécime[94]; a própria linguagem desabrida e concisa; enfim, quantos elementos poundianos parecem irmãos gêmeos da teorização maiakovskiana!

É verdade que, embora Pound ataque a veneração pelos clássicos e proponha uma revisão crítica, na realidade ele quer desbastar a tradição, de modo a fazer sobressair as obras que realmente valham a pena, e até se lança a esse trabalho, com energia e empenho, enquanto a posição de Maiakóvski é muito mais drástica e negativa. Pound *é um scholar* antiacadêmico e desabusado, mas sempre um *scholar*, o que o diferencia profundamente do poeta russo.

Ao afirmar que a literatura é linguagem carregada de significação[95], Pound tem realmente uma formulação bastante semelhante à de Maiakóvski, para quem a própria arte é função intensificada da vida. Todavia, Pound, certamente sem o saber, precisa melhor a ideia maiakovskiana de uma abolição de fronteiras entre a linguagem poética e a linguagem comum, ao afirmar que a diferença entre poesia e prosa é questão de maior ou menor carga[96].

Ademais, há entre os dois todo um abismo decorrente das posições antagônicas em política, mas, pesados os elementos comuns e os divergentes (aqui eles aparecem apenas esboçados), constata-se que estes dois poetas, que produziram obras tão diferentes entre si, que se colocaram em posições políticas e filosóficas opostas e até inimigas, pois ambos foram poetas engajados, participantes, mergulhados no cotidiano e avessos ao distanciamento aristocrático, tão frequente entre os poetas europeus da época, na realidade tinham muito em comum na abordagem do fenômeno poético e da função exercida pela linguagem poética em nosso mundo.

MAIAKÓVSKI E A TRADIÇÃO

Trata-se de um assunto discutidíssimo na bibliografia sobre Maiakóvski. Com efeito, é impressionante a aparente contradição entre o futurista iconoclasta, que se voltava com furor contra os clássicos, que pregava a destruição de museus e pinacotecas, e o respeito que votava à tradição popular, à arte russa mais antiga etc.

Não se deve diminuir a importância da atitude iconoclasta de Maiakóvski. Ela expressava uma posição de rebeldia necessária e fecunda. Contra a arte dos salões, a "estética do bonitinho", contra a glorificação dos clássicos na qualidade de modelos obrigatórios, erguia-se o sarcasmo de Maiakóvski, mostrando o que havia de frágil e ultrapassado nesses clássicos. Mas, ao mesmo tempo, a admiração humana e cotidiana, expressa em relação a Púschkin no poema "Jubileu"[1], não contradiz a atitude anterior. Aliás, mesmo nos momentos da luta dos futuristas contra as velharias entronizadas, não era incomum aparecer em Maiakóvski esta segunda atitude.

Tchékhov era atacado por ele com certa frequência, como autor que o teatro deveria superar, pois já passara o tempo de todos esses infindáveis "tios Vânia", e, na mesma época dos ataques iconoclastas, escreve o artigo de glorificação "Os Dois Tchékhov". No caso, não se pode falar de contradição; é antes um fenômeno de "complementaridade", segundo o termo tão caro a Roman Jakobson.

E ao mesmo tempo, há com muita frequência em Maiakóvski a reivindicação da autêntica tradição russa. No artigo "Rússia. Arte. Nós.", que é de 1914 (O.C., I, 318-320), lembra a revalorização que os modernistas russos, como Gontcharova, Burliuk, Larionov, Máchkov, Lentulov e outros estavam procedendo em relação aos ignorados pintores russos de ícones[2], "iguais de Leonardo e Rafael" (O.C., I, 320). E a valorização da canção russa, dos provérbios russos, encontra-se a cada passo na obra maiakovskiana. A própria tradição religiosa ocorre aí com muita frequência, e mesmo quando ele zomba dessa tradição, zomba com pleno conhecimento da matéria. Aliás, Boris Pasternak definiu muito bem a atitude de Maiakóvski em relação a essa tradição religiosa:

> Diferentes dos clássicos, para quem era importante o significado dos hinos e orações, de Púschkin, que em "Padres Anacoretas" parafraseou S. Efrêmio Siríaco, e de Aleksiéi Tolstói, que transpôs em versos a oração pelos mortos de S. João Damasceno, Blok, Maiakóvski e Iessiênin tinham apego a trechos de cânticos e orações em sua literalidade, como fragmentos vivos do cotidiano, a par da rua, da casa e de quaisquer palavras da linguagem coloquial. Esses acervos de uma arte antiga sugeriam a Maiakóvski a construção parodística de seus poemas. Ele tem inúmeras analogias com representações canônicas, ora ocultas, ora sublinhadas. Estas faziam apelo ao descomunal, exigiam mão forte e cultivaram a ousadia do poeta?[3]

Em interessantes memórias, Lília Brik relaciona trechos de poesia que Maiakóvski costumava repetir a meia voz, de acordo com o estado de ânimo[4]. E entre esses trechos não são poucos os de poesia clássica russa.

Aliás, os processos introduzidos na poesia russa pelas escolas poéticas de vanguarda têm suas raízes em determinados aspectos da tradição poética. Certas características dos maiores poetas russos, que passaram despercebidas pelos contemporâneos, foram desenvolvidas e transformadas em norma por Maiakóvski e Khlébnikov. Por exemplo, a noção de que a rima é apenas um dos casos particulares das reiterações sônicas em poesia, afirmação de um trabalho importante de Óssip Brik, a que já me referi[5] pode ser depreendida de muitos trechos da poesia russa bem anterior.

Veja-se, neste sentido, a epígrafe do conto "A Dama de Espadas" de Púschkin. Quando o traduzi[6], ela ficou assim em português:

> Nos dias de borrasca,
> Juntavam-se na tasca
> Com frequência;
> Dobravam – oh, Deus lhes perdoe bem! –
> Com tamanha eficiência,
> De cinquenta a cem,
> E, ganhas as partidas,
> Anotavam batidas
> A giz.
> Assim, em dias de borrasca,
> Todos reunidos numa tasca,
> A grave ocupação lhes vergava a cerviz.

Trata-se de uma tradução aproximativa, no plano semântico, e que não reproduz todos os efeitos sonoros do original. Transliterada, a epígrafe dá o seguinte:

1. A v nienástniie dni
2. Sobirális oni
3. Tchasto;
4. Gnúli – Bog ikh prosti! –
5. Ot piatidiessiati
6. Ná sto,
7. I viígrivali,
8. I otpíssivali
9. Miélom.

10. Tak, v nienástniie dni,
11. Zanimális oni
12. Diélom.

Tradução em prosa: "E, nos dias de mau tempo, eles se reuniam com frequência; dobravam – que Deus lhes perdoe! – de cinquenta a cem, e ganhavam, e marcavam os descontos a giz. Assim, em dias de mau tempo, eles se ocupavam de coisa séria".

Poema irônico, que introduz o leitor habilmente no clima do relato, e onde se emprega gíria de jogador por exemplo, aparece a forma verbal *gnúli*, do verso 4, que em linguagem policiada significa simplesmente "entortavam", mas, no caso, quer dizer que as personagens do episódio dobravam as apostas (em russo literário, o verbo *gnut*, dobrar, não tem, como em português, estes dois sentidos), ele está dominado sonoramente pela expressão *nienástniie dni* (dias de mau tempo), e este predomínio sonoro (as consoantes n, s, t) fixa também uma situação semântica (reforçada por um efeito ligeiramente onomatopaico). A palavra *tchasto* (frequentemente – verso 3) tem evidente relação sonora com *nienástniie* (do verso 1), mas esta repercute mais intensamente no verso 6 (*ná sto*, para cem), e está ligeiramente repercutida no verso 5 (*ot piatídiessiati*, de cinquenta). Este verso rima com o 4 de maneira completamente "maiakovskiana" *avant la lettre*: todo o verso é virtualmente um espelho sonoro da expressão *Bog ikh prosti!* (Que Deus lhes perdoe!). Os versos 7 e 8, pré-proparoxítonos, como que prolongam a acentuação proparoxítona de *nienástniie*; aliás, a acentuação mais corrente de *ot piatídiessiati* (verso 5) é também pré-proparoxítona, mas o poeta deslocou o acento para rimar com *Bog ikh prosti* do verso anterior, o que é perfeitamente lícito em russo (e não apenas uma "licença poética"), conservando-se no texto, praticamente, ambas as leituras. E, no caso da leitura usual, este verso fica repercutido no 8. O verso 9 (*Miélom*), cujo o se lê quase a, como que prepara sonoramente a repetição da palavra *nienástafie*, e esta ainda tem um eco ligeiro em *Zanimális* (ocupavam-se – verso 11) e *Diélom* (de coisa séria – verso 12) em que o o também se lê quase como a. O metro dos versos 9 e 12 é bastante raro na poesia russa da época. A alternância de versos compridos e curtos era comum, mas versos monossilábicos, não. E, no final *diélom*, o metro inusitado sublinha a estranheza e ironia da elocução: os jogadores ocupavam-se de "coisa séria"[7].

Tudo isto parece simplesmente confirmar mais uma vez que os recursos poéticos desenvolvidos na poesia russa pelas vanguardas do século XX permitiram aproveitar de modo mais sistemático e cabal as ricas possibilidades de orquestração da língua russa, que eram percebidas e utilizadas desde séculos antes.[8]

Em *Novíssima Poesia Russa*, Roman Jakobson indica com frequência as raízes de Khlébnikov na tradição popular, e o mesmo se poderia dizer de Maiakóvski. Vejamos, por exemplo, o provérbio *Nievinno vinô, vinovato pianstvo* (O vinho é inocente, a culpa é da bebedeira), onde a palavra *vinó*, (vinho e, por extensão, em linguagem popular, qualquer bebida alcoólica) está contida em *nievinno*[9] (inocente) e *vinovato* (culpado, quer dizer, avinhado) sem que haja entre elas vínculo etimológico (é o que ensinam dicionários etimológicos). O jogo de palavras, baseado na paronomásia, que tem sido destacado por Jakobson em seus estudos sobre poesia, é um processo frequente tanto nos provérbios como na obra dos poetas russos de vanguarda.

Figurinos de Maiakóvski para O Mistério-Bufo.

MAIAKÓVSKI E A MODERNIDADE

No poema "Verlaine e Cézanne", Maiakóvski lembra que os poetas seus contemporâneos contentavam-se em tratar dos acontecimentos passados, em descrever "a zoeira de ontem", quando era preciso arrancar para o amanhã e caminhar tão depressa que as calças estalassem nos fundilhos (O.C., VI, 208). Aliás, Khlébnikov já escrevera o trecho citado mais de uma vez por Jakobson: "Quando percebi que as velhas linhas de repente empalideciam, e o futuro nelas oculto se transformava no dia de hoje, compreendi que a pátria da criação está situada no futuro. É dele que sopra o vento dos deuses da palavra".[1]

Esta visada para o futuro percebe-se em tudo o que Maiakóvski nos deixou, é a tônica de sua criação poética e de tua teorização. Agora, decorridos mais de quarenta anos, é patente a atualidade de muitas de suas asserções. Algumas continuam sendo polêmicas e, às vezes, hão de parecer verdadeira provocação. Através dos anos, Maiakóvski ainda é agressivo, provocante, desafiador.

Sua concepção do escritor e poeta como "trabalhador da palavra" e "organizador da linguagem"[2] e da poesia como "uma forma de produção. Dificílima, complexíssima, porém produção"[3] atinge o cerne da visão moderna do poeta e do artista. Em lugar do "invejo o ourives quando escrevo", expresso por Bilac[4], Maiakóvski visava a perícia não do cinzelador, mas do operário e do cientista, na busca das palavras exatas e novas que sacudissem a "poeira dos séculos" e devolvessem ao discurso sua intensidade e força de surpresa. Por isso mesmo, sabia chamar a atenção para todas as manifestações do espírito moderno e fazer apelo ao abandono de todas as velharias. E, sobretudo, sabia quebrar o automatismo da linguagem, sua fossilização. Aquela tirania do "uso sobre a linguagem", de que falou com tamanha propriedade Edward Sapir[5], encontrou em Maiakóvski um inimigo decidido.

No período em que Víctor Schklóvski estava apenas começando a esboçar sua concepção do "efeito de estranheza", Maiakóvski já chamava a atenção para a importância deste. Assim, no artigo "A Guerra e a Linguagem" (O.C., I, 325-328), que é de 1914, refere-se ao desgaste das palavras mais superlativas, ao emprego destas como algo completamente corriqueiro e à necessidade de renovação da linguagem pela introdução de algo estranho e inusitado. Como exemplo, cita um episódio narrado por Víctor Schklóvski em uma de suas conferências: um professor de matemática ficava sempre xingando um de seus alunos: "bobo, bobo, bobo". O aluno se acostumou com a palavra e não se impressionava mais; porém, quando em lugar do esperado "bobo", o professor lhe disse: "sua boba", o menino rompeu em pranto; pois, tendo *entortado* a palavra, o professor fizera aparecer seu caráter ofensivo[6]. Semelhante concepção de Maiakóvski e de Schklóvski liga-se com o que Brecht escreveria mais tarde e é confirmado pela moderna teoria da informação, em que sobressai tanto o problema da redundância.

Como decorrência da necessidade de buscar aquilo que possa romper a linguagem redundante e esperada, surge em Maiakóvski a exaltação do áspero, das consoantes que rangem. A poesia deixa de ser uma busca das harmonias e assonâncias, para aceitar conscientemente a dissonância e o fragor. Já em 1918, exaltava na "Ordem ao Exército das Artes" (O.C., II, 14-15) as letras mais ásperas, mais rangentes do alfabeto russo, e, pouco antes de morrer, escreveria em "A Plenos Pulmões": "mas eu / me dominava / entretanto / e pisava / a garganta do meu canto"[7]. E este apelo ao dissonante, ao desarmônico, coaduna-se com uma das exigências máximas de toda a arte moderna.

Em lugar da contemplação boboca da natureza, esta aparece a Maiakóvski como "objeto não aperfeiçoado"[8]. Já em 1913, escrevia no artigo "Relação do Teatro e do Cinematógrafo de Hoje com a Arte" (O.C., I, 281-285): "O belo não existe na natureza. Ele pode ser criado unicamente pelo artista[9]. Podia-se acaso pensar, antes de Verhaeren, na beleza dos botequins e escritórios, da lama das ruas, do fragor urbano?" (p. 283)

Sua afirmação de que não há palavras nobres e palavras vis, de que todas são boas para a poesia, a que já me referi, continua válida e importante nos dias de hoje. E assim como não há palavras vis, também temas que eram considerados privativos da imprensa cotidiana passam a ser tratados por ele em verso com a mesma seriedade que dedicava, por exemplo, ao tema do amor. Neste sentido, um poema como "Conversa sobre Poesia com o Fiscal de Rendas" vale por um verdadeiro tratado de poética moderna[10].

Sua concepção da linguagem é a mais simples, a mais dinâmica possível. Reivindica o direito de inventar palavras (O.C., I, 324; XII, 459; XIII, 246), de utilizar a linguagem das ruas, de trazer o mundo urbano e cotidiano para a poesia.

Sua revolta contra as normas estreitas da versificação tradicional resulta numa libertação da linguagem poética, em sua aproximação da linguagem falada. O poema se enriquece incorporando os ritmos da linguagem coloquial e adquirindo um ondular inusitado na linguagem escrita. Na realidade, Maiakóvski realiza aquilo que Púschkin propugnara em 1828: a introdução, na poesia, da linguagem das ruas, com sua inventividade e riqueza, com sua espontaneidade, tão necessária para vivificar a linguagem dessorada aceita como "literária", e o abandono dos "enfeites convencionais da versificação"[11]. O mesmo Púschkin perguntava em 1831: "Como é possível rimar sempre para o olho e não para o ouvido?"[12] Mas, se Púschkin já realiza um afastamento extraordinário em relação à tradição literária de seu tempo, a ruptura que ele propugnava foi realizada plenamente pela geração de Khlébnikov e Maiakóvski, e de tal modo que o passo dado por eles tem alcance universal, constituindo um dos grandes momentos da poesia de nosso século. Neste sentido, Maiakóvski se coloca ao lado dos que contribuíram para expressar da maneira mais vigorosa o espírito moderno.

A própria disposição gráfica de seus poemas visa a facilitar a reprodução oral, destina-se a indicar as pausas, mas, ao mesmo tempo, faz com que o poema se apresente como um objeto gráfico. Esta preocupação é evidente em Maiakóvski. Para constatar isto, basta folhear o poema *150.000.000*, com sua disposição em escada, suas linhas em negrito e a incorporação ao poema de uma técnica de cartaz, a par dos recursos que sublinham a orquestração do texto. Esta aliança da disposição gráfica e de processos que visam a transmissão oral torna Maiakóvski um dos precursores de correntes modernas de poesia que incorporam ao texto elementos visuais[13].

Tal conjugação patenteia-se particularmente na edição que preparou com El Lissítzki, de uma antologia de seus versos destinada à leitura em público[14]. Esse trabalho realizado com Maiakóvski não seria provavelmente alheio a uma preocupação de Lissítzki que aparece em seu artigo "O Futuro do Livro", onde ele estabelece a necessidade de uma completa superação do livro, tal como é conhecido hoje, e a incorporação a este dos progressos da técnica, "enquanto ele não for substituído pelas representações audiovisuais". A *New Left Review*, que publicou a tradução inglesa do artigo, chama a atenção para a semelhança entre tal concepção e as teorias expostas nos últimos anos por Marshall McLuhan, mas adverte o leitor de que as teorias de McLuhan derivam de uma observação acrítica da sociedade capitalista moderna, enquanto as de Lissítzki provinham de uma participação ativa na construção do socialismo na Rússia. Ademais, segundo lembra também a redação da revista, Lissítzki, no artigo em questão, aponta para a diferença entre o cartaz de propaganda norte-americano, destinado à visão momentânea e à apreensão subliminar, e o cartaz de agitação soviético da época, que visaria a leitura consciente. E isto resultava em algo muito diferente da "sacralização" e da "tribalização" de McLuhan.

O próprio Maiakóvski também se preocupou em utilizar os meios de comunicação modernos para difundir sua obra. Seu mestre Khlébnikov, nos escritos utópicos "A Cisneia do Futuro"[15] e "O Rádio do Futuro", imaginou altos muros brancos, que lembrariam livros abertos sobre o fundo negro do céu. E sobre esses livros se projetariam, em cada aldeia, em letras garrafais, as notícias transmitidas pelo rádio, os últimos romances e versos, instantes depois de escritos, os decretos governamentais etc. Quando houvesse nuvens escuras, a projeção se faria diretamente sobre elas. As obras das exposições pictóricas da capital seriam também distribuídas assim pelo país inteiro. O compositor do futuro comporia suas obras sobre instrumentos mecânicos espalhados entre Vladivostok e o Báltico e que depois as transmitiriam para os rincões mais distantes. As próprias aulas dos diferentes níveis de ensino seriam transmitidas a partir de um centro único, ficando para os professores locais apenas a função de companheiros dos alunos nesses estudos. Finalmente, graças ao rádio, toda a humanidade se fundiria numa comunidade que os "elos ininterruptos da alma universal haveriam de unir"[16].

A visão de Maiakóvski, embora frequentemente também utópica, tem caráter mais direto, sem a nota metafísica, evidente em Khlébnikov. No artigo "Ampliação da Base Vocabular", que é de 1927 (O.C., XII, 159-163), Maiakóvski volta-se contra os que atacavam a *Nóvi Lef* porque esta propugnava uma arte que nem sempre cabia em livro. Lembrando que a nova poesia surgira nos anos em que era difícil a impressão de livros e revistas, o que determinara o processo de comunicação oral direta, Maiakóvski afirma que, embora tal necessidade houvesse passado, percebera-se a oportunidade de desenvolver processos não livrescos de divulgação. Por exemplo, os *slogans* eram também uma forma de trabalho vocabular, e não menos importante que o livro. E ademais, graças ao rádio, a poesia deixara de ser "aquilo que se vê exclusivamente com os olhos". A leitura pelo próprio autor transformara-se em algo absolutamente indispensável para a poesia. E o crítico passava a precisar distinguir, como qualidade poética, a boa leitura de um poema, porém boa não no sentido da leitura profissional do ator, e sim da leitura pelo próprio poeta, que transmite assim as modulações não assinaladas no texto escrito. "Não estou me manifestando contra o livro. Mas eu exijo quinze minutos no rádio. Eu exijo, mais alto que os violinistas, o direito à gravação em disco. E considero certo que, em dias feriados, não apenas se publiquem versos, mas também se convoquem os leitores para que aprendam a leitura correta com o próprio autor" (p. 163). No rascunho de prefácio para a projetada edição de um almanaque do grupo *Ref* (O.C., XII, 203-204), que se organizara em maio-junho de 1929, e que deveria substituir o agrupamento da *Nóvi Lef*, o poeta escreveu: "Nós sabemos – o futuro pertence à máquina fotográfica, à crônica radiofônica, ao jornalismo cinematográfico, mas serão espécies e formas aprofundadas dessas culturas, e que se distinguirão das fotografias com a titia e dos Járov[17] radiofônicos de hoje como o tipo menor da crônica dos incêndios se distingue do *Que Fazer?*"[18] E, no prefácio à exposição "Vinte Anos de Trabalho de Maiakóvski", realizada pouco antes de seu suicídio, definiu-se como poeta-agitador, poeta-propagandista, enfim poeta em qualquer setor da palavra, e afirmou: "O trabalho do poeta da revolução não se esgota com o livro. O discurso em comício, a canção de *front*, o folheto de agitação, a leitura pelo rádio e a palavra de ordem que aparece nos flancos de um bonde são exemplos iguais e às vezes valiosíssimos de poesia" (O.C., XII, 211).

Os cartazes que produziu após a Revolução, as famosas "janelas da ROSTA", refletem uma preocupação com a aliança da palavra e da imagem pictórica. Na realidade, Maiakóvski tendeu para uma interpenetração das artes, que foi característica do período imediatamente posterior à Revolução Russa, conforme se lembra muito bem na nota introdutória da *New Left Review* ao artigo de Lissítzki a que já me referi. A atuação do poeta no cinema, como ator, roteirista e diretor, sua participação nos trabalhos de encenação de Meierhold[19] e como ator no *Mistério-Bufo*, foram outras manifestações dessa tendência. Podem-se citar outros trabalhos desse período que a documentam: os desenhos da série "Prun" de Lissítzki, que pretendiam lançar uma ponte entre a pintura e a arquitetura; a integração da palavra e da imagem em outros trabalhos do mesmo artista; a evolução de Tátlin da pintura para os relevos, a arquitetura e o desenho de roupas, estufas e samovares, de acordo com as necessidades do dia; as fotomontagens de Ródtchenko, em colaboração com Maiakóvski e o cineasta Dziga-Viértov; a atuação dos críticos Víctor Schklóvski e Óssip Brik como roteiristas; a evolução de Eisenstein do teatro para o cinema e seu interesse pela sinestesia.

Para se compreender como as necessidades prementes do momento impeliam os artistas russos a uma atividade que os aproximaria do desenho industrial moderno, é interessante recordar as palavras de Óssip Brik, que escrevia em 1918:

> É preciso organizar imediatamente institutos da cultura material, onde os artistas se preparem para o trabalho da criação de novos objetos de uso proletário, onde se elaborem os modelos desses objetos, dessas futuras obras de arte [...] A finalidade de toda criação autêntica não é a ideia, mas o objeto real.[20]

Maiakóvski compreendeu muito bem a importância da propaganda comercial, conforme se pode constatar em diversos trabalhos incluídos neste livro, e participou ativamente da propaganda de produtos soviéticos. Sua poesia não deixou de se influenciar pelo estilo direto e incisivo da publicidade comercial e dos cartazes políticos, e estes, por sua vez, saindo de sua pena, traziam a marca de sua personalidade poética. Neste sentido, ele é bem o poeta de nossa época, de sua beleza diferente, o poeta da cidade moderna, com seus anúncios, suas luzes e suas sombras.

A noção da amplitude do fenômeno poético, que não pode restringir-se aos textos declaradamente poéticos, está presente nele a cada passo. Veja-se, por exemplo, sua intervenção no debate "Os Caminhos e a Política da Sovkino", quando afirmou a identidade dos ofícios do cenarista e do poeta[21].

Quanto à relação entre forma e conteúdo, ele não se limitou a afirmar a íntima ligação. Numa intervenção na sessão "Inaugura-se a *Ref*", em 8 de outubro de 1929, afirmou o "primado do objetivo a alcançar, sobre a forma e o conteúdo" (O.C., XII, 510-511), e isto o aproxima da concepção que seria desenvolvida por Georg Lukács, para quem a "perspectiva" de um autor, a sua visão do mundo, determina a forma e o conteúdo da obra.

Frequentemente, Maiakóvski se revolta contra o uso de velhas formas para expressar o novo, e neste sentido, ele está próximo de uma ideia cara a McLuhan e exposta por este com insistência.

O cientificismo de Maiakóvski, a aproximação que faz entre poesia e ciência e que nos aparece tão poundiana, liga-o a algumas grandes concepções poéticas de nosso século. E a compreensão de que as novas condições do mundo moderno obrigam à busca de outras formas de arte aproxima-o certamente não só de Brecht e Piscator, mas também de Walter Benjamin[22].

Maiakóvski afirmou em diversas ocasiões a necessidade de se anular a diferença rígida entre prosa e verso e, neste sentido, ele prenuncia a noção moderna de "texto".

Enfim, quando se reflete sobre alguns aspectos fundamentais da arte moderna, da poesia moderna, surge soberano o papel precursor de Maiakóvski, sua intuição e perspicácia.

Carta de Maiakóvski aos 12 anos.

A PROSA DE MAIAKÓVSKI
COMO EXPERIÊNCIA DE "TEXTO"

Se em Maiakóvski se encontra tantas vezes a ideia de que não se deve fazer rigidamente distinção entre poesia e prosa, e que, mais importante, é a noção de "texto", ideia essa que não chegou a desenvolver ou precisar, mas que parece orientar-se no sentido de se considerar a poesia ligada a uma noção de concentração, também a prosa por ele deixada não deixa de ser interessante para uma concepção moderna sobre o assunto.

É verdade que, mais de uma vez, afirmou a pouca importância da prosa dele e de seus amigos, em face da verdadeira revolução poética por eles realizada. Numa discussão pública, que teve lugar em 14 de novembro de 1921, em Moscou[1], afirmava que a nova literatura russa precisava de uma linguagem nova, e que esta elaboração só poderia realizar-se através da poesia. Pouco depois, no artigo "V.V. Khlébnikov", aludia, porém, aos "imensos trabalhos histórico-fantásticos" de seu amigo, com a ressalva de que "em essência são também poesia"[2].

A posição de Maiakóvski em relação ao assunto não ficou definida com a inteireza da abordagem de outros temas, mas isto não diminui a importância de sua concepção. Há certa dose de injustiça na apreciação negativa que fez, em diversas ocasiões, sobre a prosa do seu grupo. Se na literatura mundial já se nota na década de 1910 a tendência de apagar as fronteiras entre poesia e prosa, se a obra de Joyce constituiu um passo muito importante nessa direção, esse desenvolvimento ocorria também na Rússia. As obras em prosa de Andriéi Biéli documentam-no de sobejo. Seu romance mais importante, *Petersburgo*, foi escrito em 1913-1914, mas saiu em edição refundida em 1922, justamente o ano da publicação de *Ulisses*. Obra em que se realiza plenamente a estética simbolista, o livro de Biéli está escrito do início ao fim numa prosa musical, poética, elaborada.

A prosa de Khlébnikov pode ser considerada outro polo da mesma tendência. Por vezes, a disposição tipográfica inerente à prosa não impedia que os elementos poéticos aparecessem em tal profusão que o escrito resultante pudesse dificilmente ser considerado sequer um poema em prosa: é o caso, entre outros, de "A Tentação do Pecador" (1908), primeira obra publicada por Khlébnikov[3]. Outras vezes, porém, há uma fusão de prosa e poesia, processo de que é exemplo excelente o conto "Ka" (1915), traduzido criativamente para o português por Aurora Fornoni Bernardini.

Os manifestos do cubofuturismo russo e os primeiros escritos críticos de seus participantes revelam prosa ágil, incisiva, apropriada para a polêmica e as violências do momento, enquanto os escritos críticos dos simbolistas são geralmente pesados, de períodos longos, próprios para as incursões metafísicas e a argumentação cerrada, embora muitas vezes com um toque poético. Eis um trecho do artigo de Biéli sobre Aleksandr Blok, admirável sob tantos aspectos e onde há uma visão muito arguta das possibilidades de análise estatística de poesia:

A poesia cumpre uma tarefa: dar a *unidade na multiplicidade*; e existem poetas da *unidade*, mas são muito poucos; a poesia do *múltiplo na unidade* é de tipo peculiar, e ela manifesta o retrato em mosaico de sua musa, composto de distintas poesias-mosaico. No primeiro período de Aleksandr Blok, cada poema não se assemelha a mosaico, mas a uma gota de orvalho, que reflete plenamente o vulto íntegro de sua Musa. Foi proferido seu "nome abrangente"; ela é Virgem, Sófia, Senhora do Mundo, Aurora-Sarça; sua vida corporifica em amor os desígnios mais elevados de Vladímir Solovióv e dos gnósticos; transforma as abstrações em vida e Sófia em Amor; e nos introduz diretamente na alma as estranhas concepções de Vassílides e Valentino, unindo as buscas mais nebulosas da Antiguidade à busca filosófico-religiosa de nossos dias; os apreciadores específicos dessa poesia já constituem um círculo; nele, os poetas modernistas se encontram com filósofos solitários, místicos e representantes dos velhos crentes e de outras seitas (como a falecida A.N. Schmidt).[4]

A exemplo do futurismo italiano, os cubofuturistas russos começam com uma subversão completa da linguagem. O estilo se torna rápido, telegráfico, incisivo, direto. *Simples Como um Mugido* é o título de uma coletânea de poemas de Maiakóvski. O estilo dos escritos críticos do poeta assemelha-se ao de seus amigos, conforme se poderá constatar em diversas notas que acrescentei a este trabalho, com citações de alguns textos.

A própria apresentação gráfica muda radicalmente. Os críticos russos escreviam longos ensaios nas chamadas "revistas gordas"; os cubofuturistas passam a editar pequenas brochuras, geralmente ilustradas pelos artistas dessa tendência e, às vezes, por eles mesmos.

Certamente, o estilo telegráfico, direto, agressivo, teve seu reflexo na literatura. Enquanto alguns autores russos modernos são diretamente influenciados pela musicalidade opulenta de Andriéi Biéli e pelo estilo moderno-arcaizante de Aleksiéi Riêmizov, que exaltava a língua russa anterior a Púschkin e à nota de simplicidade e clareza introduzida no início do século XIX[5], outros revelam traços inconfundíveis dos cubofuturistas. Eis como se inicia o ensaio de Roman Jakobson "Sobre a Geração Que Esbanjou os Seus Poetas"

(1931): "Sobre o verso de Maiakóvski. As suas imagens. A sua composição lírica. Já escrevi sobre isto um dia. Publiquei uns esboços".[6] E eis um trecho de Víctor Schklóvski, do livro *Sobre Maiakóvski:*

> Nessa época, já estava escrito o poema "A Plenos Pulmões"[7].
> Ele relata o que fez o poeta e para quê.
> No poema se conta como é difícil ser o poeta do futuro.
> Ele conversa com as estrelas, a Via Láctea, com objetos que conhece bem.
> Maiakóvski está cansado.
> Teve uma gripe.
> Os médicos deram à doença um nome: esgotamento nervoso.
> Conselho: passar seis meses sem trabalhar.[8]

Mas a influência já apontada não se esgota com os poucos exemplos de autores amigos de Maiakóvski, que escrevem reminiscências sobre ele. O estilo telegráfico e direto adequou-se admiravelmente à nascente ficção soviética, que procurava novos meios para refletir o tumultuar, a agitação febril, a violência da época. Um exemplo característico neste sentido é a obra de Isaac Bábel. Conforme este narra numa autobiografia sucinta, publicara algumas histórias sob a orientação de Górki, mas este o aconselhou a ir conhecer a vida, a amadurecer, antes de continuar escrevendo. E foi o que Bábel fez[9]. De volta da Guerra Russo-Polonesa (1920), escreveu histórias que refletiam os acontecimentos vividos e publicou-as na revista de Maiakóvski, *Lef*, em 1924, e só depois reuniu-as em livro, o famoso *Cavalaria Vermelha*[10]. Quando se comparam os contos que escreveu antes de se colocar sob a proteção de Górki e os da década de 1920, constata-se que nestes aparece sublinhada uma característica já aparente mesmo nas primeiras histórias, mas sem a mesma capacidade de realização. Eis, por exemplo, como no escrito autobiográfico "Infância: Em Casa de Vovó", esta se dirige ao menino: "Estude e você conseguirá tudo: riqueza e glória. Tem que saber tudo. Todos vão cair e rebaixar-se diante de você. Todos devem invejar a você. Não acredite nas pessoas. Não tenha amigos. Não lhes dê dinheiro. Não lhes entregue o coração".[11] E os escritos da fase madura, que são posteriores ao aparecimento da prosa cubofuturista, revelam um aprofundamento desta maneira do escritor. Os traços psicológicos das personagens são apresentados abruptamente, com violência, sem aquela volúpia descritiva dos autores do século XIX. Tudo é rápido, incisivo, brutal.

O espírito da época, a prosa dos cubofuturistas, seu antipsicologismo, devem ter exercido papel essencial neste sentido.

Outro escritor marcado pelas possibilidades estilísticas esboçadas na prosa cubofuturista foi certamente Iúri Oliecha, conforme se pode constatar particularmente em sua novela *Inveja*[12]. E os torneios estilísticos do contista Mikhail Zóschenko, com suas frases curtas, seu humor fustigante, sua linguagem coloquial, marcada pela entonação das ruas, também parecem muito próximos dos cubofuturistas. E até hoje, o estilo telegráfico aparece ora aqui, ora ali na imprensa soviética, refletindo os traços profundos deixados por Maiakóvski e seus amigos.

Nunca é demais frisar a importância de "Eu Mesmo" como autobiografia diferente, em que o autor não se entrega à autocomplacência, ao prazer de se narrar, mas vai escalpelando o mundo por ele conhecido. Tem-se assim um desmascaramento de mitos como "infância", "doce lar", "poesia da natureza", numa sucessão de imagens rápidas e por vezes até brutais.

Parece desnecessário sublinhar a relevância dos escritos críticos e teóricos do poeta (e a própria autobiografia é também um trabalho de teoria e crítica). O espírito desabusado e truculento com que abordava o fato literário, sem nenhum respeito pelo consagrado e cediço, a violência com que sabia defender suas opiniões, a seriedade profunda de sua abordagem da palavra, que passava a adquirir uma importância trágica, falam-nos até hoje das páginas de seus artigos, como até hoje nos falam os seus versos.

Estou preso ao papel
com o prego das palavras.[13]

*Estou preso ao pap[el]
com o prego das
palavras*

PALAVRA

Ilustração de Maiakóvski para o poema "Flauta-Vértebra".

Notas

ESTE LIVRO: O "PORQUÊ" E O "COMO"

1. E. Pound, *Literary Essays*, p. 4. Cf. ABC *of Reading*, p. 30 s, 40, 89.

2. R. Jakobson, *Noviéichaia Rúskaia Poésia*, p. 17. Todavia, Jakobson dá muita importância à contribuição teórica dos artistas criadores. Por exemplo, no Prefácio à antologia francesa do formalismo russo, realizada por Tzvetan Todorov, lembra a estreita colaboração, no Círculo Linguístico de Moscou, entre os linguistas estudiosos da linguagem poética e poetas como Maiakóvski, Pasternak, Mandelstam e Assiéiev, ver *Théorie de la littérature*, p. 12. Em seu "Retrospecto", traduzido para o português por J. Mattoso Camara Jr., afirma: "O impulso mais forte para uma mudança na maneira de encarar a linguagem e a linguística talvez tenha sido – para mim, pelo menos – o turbulento movimento artístico dos princípios do século XX" e ressalta a importância que tiveram para sua compreensão da natureza do fonema os grandes artistas criadores da época, ver *Fonema e Fonologia*, p. 148 e 149. Aliás, no mesmo "Retrospecto", relata que, ainda estudante, escreveu a Khlébnikov, em fevereiro de 1914, pedindo a opinião do poeta sobre o que se podia esperar do sincronismo e de certas analogias com as notas musicais, para a poesia experimental (p. 153, 154).

3. V. Schklóvski, *Khudójestvienaia Prosa*, p. 328.

4. O.C., XII, p. 540.

5. A Civilização Brasileira editara em 1956, na Coleção Maldoror, *Poemas de Maiakóvski*, traduções de E. Carrera Guerra, mas sem o longo estudo introdutório da *Antologia Poética* editada em 1963 pela Leitura. A antologia citada teve uma segunda edição, nos anos de 1970 e uma terceira pela Max Limonad em 1981.

6. Ver B. Schnaiderman, Uma Antologia de Maiakóvski, *O Estado de S. Paulo*, 15 fev. 1964.

7. O filósofo e poeta Vladímir Solovióv pode ser realmente considerado um precursor do simbolismo russo. O poeta Viatcheslav Ivanov foi um de seus principais representantes, e certamente daqueles que se mantiveram mais fiéis à corrente.

8. O acmeísmo (do grego *akme*, cume, ápice) foi um movimento poético que visava uma linguagem lógica e vinculada a toda a tradição literária.

9. O livro de L. Guerrero, *Antologia de Maiacovski* (1943), teve grande repercussão na América Latina, inclusive no Brasil, exercendo então duplo efeito: conseguiu transmitir a muitos o entusiasmo e carinho que dedicava a Maiakóvski, mas, por outro lado, contribuiu para que parte do público se afastasse do poeta, que aparecia retórico e bombástico, sem o alto acabamento poético do original. Passados quinze anos, Guerrero voltou ao tema, com o mesmo entusiasmo da juventude, porém mais uma vez o entusiasmo e carinho não são acompanhados de elaboração formal, ver V. Maiakóvski, *Obras Escogidas de Vladimiro Maiacovski*.

10. O.M. Carpeux, *As Revoltas Modernistas na Literatura*, p. 160 s, 175 s. A citação é da p. 162.

11. A. Houaiss, Qual Prefácio, em H. Martins, *A Rima na Poesia de Carlos Drummond de Andrade*, p. XI, XII.

12. H. Martins, op. cit., p. 6, cita o trecho correspondente da edição espanhola da *Teoria da Literatura* de R. Wellek e A. Warren. Na edição inglesa: p. 159, 160. O trabalho de Óssip Brik de que se trata é "Reiterações Sônicas".

13. L. Costa Lima já chamou a atenção para a analogia entre os processos utilizados por Hélcio Martins e os da crítica russa da década de 1920 e citou, com este propósito, um estudo de Boris Tomachévski, demonstrando, porém, insatisfação, quer com as formulações do crítico russo, quer com as de H. Martins, ver Il metodo stilistico e quello structurale di fronte a un poeta brasiliano, *Aut-aut*, n. 109-110, p. 143-145. Aliás, o desconhecimento de "Como Fazer Versos?" por H. Martins, é bastante estranhável, pois as traduções de L. Guerrero (obras já citadas – ver supra, n. 9) e E. Triolet (Maiakovski, *Vers et proses*), e que compreendiam o referido ensaio, eram muito conhecidas no Brasil quando H. Martins preparava seu livro. Ademais, já saíra o trabalho de H. de Campos, Maiakóvski em Português: Roteiro de uma Tradução, *Revista do Livro*, n. 23-24, p. 29-30, em que se trata dos processos de rima de Maiakóvski. Revisto e publicado com o título O Texto Como Produção (Maiakóvski), em *A ReOperação do Texto*.

14. Ver "Como Fazer Versos?", infra, p. 195 s.

15. *Maiakóvski: Poemas* e *Poesia Russa Moderna*, além de algumas publicações avulsas.

16. Evidentemente, não se pode negar a importância do trabalho filológico, na tradução literária. Neste campo, são muito comuns os erros graças ao desrespeito às normas mais comezinhas de fundamentação filológica, e a literatura russa tem sido particularmente sacrificada nesse terreno. Não seria difícil encontrar dezenas, centenas de exemplos, mesmo em traduções firmadas por nomes famosos.

Mas, ao mesmo tempo, a fidelidade não deve ser uma fidelidade palavra por palavra ou frase por frase. No prefácio à antologia *Poesia Russa Moderna*, p. 37, escrevi que, no trabalho com Augusto e Haroldo de Campos, buscamos "a fidelidade integral, isto é, semântica, fonológica e gráfica". A fidelidade semântica, embora importante, deve, a meu ver, ser apenas parte de um conjunto, no qual outros elementos podem ora aqui, ora ali adquirir importância predominante: o ritmo, um efeito inusitado provocado por determinadas construções sintáticas, a relação entre as partes etc.

Em poesia, isto aparece com muita clareza. H. de Campos já escreveu sobre o assunto, ver "Maiakóvski em Português…", estudo sobre a sua tradução do poema "A Sierguéi Iessiênin". Assim, o verso maiakovskiano *Gdié on / brónzi zvon / ili granito gran?*, em tradução semânticamente correta, dá: "Onde /o som do bronze ou a aresta do granito?" Mas, com muita razão, o verso foi traduzido assim: "Onde / o som do bronze / ou o grave granito?" "Grave granito" nos dá a correspondência sonora de *granita gran*, e o adjetivo "grave", embora não apareça no original, corresponde ao tom geral do poema (Ibidem, p. 38). E esta questão de tom é mais importante que a fidelidade literal. Aliás, B. Pasternak, em seu *Avtobiografítcheski Ótcherk*, p. 19, ataca os tradutores russos de Rilke, por se manterem fiéis à letra do original, mas não transmitirem o tom exato.

O próprio Maiakóvski elogiou sua amiga Rita Rait porque esta, na tradução do *Mistério-Bufo* para o alemão, recriou o texto segundo os processos maiakovskianos, embora às vezes com afastamento considerável do sentido estrito dos vocábulos originais, ver R. Rait, Tólko Vospominánia, p. 62.

Neste livro, figura o texto da autobiografia "Eu Mesmo", todo em prosa sintética, sincopada, direta, onde as palavras se lançam, poder-se-ia dizer, como chicotadas. Ora, isso tem de aparecer na tradução. No subtítulo "Kuokkala", Maiakóvski narra sua estada naquele local de veraneio, quase sem dinheiro para comer: "O sistema dos sete conhecidos (setimal). Dei início a sete relações de jantar. Aos domingos, 'janto' Tchukóvski, às segundas, Ievriéinov, e assim por diante. Às quintas, era pior, comia os capinzinhos de Répin. Para um futurista de estatura quilométrica, era inadequado."

Ora, no original, em vez de "estatura quilométrica", está: "com cerca de um *sajem* de altura". Numa tradução rigorosamente literal, seria preciso acrescentar uma nota, com a explicação de que o *sajem* é medida russa correspondente a 2,13 m. Estaria semanticamente correto, mas quebraria completamente o ritmo do original e anularia o impacto violento no leitor. E "estatura quilométrica", embora fuja à fidelidade literal, está de acordo com o espírito do texto: a hipérbole é, sem dúvida, a figura maiakovskiana por excelência. É verdade que a tradução, neste trecho, ficou mais maiakovskiana que o original, mas é preciso ter em mente que uma boa tradução deve funcionar por um sistema de compensações: sempre há efeitos que se perdem, e não faz mal criar aqui ou ali um efeito que sublinhe certas características do original.

A tradução deve ficar presa ao texto, mas não pode ficar presa demais a ele. Tem que haver aproximação e afastamento, arrojo e cautela, criação e filologia.

MAIAKÓVSKI E AS CORRENTES ARTÍSTICAS E CRÍTICAS DE SEU TEMPO

1. Ver O.C., XII, p. 463, 464. A palestra teve lugar no Museu Politécnico de Moscou, em dezembro de 1922, e o resumo foi publicado na revista *Zriélischa* (Espetáculos), n. 19, p. 61, 63 (1923).

2. Cf. E. Piscator, *Teatro Político*, p. 48-59.

3. Cf. *História do Teatro Dramático Soviético* (Obra coletiva), v. 2, p. 93.

4. Apud A.M. Ripellino, *Maiakóvski e o Teatro de Vanguarda*, p. 162.

5. Por outro lado, naturalmente, não fica fora de propósito a indagação: não teria ele alguma notícia da peça de Maiakóvski?

6. A.M. Ripellino, op. cit., p. 11-12.

7. Com efeito, o grupo cubofuturista editou em 1918-1919 o jornal *Iskusstvo Commúni* (A Arte da Comuna), patrocinado pelo Comissariado da Instrução Popular. No entanto, desde os primeiros anos da Revolução os futuristas e outros artistas de vanguarda encontraram viva oposição da parte de elementos do Partido, que tinham uma concepção bastante conservadora em relação às artes. Maiakóvski se refere a todo momento a semelhante antagonismo. Na realidade, o predomínio do academismo, que ocorreu no período stalinista, tinha suas raízes no ambiente dos anos da Revolução, quando a par do entusiasmo que despertavam em muitos os novos lemas nas artes, os artistas de vanguarda já se chocavam com a incompreensão e hostilidade de certos meios.

A.V. Lunatchárski, então comissário da Instrução Popular, e que havia insistido em que os futuristas deveriam ter todas as possibilidades de expressar suas concepções, era um homem imbuído de cultura clássica e, segundo parece, ficava às vezes chocado com os lemas desabusadamente antitradicionalistas do grupo cubofuturista. Tendo apoiado a fundação do jornal *Iskusstvo Commúni*, Lunatchárski publicou nele, em 29 dez. 1918, o artigo "Uma Colher de Antídoto", reproduzido na coletânea póstuma de seus trabalhos, *Artigos sobre Literatura*, p. 705-707, em que expressava desaprovação à iconoclastia dos futuristas, embora reconhecesse que era bom o novo poder apoiá-los em certa medida, pois tinham sido recusados categoricamente pela arte oficial do poder deposto e foram defensores ardorosos do novo Estado, desde o primeiro momento de existência. Lunatchárski escrevia também: "Já declarei dezenas de vezes que o Comissariado da Instrução deve ser imparcial em sua relação com as diversas correntes da vida artística. No que diz respeito aos problemas da forma, não se deve levar em conta os gostos do comissário do povo e dos demais representantes do poder. É preciso proporcionar um desenvolvimento livre a todos os grupos e personalidades. Não permitir a uma corrente abafar outra, depois de se armar quer da glória tradicional, quer do êxito da moda" (p. 706).

Aliás, quando apresentava o futurismo como um movimento oposto à velha ordem burguesa, Lunatchárski apenas dava expressão a um estado de ânimo comum na época, quando comunistas de vários países encaravam com simpatia o próprio Marinetti, ver B. Goriély, *Le avanguardie letterarie in Europa*, p. 131-133. Antonio Gramsci escreveu, em 5 de janeiro de 1921, no jornal *L'ordine nuovo*, um artigo em que comentava favoravelmente uma alocução de Lunatchárski aos delegados ao II Congresso da III Internacional Comunista, quando o comissário do povo lhes afirmou que na Itália existia um intelectual revolucionário e que ele se chamava Filippo Tommaso Marinetti (reproduzido em 1967 pela revista *Sipario*, com o título: "Marinetti Revolucionário?").

Mas, em outras ocasiões, a hostilidade ao novo em arte era mais forte. No livro de Edward J. Brown, *Russian Literature since the Revolution*, transcreve-se (p. 55, 56), do volume *Os Poemas de Maiakóvski* de I. Machbitz-Vierov (p. 106), o seguinte bilhete de Lênin a Lunatchárski, escrito após a publicação do poema *150.000.000* de Maiakóvski, em 1920:

"Você não tem vergonha de haver votado pela publicação de *150.000.000* em tiragem de 5.000? Absurdo, estupidez ou, melhor, estupidez multiplicada por pretensão! A meu ver, essas coisas deveriam ser publicadas apenas uma em dez, e assim mesmo em edições nunca superiores a 1.500 exemplares: para bibliotecas e para leitores excêntricos."

É verdade que, ao comentar favoravelmente o sentido político de um poema de Maiakóvski, em março de 1922, Lênin dizia: "Não faço parte dos admiradores de seu talento poético, embora reconheça inteiramente minha incompetência nesse terreno" (o.c., IV, 419), mas, sem dúvida, a impressão desfavorável que a obra maiakovskiana causava a Lênin e outros dirigentes ia, nos escalões inferiores, ao encontro da hostilidade que se manifestava, ora aqui, ora ali, por medidas contra a difusão da arte de vanguarda.

Se esta oposição à "derrubada de velharias" promovida pelos cubofuturistas se manifestou com particular veemência na Rússia, os oponentes de Maiakóvski e de seus amigos por vezes encontraram reação favorável também no Ocidente. Por exemplo, o recente livro de R.A. Maguire, *Red Virgin Soil*, revela aceitação plena da posição antimaiakovskiana do crítico A. Vorônski e de seu grupo.

8. L. Pajitnov; B. Chráguin, O Poeta da Revolução e a Época Atual, *Problemas da Paz e do Socialismo*, p. 70. O trecho de Aragon é de seu livro *Littératures soviétiques*, p. 305.

9. R. Jakobson, *Noviéichaia Rúskaia Poesia*, p. 3-5, desenvolveria uma argumentação crítica e linguística para demonstrar que os versos de Púschkin, tão louvados por sua "limpidez" e "transparência", eram na realidade menos compreensíveis que os de Khlébnikov e Maiakóvski.

10. Alusão aos versos de F.I. Tiutchev: "Como a um primeiro amor / O coração da Rússia não te esquece" (do poema "29 de janeiro de 1837", dedicado a Púschkin).

11. O poeta C.D. Balmont, próximo do simbolismo.

12. O poeta simbolista Valéri Briússov escrevia então versos belicosos. No início da Primeira Guerra Mundial, Maiakóvski teve também seu momento de entusiasmo patriótico, mas logo haveria de se voltar contra a guerra, conforme se constata em muitos de seus versos da época, como "A Mãe e o Crepúsculo Morto pelos Alemães" (ver *Maiakóvski: Poemas*, p. 70-71 – tradução de H. de Campos).

13. Alusão ao costume russo dos banhos a vapor, em que as pessoas batem no próprio corpo com vassourinhas de tília, e à expressão popular: "Isto não vale uma vassourinha de banho", com o sentido da nossa: "Isto não vale um caracol" (ou "[...] um vintém furado").

14. Trata-se de um vezo muito comum na época, em diferentes países. M. da Silva Brito, *História do Modernismo Brasileiro*, v. 1, p. 167, 169, 234, 238, 318, 319, conta que os modernistas brasileiros aceitaram o qualificativo de "futuristas", que lhes fora dado como um pejorativo, e como semelhante aceitação teve caráter de desafio. Foi também o que aconteceu com o futurismo russo.

Conservou-se por muito tempo o costume de designar como futurista tudo o que fugisse às normas tradicionais de gosto. Assim, na década de 1950, quando residia na cidade de Barbacena, estado de Minas Gerais, ouvi mais de uma vez os habitantes indignados chamarem de "futurista" a igreja construída em Pampulha, Belo Horizonte. O fato parece ter, no entanto, alcance universal. Goriély, op. cit., p. 136, escreveu: "O termo futurismo serve ao povo até hoje para indicar fenômenos artísticos e literários extravagantes ou bizarros que provocam um choque emotivo."

Em depoimento pessoal, Sérgio Buarque de Holanda explicou-me, porém, que o qualificativo, de início, não era propriamente pejorativo.

15. A.M. Ripellino, op. cit., p. 24.

16. Ibidem, p. 140 s.

17. R. Jakobson, *Noviéichaia Rúskaia Poésia*, p. 6-9.

18. Em sua intervenção no debate "O Futurismo Hoje", que teve lugar em 3 de abril de 1923 (anotação taquigráfica em O.C., XII, 260-262).

19. A.M. Ripellino, op. cit., p. 24 s, 140 s, 148 s.

20. M. Grillandi, Majakovsky e gli futurista italiani, *Letteratura*, 69-71; M. Colucci, Futurismo russo i futurismo italiano, *Richerche slavistiche*, Roma, v. 7 etc. Uma exposição relativamente desenvolvida sobre o problema encontra-se em B. Goriély, op. cit., p. 54-59.

21. Prefazione, *Poesia futurista italiana*, p. 10.

22. *Maiakóvski: Poemas*, p. 94, tradução A. de Campos.

23. R. Jakobson, *O Pokoliênii Rastrátivchem Svoikh Poetov*, p. 19.

24. Anotação taquigráfica da intervenção do poeta na discussão "O Futurismo Hoje", que teve lugar em 3 de abril de 1923, no Clube Central do Proletcult de Moscou.

25. Trecho do resumo de uma conferência de Maiakóvski em Nova York, publicado em *Nóvi Mir* (Novo Mundo), jornal russo daquela cidade, em 4 de outubro de 1925 (O.C., XII, 479).

26. A. Breton, *Manifestes du surréalisme*, p. 79.

27. Ibidem, p. 139 s.

28. B. Goriély, *Ka*, p. 34; I. Ambrogio, *Formalismo e avanguardia in Russia*, p. 128 s.; K. Pomorska, *Russian Formalist Theory and Its Poetic Ambience*, p. 78 s, 112 s, e Tieorietítcheskie Vzgliádi Rúskikh Futuristov, *Anais do Instituto Universitario Orientale*, p. 120 s.; V. Markov, *The Longer Poems of Velimir Khlebnikov*, p. 7, 8, 10; A.M. Ripellino, op. cit., p. 29 s.

29. R. Jakobson, Retrospecto, op. cit., p. 148, 149.

30. K. Pomorska, Tieorietítcheskie Vzgliádi Rúskikh Futuristov, op. cit., p. 78 s.

31. K. Pomorska, *Russian Formalist Theory and Its Poetic Ambience*, p. 101-106n. O poema é "O Cavalo de Prjeválski", ao qual também se alude no artigo de Maiakóvski "V.V. Khlébnikov" (incluído neste trabalho) e que foi traduzido para o português por H. de Campos (ver infra p. 270, n. 17).

32. A.M. Ripellino, op. cit., p. 29 s.
33. Intervenção no Debate Sobre *Os Banhos*, infra, p. 311.
34. Como Fazer Versos?, infra, p. 199.
35. Intervenção no Debate "O Pintor no Teatro de Hoje", infra, p. 298.
36. *Maiakóvski: Poemas*, p. 126 s, tradução de H. de Campos.
37. Vejam-se, neste sentido, as ousadas afirmações de Maiakóvski na discussão sobre a encenação de *O Inspetor Geral*, infra, p. 303 s.
38. Ver resumo da conferência de Maiakóvski sobre sua estada em Berlim em 1922, supra, p. 30.
39. A oposição categórica de Lukács às vanguardas europeias impediu-o de ver, pelo menos na medida em que me foi dado conhecer seus escritos, este racionalismo nas vanguardas, cuja visão tornaria bem mais rico e matizado o panorama que traçou em seu ataque ao moderno irracionalismo: *A Destruição da Razão*. Valorizar neste sentido a contribuição de um Brecht, de um Maiakóvski, eis uma tarefa digna de empenho. Em lugar disso, eis o que nos diz Lukács, comparando a evolução do pensamento alemão e do russo e deixando completamente de lado o irracionalismo que floresceu na Rússia a partir de meados do século XIX, como se não tivessem importância a pregação antirracionalista de um Dostoiévski, o anticientificismo furioso de Tolstói ou as visões alucinadamente místicas dos simbolistas:

"Uma orientação da cultura alemã no gênero daquela que conduziu de Goethe a Schopenhauer, Wagner e Nietzsche, conduz diretamente a Hitler, em nome do grande passado da Alemanha. Pense-se – a fim de ver claramente o contraste – na evolução cultural da Rússia. Depois de Gógol, vêm os grandes teóricos democratas e revolucionários, Bielínski e Herzen, Tchernichévski e Dobroliubov. Sua atividade permitiu ao país de Tolstói assimilar as grandes figuras de Lênin e Stálin, que abriram perspectivas fecundas, inclusive no domínio da cultura nacional: o socialismo e a reflexão sobre sua própria cultura nacional baseiam-se para os russos numa unidade orgânica e não constituem, como para um número tão grande dos melhores alemães do século passado, uma contradição dolorosa", ver G. Lukács, *La Destruction de la raison*, v. 2, p. 313. Anos depois, evidentemente, não se referiria assim a Stálin, mas não é só nisso que está o erro; uma apreciação adequada do irracionalismo russo permitiria perceber, também, a importância da ênfase dada ao racional pela geração que surgiu na época da Revolução Russa.

Em outras passagens do livro, este irracionalismo aparece em alusões ligeiras, como a referência à reação filosófica irracionalista, que, tanto na Rússia como nos Estados Unidos, tinha suas raízes em Nietzsche, ver G. Lukács, op. cit., v. 1, 18, 19, ou a análise circunstancial de um aspecto da obra de Dostoiévski: um possível "encontro entre religião e ateísmo", ver G. Lukács, op. cit. v. 1, 259; v. 2, 49.

40. Ver, infra, p. 167, n. 1 de "Léger".
41. Alusão às populações fínicas dos territórios em que se estabeleceu o primeiro Estado russo.

42. De A. Blok, Nóvaia Amiérica, *Sotchiniênia v Odnóm Tômie*, p. 230, 231.
43. Khlébnikov forma o termo *krissiátnik*, de *krissa*, rato.
44. Do escrito utópico "Mi i Domá", de Vielimir Khlébnikov.
45. Nome que se dava à parte de Moscou na margem do rio oposta ao Kremlin.
46. Alusão à cidade de Petersburgo, construída sobre um pântano.
47. Mi i Domá, *Sobránie Sotchiniêni*, v. 4, p. 278, 279.
48. Em *A Máquina do Tempo*, de H.G. Wells, os descendentes dos ricos de hoje aparecem amolecidos pelas facilidades, graças à eliminação da luta pela vida; pequenos no porte; pouco diferençados pelo sexo; usando uma linguagem constituída, sobretudo, de verbos e substantivos concretos e da qual se eliminara quase totalmente o figurado, ver *The Time Machine and The Island of Doctor Moreau*, p. 36 s. Os descendentes dos pobres parecem macacos brancos, de grandes olhos vermelho-acinzentados; cabelos de linho na cabeça e nas costas; não se percebia se corriam de quatro ou apenas com os antebraços muito abaixados, e lembravam aranhas humanas; viviam nos subterrâneos, onde se deslocavam sobre as paredes, ver ibidem, p. 67 s.
49. O velhíssimo tema da identidade de palavra e mundo, da concretude da palavra, de sua identificação com as coisas, o tema da palavra na natureza e da natureza na palavra, encontra na literatura russa um momento de grande expansão justamente com a geração de Khlébnikov e Maiakóvski.

A época é também de interesse acentuado pela obra de Dante na Rússia (tratei disso em forma bem mais desenvolvida numa conferência na Universidade de S. Paulo, por ocasião do sétimo centenário do nascimento de Dante, em 1965, incluída em meu livro *Tradução Ato Desmedido*), e é sabido que no florentino esse tema irrompe com particular veemência. Na *Divina Comédia*, ele aparece abundante desde o famoso *il sol tace* (Inferno I, 60), "o sol cala" na tradução brasileira de A. de Campos, até o "falar visível" (Purgatório, x, 95). Mas ele é sobremaneira evidente nas *Rimas Pedrosas*, traduzidas para o português e analisadas justamente sob esse aspecto por H. de Campos: "Quisera no meu canto ser tão áspero / como é nos atos esta bela pedra" – ver *Traduzir e Trovar*, p. 91, – afirma Alighieri na Quarta Canção, e toda a construção de suas canções parece imbuída deste propósito, que reflete, ainda, a visão que o poeta tem da amada: pétrea. A tal ponto que o título *Rime petrose* foi dado pelo dantólogo napolitano Vittorio Imbriani em pleno século XIX, bem antes da atual preocupação com a referida problemática, ver ibidem, p. 61.

Depois de irromper com intensidade em Khlébnikov, o tema se torna avassalador em outros poetas também. Ele comparece em inúmeras páginas de Maiakóvski para quem a identificação de palavra e existência, com a fusão da literatura na vida, não é um desses imperativos superficiais do momento, ligados a modas e movimentos literários, mas algo trágico e profundo, inerente à própria condição de poeta. Entre os apontamentos que deixou para um poema de exaltação dos planos quinquenais, há um fragmento que se inicia assim: "Sei o pulso das palavras a sirene das palavras / Não as que se aplaudem do alto dos teatros / Mas as que arrancam os caixões da treva / e os põem a caminhar quadrúpedes de cedro", ver *Maiakóvski: Poemas*, p. 140, tradução de A. de Campos. Não é por acaso que I. Oliecha, em seu livro póstumo, *Ni Dniá Biez Strótchki*, p. 153, afirma que só Dante poderia expressar-se assim.

Ainda com vigor e expressividade, o tema surge em O. Mandelstam. Eis um poema seu:

> Nos bosques, ouropêndulas. Vogais
> São a medida única dos versos.
> Por ano, uma só vez, e nada mais,
> Se mede a natureza com Homero.
>
> A longa dilação já se prepara
> Desde manhã: o dia abre em cesura.
> Pascem os bois. E o langor de ouro para,
> A meio-junco, a nota que amadura.

Ver *Poesia Russa Moderna*, p. 208, tradução de H. de Campos. Num escrito em prosa, Mandelstam refere-se a flores do campo gramaticalmente incorretas, ver *Viagem à Armênia*, p. 125.

Toda esta longa série de obras em que aparece soberana a materialização da linguagem, a sua fusão com o mundo, e que se inicia com Khlébnikov, tem o seu ponto de máxima exuberância na poesia de Pasternak, particularmente na sua poesia da mocidade, mais tarde renegada e denegrida por ele, sobretudo a do livro *Minha Irmã Vida*. O poema que dá título ao livro inicia-se com o verso "Minha irmã vida hoje se desborda", e este transbordamento é o transbordar da linguagem e, ao mesmo tempo, de vida, juventude, impetuosidade. Toda esta visão, que é típica de Pasternak, ficou bem concentrada nos poemas que aparecem em *Poesia Russa Moderna*: "Sobre Estes Versos", "Minha irmã vida hoje se desborda...", "Definição de Poesia" e "Poesia", os dois primeiros em tradução de H. de Campos e B. Schnaiderman, os dois últimos, de H. de Campos (p. 154, 156, 158, 189). Veja-se, como exemplo sobremaneira convincente, o final de "Poesia":

> Poesia, quando sob a torneira
> Um truísmo é um balde de folha
> Vazio, mais o jato se despeja.
> Eis o branco da página: jorra!

50. V. Khlébnikov, *Sobránie Sotchiniêni*, v. 4, p. 66.

51. Ibidem, p. 49.

52. Ibidem, p. 117.

53. T. Talbot Rice, *A Concise History of Russian Art*, p. 251-268; *Knaurs Lexikon Moderner Kunst*, p. 122, 123, 157, 158, 174, 249 e 280.

54. N.A. Sviertchkóv, Constructivizm, em *Krátkaia Litieratúrnaia Entziklopiédia*, v. 3., p. 712, 713.

55. Sobre a participação de El Lissítzki no construtivismo russo e, sobretudo, o projeto gráfico por ele realizado para uma coletânea de Maiakóvski, e que marcou época, há informações interessantes no texto de

H. de Campos, "Maiakóvski e o Construtivismo", em *Maiakóvski: Poemas*, p. 143-148.

56. Coletânea organizada por R. Motherwell, *The Dada Painters and Poets*, p. 30.

57. O.M. Carpeaux chega a afirmar que "Maiakóvski foi, por um momento, dadaísta", ver *As Revoltas Modernistas na Literatura*, p. 92; e, depois, fala em uma "fase de dadaísmo" na obra maiakovskiana, ver ibidem, p. 181.

58. *Knaurs Lexikon Moderner Kunst*, p. 168, 169.

59. As reproduções que se encontram nos livros sobre a arte da época documentam-no de sobra. No Brasil, o tema foi tratado particularmente por H. de Campos, Kurt Schwitters ou o Júbilo do Objeto, *A Arte no Horizonte do Provável*.

60. Ibidem, p. 41.

61. R. Motherwell, op. cit., p. 281.

62. Nota da primeira edição deste livro: De então para cá, a situação mudou em certa medida. Em 1962, a Academia de Ciências da URSS iniciou a publicação periódica da coletânea: *Pesquisas Tipológico-Estruturais*, na qual, desde o primeiro número, admitia-se plenamente a necessidade de continuar e desenvolver os estudos iniciados pela assim chamada "Escola Formal" russa. Nesse número, havia, entre outros materiais, um resumo do trabalho apresentado por A.K. Jolkóvski no colóquio realizado em Górki entre 23 e 27 de setembro de 1961, dedicado à aplicação de métodos matemáticos no estudo da linguagem literária: "Exame de alguns velhos trabalhos sobre poética", em que se analisavam as contribuições do formalismo russo e se destacava particularmente o trabalho de Propp sobre a morfologia do conto popular. Jolkóvski considera sobremaneira importantes, como desenvolvimento das ideias desse período, os trabalhos de Eisenstein sobre a poética do cinema, ver Ob Ussiliénii, *Structurno-Tipologuítcheskie Islédovania*, p. 290, 291.

Os estudos da "Escola Formal" têm sido citados e utilizados como material de trabalho pelos que se dedicam a uma abordagem semiológica da obra de arte. Tais estudos tiveram grande desenvolvimento na União Soviética. Diversas universidades têm publicado trabalhos neste setor, adquirindo particular ressonância as publicações realizadas nos últimos anos pela Universidade de Tártu, iniciadas com o livro de I.M. Lotman, *Léktzii po Strukturálnoi Poétike, vip. 1*. Esses trabalhos vêm tendo repercussão também no Ocidente. A revista francesa *Tel Quel* publicou uma coletânea deles com o título *La Sémiologie aujourd'hui en URSS* (A Semiologia hoje na URSS), e outra saiu na revista italiana *Marcatre*, na secção *Problemi della communicazione* (Problemas da Comunicação). Tanto na França como na Itália estão anunciados livros com traduções desses estudos.

O volume 5 da *Krátkaia Litieratúrnaia Entziklopiédia*, cuja publicação está em curso em Moscou, contém diversas referências, algumas elogiosas, a trabalhos dos formalistas russos, sendo particularmente significativo o artigo OPOIAZ, sigla de Óbschestvo Izutchéniia Poetítcheskovo

Iaziká (Associação para o Estudo da Linguagem Poética), em torno da qual se desenvolveu o grupo de Leningrado da "Escola Formal", da autoria de D.D. Ivlev (p. 448-451). A bibliografia que acompanha esse artigo, bem como outras informações ultimamente recebidas, indicam que tem sido reeditadas na Rússia umas poucas obras dos formalistas.

63. Ver Shrapnel de Civil, em o.c., I, 305-307.

64. Anotação taquigráfica (que não foi revista pelo poeta) de intervenção no debate "Lef ou Bluff?" (pronúncia russa: *blef*), que leve lugar no auditório do Museu Politécnico de Moscou, e no qual o grupo da *Lef* defrontou-se publicamente com os que o atacavam pela imprensa, prática aliás frequente na época. Coube a Maiakóvski fazer a abertura e o encerramento do debate, ver o.c., XII, p. 325-350 – o referido trecho figura na p. 346.

65. O problema foi bem exposto por V. Erlich, *Russian Formalism*, p. 78-116.

66. Uma defesa desta posição aparece na intervenção maiakovskiana num debate sobre os métodos formal e sociológico (neste trabalho).

Boris Arvatov foi um teórico ativo do grupo do Proletcult e, depois, da *Lef*, sendo conhecido sobretudo pela sua defesa de um método formalista-sociológico. Entre seus trabalhos, figura um estudo com o título: "A Sintaxe de Maiakóvski. Tentativa de Análise Formal-Sociológica do Poema 'A Guerra e o Mundo'", apud *Krátkaia Litieratúrnaia Entziklopiédia*, v. 1, p. 281.

67. Uma exposição particularmente minuciosa e fundamentada se encontra em I. Ambrogio, op. cit., p. 26, 143 s, 147 s, 153, 164, 167 s, 173 s, 225 s, 243 s.

68. Ver "Abaixo a Arte, Viva a Vida!", infra, p. 136.

69. Nas "teses" para a conferência de Maiakóvski. Com o título: Noviéichaia Rúskaia Poesia, o.c., I, 365.

70. Ver infra, p 246. Uma concepção semelhante sobre a relação entre poesia e vida impregnou a obra poética de Pasternak e foi expressa por ele em seu discurso no Primeiro Congresso dos Escritores Soviéticos, em 29 de agosto de 1934, ver *Sotchiniênia*, v. 3, p. 216-218.

71. R. Jakobson, Grammatical Parallelism and Its Russian Facet, *Language*, v. 42, p. 428; Linguística e Poética, *Linguística e Comunicação*, p. 161.

72. O mesmo problema suscitou formulação diferente nas famosas "Teses de 1929" de Praga: "É preciso elaborar *princípios de descrição sincrônica da língua poética*, evitando o erro, frequentemente cometido, que consiste em identificar a língua da poesia e a da comunicação. A linguagem poética tem, do ponto de vista sincrônico, a forma da palavra, isto é, de um ato criador individual, que toma seu valor, por uma parte, do fundo da tradição poética atual (língua poética) e, por outra parte, do fundo da língua comunicativa contemporânea. As relações recíprocas da linguagem poética com estes dois sistemas linguísticos são extremamente complexas e variadas, e é preciso examiná-las tanto do ponto de vista da diacronia como da sincronia. Uma propriedade específica da linguagem

poética é acentuar um elemento de conflito e de deformação, o caráter, a tendência e a escala desta deformação sendo muito diversos. Assim, por exemplo, uma aproximação da palavra poética *com* a língua de comunicação é condicionada pela oposição à tradição poética existente: as próprias relações recíprocas da palavra poética e da língua de comunicação ora são, em determinado período, muito nítidas, ora, em outras épocas, não são, pode-se dizer, sentidas", ver *Change*, n. 3, p. 35-36.

73. *Maiakóvski: Poemas*, p. 115-122, tradução de A. de Campos.

Outros autores também desaprovaram este emprego por Maiakóvski da linguagem mais chã e corriqueira. Ela parece estar na raiz da apreciação negativa por Pasternak, que tinha em muito alta conta os primeiros poemas de Maiakóvski: "Com exceção de um documento imortal e pré-agônico, 'A Plenos Pulmões', Maiakóvski me é inacessível a partir do *Mistério-Bufo*. Não me dizem nada esses modelos de escrita rimados desajeitadamente, esse vazio alambicado, esses lugares-comuns e verdades surradas, escritos de maneira tão artificial, confusa e sem espírito. A meu ver, tem-se aí um Maiakóvski nulo, inexistente. E é surpreendente que este Maiakóvski nulo é que se tenha consagrado como revolucionário", ver *Avtobiografítcheski Ótcherk*, p. 43, ver A Plenos Pulmões, *Maiakóvski: Poemas*, p. 131-136, tradução de H. de Campos.

A mesma posição foi expressa por Pasternak numa carta ao tradutor alemão Karl Dedecius, que lhe enviara o volume de suas traduções de Maiakóvski:

"Caro senhor Dedecius. Agradeço-lhe sinceramente o voluminho de Maiakóvski. Provavelmente, não pode existir tradução mais perfeita desse gênero literário... Tive mais uma vez ensejo de refletir sobre o que há de complexo e contraditório em Maiakóvski não só na tradução de seus versos, e sim muito mais no original, de pensar sobre a sua maneira de dizer artisticamente pesada (chegando a ser até pétrea e indigesta), no meio da expressão dos pensamentos e formação de rimas e palavras, e por outro lado, no pensamento raro, inesperadamente agudo e genial.

"Mas, visto que o ideal da arte da linguagem consiste para mim na máxima imperceptibilidade e clareza, numa neutralidade transparente, que chegue a tal ponto que o ouvinte ou leitor não perceba a linguagem e se esqueça dela, como se os pensamentos e imagens despontassem por si em seu íntimo, sem uma ajuda aparente de fora; visto que é justamente este o meu ponto de vista, espanto-me cada vez mais com o fato de que este poeta de uma penetração genial (mas também admirador do útil e razoável) não tivesse chegado sozinho à consciência de que para as suas extraordinárias representações era particularmente necessário evitar as expressões mais corrinqueiras...

"Desejo-lhe tudo de bom.

O seu Boris Pasternak".

Divulgada pela primeira vez por V. Aleksándrova no artigo "Pasternak sobre Maiakóvski e sobre Si Mesmo", publicado em *Nóvoie ráskoie slovo*, Nova palavra russa, Nova York, 2 ago 1959, e transcrita em B. Pasternak, *Sotchiniênia*, v. 3, p. 258, 259.

As palavras implacáveis de Pasternak (que devem ser relacionadas com a posição que assumiu nos últimos anos de vida, quando renegou sua participação na vanguarda literária de 1910 e 20 e denegriu o que sua própria obra tem de mais valioso – a exuberância de "Minha Irmã Vida" e outros livros dessa fase; ver sobretudo *Avtobiografítcheski Ótcherk*) parecem ter encontrado ressonância num estudioso tão sério da obra de Maiakóvski como A.M. Ripellino, que soube desvendar com penetração e entusiasmo tantos aspectos da obra maiakovskiana. No prefácio à sua tradução do poema "Lênin" (característica por grande fidelidade, a verdadeira, aquela que torna a tradução um verdadeiro trabalho criador), transparece um cansaço daqueles aspectos de Maiakóvski que parecem ter exasperado Pasternak (p. 5-7), mas, deve-se acrescentar, trata-se de uma das obras maiakovskianas em que eles aparecem em maior profusão.

Talvez tenha sido esta igualmente a faceta de Maiakóvski que levou O.M. Carpeaux a dizer que o poeta fora "prejudicado" pela ambição de "dizer o que nunca fora dito em poesia aos que nunca ouviram poesia", ver *As Revoltas Modernistas na Literatura*, p. 160.

Toda esta crítica mais recente faz eco a uma série de ataques que Maiakóvski sofreu em vida, e justamente pelo seu anseio de unir poesia e propaganda. Segundo A. Vorônski, seu verdadeiro dom poético era lírico e não declamatório. Referindo-se a seus poemas de amor, escreve que "em toda a nossa poesia, dificilmente se encontrarão poemas tão repassados de paixão e de tormenta, tão descobertos e despidos". Mas esses poemas, diz Vorônski, são tipicamente decadentes, enquanto os seus poemas revolucionários seriam uma traição ao seu talento mais autêntico, uma falsidade. O crítico afirma que "uma das tragédias mais profundas de nosso tempo" consistiria em que Maiakóvski atingia seu ponto mais alto como poeta quando fracassava como ideólogo, mas que, assim mesmo, o Maiakóvski "errado" era preferível ao "correto", ver A. Vorônski, "V. Maiakóvski", apud R.A. Maguire, op. cit., p. 209.

74. Posição semelhante à de Maiakóvski, em relação a este problema, foi assumida por Antônio Houaiss, em *Seis Poetas e um Problema*, p. 132-136, a propósito de João Cabral de Melo Neto, que era então atacado por usar expressões e palavras "não poéticas". Ademais, Sérgio Buarque de Holanda fora dos primeiros a voltar-se contra os ataques então dirigidos a João Cabral de Melo Neto por causa do emprego dessas expressões: "Quem não reconhece esse gosto do estereótipo nos decretos, por exemplo, de um dos jovens da 'geração de 45', quando sustenta que o bom verso não contém esdrúxulas (apesar de Camões), que a palavra 'fruta' deve ser desterrada em poesia, em favor de 'fruto', e a palavra 'cachorro' igualmente abolida, em proveito de 'cão', e mais, que o Oceano Pacífico (adeus Melville e Gauguin!) não é nada poético, bem ao oposto do que sucede com seu vizinho, o Oceano Índico?", ver S. Buarque de Holanda, Rebelião e Convenção, apud Haroldo de Campos, *Metalinguagem e Outras Metas*, p. 78, n. 1.

75. B. Goriély comenta da seguinte maneira o interesse que a filosofia croceana despertou na URSS e em outros países do bloco socialista: "A dialética de Croce convém à política de coexistência dos períodos

kruchoviano e pós-kruchoviano: ela consiste em aceitar a antinomia, renunciando à síntese. A antítese não supera a tese, e isto se traduz em Croce na ausência de decisão, devido à realidade demasiado brutal em que viveu. Não espanta, pois, que a filosofia de Croce, até agora combatida pelos marxistas, conheça de repente uma renovação de interesse tanto na URSS como nos países de democracia popular, sobretudo na Polônia. Com o título 'Nas pegadas de Benedetto Croce', Julius Strynovsky publicou em *Kultura* de 16 de junho de 1963 uma resenha elogiosa do livro de Eugênio Garin, *A Cultura Italiana nos Séculos XIX e XX*, Laterza, Bari, 1962", ver B. Goriély, *Le avanguardie letterarie in Europa*, p. 130, n. 3.

76. A. de Campos sugere a necessidade de se enfrentar este choque, ao realizar uma fotomontagem em que os semblantes de ambos aparecem fundidos, ver *Verso, Reverso, Controverso*, p. 71.

77. Aprisionado por tropas norte-americanas durante a Campanha da Itália, na Segunda Guerra Mundial, Ezra Pound foi encerrado numa jaula, junto a um acampamento militar. Levado para os Estados Unidos e acusado de alta traição, foi declarado insano mental e internado por treze anos num manicômio judiciário, de onde saiu após campanha neste sentido movida por intelectuais norte-americanos. Velho e doente, passou a residir na Itália. Procurado por diversos repórteres, que só conseguiram dele uma trágica autonegação. Eis, por exemplo, o que disse numa entrevista com Grazia Livi: "Vivi a vida inteira acreditando saber alguma coisa. Mas, depois, chegou um dia estranho, e eu percebi que não sabia nada, sim, não sabia nada. E então as palavras se esvaziaram de sentido", ver G. Livi, *Io so di non sapere nulla*, *Época*, n. 652, p. 92. E foi também uma autonegação lancinante o que o poeta *beat* Allen Ginsberg obteve dele, quando o procurou como a um mestre, com humildade e contrição, declinando a sua condição de judeu e de budista, embora Pound tivesse atacado outrora com violência judeus e budistas. A todas as declarações veementes de Ginsberg, no sentido de que ele e toda a sua geração tiveram em Pound o seu mestre, o velho poeta só respondia com frases curtas de autonegação, chegando a afirmar que aos 70 chegara à conclusão de que era um *moron* (isto é, de idade mental que não ultrapassava os doze). Disse: "Todo bem que fiz, ficou estragado pelas más intenções – preocupação com coisas irrelevantes e estúpidas". E depois, devagar e com ênfase: "Mas o pior erro que eu cometi foi aquele preconceito estúpido e suburbano, o antissemitismo", ver M. Reck, A Conversation between Ezra Pound and Allen Ginsberg, *Evergreen Review*, n. 55, p. 29.

78. T.S. Eliot, Preface, em E. Pound, *Literary Essays*, p. XIII.

79. Idem, ibidem.

80. E. Pound, *ABC of Reading*, p. 11 s.

81. Ibidem, p. 18 s; *Literary Essays*, p. 15 s.

82. Idem, *ABC of Reading*, p. 103.

83. Ibidem, p. 199; *Literary Essays*, p. 5.

84. Idem, *ABC of Reading* p. 56 s, 68, 201, 202, 205, 206.

85. Ibidem, p. 201.

86. Ibidem, p. 200.

87. Idem, *Literary Essays*, p. 12. No trecho, Pound cita T.S. Eliot: "Nenhum *vers* é *libre* para o homem que quer fazer um bom trabalho".

88. Idem, ABC *of Reading*, p. 91.

89. Ibidem, p. 76.

90. Ibidem.

91. Ibidem, p. 30 s.

92. Ibidem, p. 74 s. Aliás, Mário de Andrade também insistiu, citando Ribot, em que a crítica é elemento indispensável da poesia, ver *A Escrava Que Não É Isaura*, p. 205 s, 225, 285. Em apoio desta asserção, cita ainda Dermée: "O poeta é uma alma ardente, conduzida por uma cabeça fria", p. 206.

93. E. Pound, ABC *of Reading*, p. 17 s, 74 s. Cf. *Literary Essays*, p. 18 s.

94. Idem, ABC *of Reading*, p. 17.

95. Ibidem, p. 28; *Literary Essays*, p. 23.

96. Idem, *Literary Essays*, p. 26.

MAIAKÓVSKI E A TRADIÇÃO

1. Ver *Maiakóvski: Poemas*, p. 95-103, tradução de H. de Campos.

2. V. Schklóvski narra como os antigos ícones russos produziram verdadeiro impacto sobre a vanguarda russa da década de 1910. Naquela ocasião, fizera-se a restauração do mosteiro de Ferapont em Moscou e, retirando-se a camada de pintura que recobria os antigos afrescos, descobriram-se "contornos de figuras que se moviam estranhamente, lembrando filamentos de árvore como se veem num toco serrado. Tensos, condensados, como que amarrados, os afrescos do mosteiro de Ferapont assustavam, não se acreditou neles. Decidiram que o restaurador estava enganando os arqueólogos. E os afrescos foram cobertos de nova camada de tinta". Mesmo assim, eles já haviam provocado grande impressão em muitos artistas, entre os quais o pintor Vassíli Tchekríguin, muito amigo de Maiakóvski, ver V. Schklóvski, O Maiakóvskom, *Jíli-Bíli*, p. 272. Esta relação entre a arte dos ícones e as escolas pictóricas russas de vanguarda é sublinhada também por T. Talbot Rice, *A Concise History of Russian Art*, p. 252-259.

3. *Avtobiografítcheski Ótcherk*, p. 41.

4. L. Brik, Tchujie Stikhi, em N.V. Reformátskaia, *Maiakóvski v Vospomináníakh Sovriemiênikov*.

5. Ver supra, p. 86, n. 12.

6. Em A.S. Púchkin, *O Negro de Pedro, o Grande*.

7. Esta última observação foi sugerida por Annete Rezende de Rezende.

8. Um estudo muito mais desenvolvido desta epígrafe, com uma passagem autoirônica sobre o texto em português aqui reproduzido, foi publicado por mim, com o título *Hybris da Tradução, Hybris da Análise*, na revista portuguesa *Colóquio – Letras*, n. 57 (Lisboa, setembro de 1980, p. 5-12), acompanhado de uma tradução e um comentário de Haroldo de Campos. O estudo em questão foi incluído em meu livro *Tradução, Ato Desmedido*.

9. Excepcionalmente, deixei na transliteração a dupla *nn*, pois ela indica, no caso, o processo da formação verbal em russo.

MAIAKÓVSKI E A MODERNIDADE

1. R. Jakobson, *Noviéichaia Rúskaia Poésia*, p. 4; A Procura da Essência da Linguagem, *Linguística e Comunicação*, p. 38.

2. Ver "Abaixo a Arte, Viva a Vida!", infra, p. 136.

3. Final de "Como Fazer Versos?", infra, p. 236.

4. O. Bilac, Profissão de Fé, em *Poesias*, p. 5.

5. A expressão é de A. de Campos, ver A Moeda Concreta da Fala, em A. de Campos; H. de Campos; D. Pignatari, *Teoria da Poesia Concreta*, p. 111, ao citar o trecho em que Sapir trata do assunto, ver *El Lenguaje*, p. 116, 117. Trata-se, porém, de um tema velhíssimo (na literatura russa, já fora tratado por Púschkin, ver Sobre o Estilo Poético, *Pólnoie Sobránie Sotchiniêni*), retomado pelos modernos. M. Dufrenne afirma que o poeta procura restituir à linguagem "sua espontaneidade e sua força, sua naturalidade, contra o uso comum que tende a desnaturá-la, tratando-a como uma ferramenta", ver *Le Poétique*, p. 14, 15. Aliás, é na base da mesma constatação que Jakobson propõe uma visão diferente da periodologia das escolas poéticas, ver *Noviéichaia Rúskaia Poésia*, p. 3-10.

6. A teoria do "efeito de estranheza" foi formulada por Schklóvski em forma bem mais desenvolvida, sobretudo em seu livro *O Teórii Prósi*. Nesse livro, ele afirma ter-se baseado numa formulação de Broder Christiansen, que em sua *Filosofia da Arte* tratou, em 1909, de uma *Differenz qualitat*, qualidade de divergência da norma, ou sensação diferencial, que seria o fundamento da percepção artística. Mas, a propósito do "efeito" schklovskiano, Jirmúnski lembrava já em 1919 um conhecido trecho de Samuel Coleridge sobre o "encanto da novidade" em Wordsworth; cf. *Biografia Literária* apud I. Ambrogio, *Formalismo e avanguardia in Russia*, p. 146.

7. *Maiakóvski: Poemas*, p. 131-136, tradução de H. de Campos.

8. Na autobiografia "Eu Mesmo", subtítulo "O Inusitado", infra, p. 110.

9. A. Vorônski, que manteve acirradas polêmicas com Maiakóvski, escreveu num artigo incluído em seu livro *A Arte de Ver o Mundo* (1928): "Por que a Vênus de Milo continua a estabelecer para nós um padrão inatingível, não obstante a grande diversidade de gosto, modo de vida e sentimento, entre nós e os gregos? Porque existe uma beleza objetiva na natureza, e que o artista nos revela em suas obras", ver p. 88, apud R.A. Maguire, *Red Virgin*

Soil, p. 217. Deste modo, em sua oposição a Maiakóvski, Vorônski apegava-se a uma concepção que não levava em conta sequer a distinção entre o belo da arte e o belo natural expressa por Hegel, que afirmava, já no início do século XIX: "É belo somente aquilo que encontra sua expressão na arte, como criação do espírito; o belo natural só merece este nome na medida de suas relações com o espírito", Introduction, *L'Esthétique*, v. 1, p. 12.

10. *Maiakóvski: Poemas*, p. 115-122, tradução de A. de Campos.

11. A.S. Púchkin, Sobre o Estilo Poético, op. cit., p. 81.

12. Idem, ver as resenhas Vie, poésies et pensées de Joseph Delorme; e Les consolations, poésies par Saint-Beuve, *Pólnoie Sobránie Sotchiniêni*, p. 243.

13. Este aspecto foi sublinhado particularmente por Laís Corrêa de Araujo, após a publicação dos poemas de Maiakóvski pela editora Tempo Brasileiro. Referindo-se a meu prefácio ao livro, onde havia certamente uma lacuna, escrevia: "é evidente no espectro do poema maiakovskiano que este é oticamente ativo na sua assimetria, por onde vai crescendo a imanência da matéria viva do pensamento. Além do que assinala Boris Schnaiderman quanto 'à riqueza e leveza do vocabulário coloquial', é preciso (e é possível agora, por esta antologia) verificar a existência de uma consciência crítica do poeta quanto ao uso do espaço gráfico, que limpa no poema seu caráter de acidente fortuito, para torná-lo um ato regular e unitário, destinado a funcionar como uma rota esquemática do pensamento geratriz. Assim, o revolucionário e o homem de luta, vivendo dentro do poeta, conseguem aquela ideal simbiose do eu e do coletivo, por uma tomada de consciência mais profunda e uma ação mais eficaz, através da técnica de controle das unidades morfológicas e semânticas com que chega ao ponto de encontro último que é o poema participante". "Daí que o eixo ideológico vai ser uma megamolécula composta das partículas verbais de valor próprio, original, polarizadas no sentido matemático da ordenação para um resultado completo – o poema", ver Roda Gigante, *Minas Gerais*, 4 nov. 1967.

Lila Guerrero, no prefácio às *Obras Escolhidas* de Maiakóvski, por ela organizadas, afirma que o "verso escalonado" do poeta fora tomado de "Um Lance de Dados" de Mallarmé (p. 9). Segundo o depoimento de Agustín Larrauri (autor da tradução espanhola de "Um Lance de Dados"), recolhido por H. de Campos, Lila Guerrero, na exposição comemorativa do vigésimo aniversário da morte de Maiakóvski, por ela organizada no Instituto Argentina – URSS de Buenos Aires, teria exposto lado a lado cartazes com poemas de Maiakóvski e amostras de "Um Lance de Dados", ver H. de Campos, Maiakóvski em Português, *Revista do Livro*, n. 23-24, p. 28).

14. Uma informação mais pormenorizada encontra-se no texto de H. de Campos, Maiakóvski e o Construtivismo, em *Maiakóvski: Poemas*, p. 143-148.

15. Cisneia *(Liebiédia)* era o nome que se dava antigamente à região das estepes, entre o Don e o Volga.

16. V. Khlébnikov, O Rádio do Futuro, *Sobránie Sotchiniêni*, p. 295. Aqui, evidentemente, aparece um prenúncio da formulação de McLuhan

sobre o mundo reduzido a uma aldeia tribal, graças aos modernos meios de comunicação.

17. A.A. Járov, poeta frequentemente ironizado por Maiakóvski, e que se tornaria depois um representante típico da poesia laudatória do período stalinista.

18. Alusão a obra de Lênin.

19. A.M. Ripellino frisa que Maiakóvski era mais radical que Meierhold, e o poeta se tornou, por algum tempo, o autor-piloto, o fulcro de todo o teatro de Meierhold e, após a morte de Maiakóvski, o grande diretor foi perdendo o senso de um teatro realmente revolucionário, empenhado diretamente nos problemas da época, ver *Maiakóvski e o Teatro de Vanguarda*, p. 238-239). Estas asserções de Ripellino são confirmadas pela anotação que Iúri Ieláguin fez da intervenção de Meierhold na Conferência Pansoviética de Diretores de Teatro, que teve lugar em 15 de junho de 1939. Na conferência, Meierhold se conduziu com rara dignidade, concluindo seu discurso com as palavras: "Na caça ao formalismo, vocês destruíram a arte!" Mas, embora repelisse com veemência a tentativa de se reduzir toda a arte cênica a um único padrão, admitiu também alguns erros que teria cometido: "Com efeito, em algumas das minhas encenações de peças clássicas, eu me permiti demasiadas experiências, dei liberdade demasiada à imaginação, esquecendo por vezes que o valor artístico do próprio material com que eu trabalhava era sempre e em todas as ocasiões superior a tudo o que eu pudesse acrescentar. E eu reconheço que às vezes justamente na encenação de peças clássicas deveria me conter mais, ter maior modéstia como criador", apud I. Ieláguin, *Tiômni Guéni*, p. 409; – o discurso está traduzido para o português, em A. Conrado, *O Teatro de Meyerhold*.

Mas, não obstante esse arrependimento tardio, os anos de colaboração com Maiakóvski deixaram profunda marca em Meierhold. Num escrito de 1936, ele recorda fascinado o poeta em quem vê alguém voltado para o futuro, alguém que dificilmente era compreendido em sua época, a tal ponto que ele próprio, Meierhold, tinha às vezes dificuldade em acompanhá-lo, do que teriam resultado deficiências de encenação, ver V. Meierhold, Slovo o Maiakóvskom, em *Maiakóvski v Vospominániakh Sovriemiênikov*.

20. O. Brik, A Drenagem da Arte, *Iskusstvo Commúni*, Petrogrado, 7 dez 1918, reproduzido parcialmente em O.C., XII, p. 623.

21. Ver infra p. 330-331.

22. W. Benjamin, A Obra de Arte na Época de Sua Reprodutibilidade Técnica, *Civilização Brasileira*, n. 19-20.

A PROSA DE MAIAKÓVSKI COMO EXPERIÊNCIA DE "TEXTO"

1. Intervenção no debate "Por Que se Calam os Escritores?" cujo resumo foi publicado na revista *Teatrálnaia Moscvá* (Moscou Teatral), n. 8, 1921, e reproduzido em O.C., XII, p. 457.

2. Ver infra, p. 187.

3. Existe tradução francesa muito boa de E. Triolet, incluída na antologia de poesia russa por ela organizada.

4. A. Biéli, "Aleksandr Blok", em *Poésia Slova*, p. 28-29. É certamente uma prosa para iniciados. Alude-se ali a uma concepção do filósofo místico V. Solovióv, cuja influência absorvente aparece na obra de Biéli. Para Solovióv, Sófia, a sabedoria, é também mulher e lhe teria aparecido três vezes; em 1862, aos nove anos, como garota da mesma idade numa igreja de Moscou; no Museu Britânico, em 1875; e no deserto próximo ao Cairo, em 1876. Divina e terrena, personificação do amor artístico, mas também do erotismo, suprassensível, porém sujeita à queda, Sófia estava no centro das preocupações do filósofo, cuja concepção mística foi marcada pela doutrina dos gnósticos. No trecho de Biéli citado, há uma alusão ao gnóstico Valentino, que Solovióv considerava o maior filósofo de todos os tempos, apud B. Goriély, *Le avanguardie letterarie in Europa*, p. 13-17.

A referência aos "velhos crentes" lembra a seita dos que não aceitaram a reforma introduzida, no século XVII, pelo patriarca Nícon, nos textos litúrgicos da Igreja Russa.

5. A. Riêmizov, *V Rózovom Blieske*, p. 400-402.

6. R. Jakobson, *O Pokoliênii Rastrátivchem Svoikh Poetov*, p. 7.

7. Ver *Maiakóvski: Poemas*, p. 131-136, tradução de H. de Campos.

8. V. Schklóvski, O Maiakóvskom, *Jíli-Bíli*, p. 408.

9. I. Bábel, Avtobiográfia, *Ízbranoie*.

10. Em russo *Konármia* (título que se consagrou no Ocidente como *Cavalaria Vermelha*). O livro teve muitas traduções no Ocidente, inclusive algumas em português. Recentemente, toi traduzido por Aurora Fornoni Bernardini e Homero Freitas de Andrade com o título *O Exército de Cavalaria*, que é tradução literal do russo.

11. Escrito inacabado a que já me referi, ver Inéditos de Isaac Bábel, *O Estado de S. Paulo*, 27 maio 1967, onde comentei os inéditos publicados na parte referente a I. Bábel no volume da série "Herança Literária" dedicado a autores soviéticos.

12. Traduzida por mim para o português e incluída no volume *Novelas Russas*.

13. Final do poema "Flauta-Vértebra", ver O.C., I, 208.

POÉTICA E VIDA

Desenho com que Maiakóvski assinou carta a Lília Brik.

EU MESMO[1]

Tema

Sou poeta. É justamente por isto que sou interessante[2]. E sobre isto escrevo. Sobre o restante: apenas se foi defendido com a palavra.

Memória

Burliuk dizia: "Maiakóvski tem memória igual às estradas de Poltava: quem se arrisca por lá, perde a galocha." Mas eu não lembro rostos nem datas. Só me lembro de que no ano 1100 certos "dórios" foram estabelecer-se não sei onde. Não me lembro dos pormenores desta ocorrência, mas deve ter sido ocorrência importante. Mas lembrar: "Isto foi escrito no dia 2 de maio. Pávlovsk. Repuxos." É absolutamente mesquinho[3]. Por isto, nado livremente em minha cronologia.

O Principal

Nasci em 7 de julho de 1894 (ou 93 – há divergência entre a opinião de mamãe e a da folha de serviço de meu pai. Em todo caso, não foi mais cedo). Local: a aldeia de Bagdádi, província de Kutaíssi, Geórgia[4].

Composição da Família

Pai: Vladímir Constantínovitch (guarda florestal em Bagdádi), morreu em 1906.
Mamãe: Aleksandra Aleksiéievna.
Irmãs:
  a. Liuda.
  b. Ólia[5].

Outros Maiakóvskis, ao que parece, não há.

1ª Lembrança

Noções do pitoresco. O lugar é desconhecido. Inverno. Meu pai assinou a revista *Pátria*. Ela tem um suplemento "humorístico". As coisas engraçadas são discutidas e esperadas. Meu pai caminha e canta o seu eterno "Allons enfants de la por quatro"[6]. A *Pátria* chegou. Abro e logo (há uma gravura) berro: "Que engraçado! Titio está beijando titia." Deram risada. Mais tarde, quando chegou o suplemento e era preciso realmente rir, ficou claro: fora unicamente de mim que haviam rido. Assim divergiram as nossas noções sobre gravuras e sobre humor.

2ª Lembrança

Noções do poético. Verão. Chega um horror de gente. Um universitário bonito e delgado: B.P. Gluschkóvski. Desenha. Um cadernão de couro. Papel brilhante. No papel, um homem delgado sem calças (ou talvez de calças justas), diante do espelho. O homem se chama "Ievguienioniéguin"[7]. Bória[8] era comprido, e o homem desenhado também. Natural. Para mim, Bória era aquele mesmo. "Ievguienioniéguin". Esta opinião se manteve uns três anos.

3ª Lembrança

Noções do prático. Noite. Atrás da parede, um murmúrio infindável de papai e mamãe. A respeito do piano de cauda. Não dormia noite inteira. Uma frase martelava-me sem cessar. De manhã, saí numa corrida: "Papai, o que quer dizer prorrogação de dívida?" A explicação agradou muito.

Maus Hábitos

Verão. Número assustador de visitas. Os aniversários se aglomeram. Meu pai se vangloria de minha memória. Obrigam-me a decorar versos para cada aniversário. Lembro-me de uns decorados especialmente para o aniversário de papai:

> Certa vez, perante a turba
> Das montanhas conjugadas...[9]

Eu me irritava com aquele "conjugadas" e com o acento diferente em "montanhas"[10]. Eu não sabia quem eram elas, e não queriam encontrar-me pessoalmente. Mais tarde, eu soube que aquilo era o poético, e passei a odiá-lo em silêncio.

Raízes do Romantismo

A primeira casa de que me lembro distintamente. Dois andares. O de cima é nosso. O de baixo, uma pequena fábrica de vinho. Uma vez por ano, carroças carregadas de uva. Prensavam. Eu comia. Eles bebiam. Tudo isto, no território da antiquíssima fortaleza georgiana perto de Bagdádi. A fortaleza é rodeada pela muralha em quadrilátero. Nos cantos das muralhas, plataformas para os canhões. Ameias. Atrás das muralhas, valados. Além dos valados, florestas e chacais. Acima das florestas, montanhas. Cresci. Corria para a mais elevada. As montanhas se abaixam para o Norte. Mais para o Norte ainda, uma interrupção. Sonhava: é a Rússia. Dava uma vontade incrível de ir para lá.

O Inusitado

Cerca de sete anos. Meu pai começou a me levar para a ronda das matas, a cavalo. Um desfiladeiro. Noite. Envoltos na neblina. Nem via meu pai. Uma vereda estreitíssima. Meu pai provavelmente empurrou com a manga um ramo de roseira-brava. O ramo cravou os espinhos em minhas faces. Soltando pequenos gritos, vou tirando os espinhos. De repente, desapareceram a dor e o nevoeiro. Na neblina que se dispersou sob nossos pés, algo mais brilhante que o céu. É a eletricidade. A fábrica de aduelas do príncipe Nakaschidze. Depois de ver a eletricidade, deixei completamente de me interessar pela natureza. Objeto não aperfeiçoado[11].

Estudo

Ensinavam-me mamãe e primas de diferentes graus. A aritmética parecia inverossímil. Era necessário calcular peras e maçãs distribuídas a meninos. No entanto, eu sempre recebia e dava sem contar. No Cáucaso, há frutas à vontade. Foi com gosto que aprendi a ler.

Primeiro livro

Não sei que *Passarinheira Agáfia*. Se tivesse então encontrado alguns livros daqueles, deixaria de ler para sempre. Felizmente, o segundo foi *Dom Quixote*. Isto é que é livro! Fiz uma espada de madeira e armadura e aniquilava tudo ao redor.

Exame

Mudança. De Bagdádi para Kutaíssi. Exame para o ginásio. Passei. Perguntaram-me sobre a âncora que tinha na manga: sabia bem. Mas o padre me perguntou o que era "oko". Respondi: "Três libras" (é assim em georgiano). Os amáveis examinadores me explicaram que "oko" era "olho" na língua antiga, em eslavo eclesiástico[12]. Por pouco não levei bomba. Por isso, odiei no mesmo instante tudo o que era antigo, eclesiástico e eslavo[13]. É possível que daí tenham surgido meu futurismo, meu ateísmo e meu internacionalismo.

Ginásio

Preparatório, 1º e 2º. Tiro o primeiro lugar. Cubro-me de notas cinco. Leio Júlio Verne. O fantástico em geral. Certo barbudo começou a descobrir em mim talento para a pintura. Ensina-me de graça.

Guerra com o Japão

Em casa, cresceu o número de jornais e revistas. *Notícias Russas, Palavra Russa, Riqueza Russa* etc. Leio tudo.

Deram-me corda. Entusiasmam-me os cartões postais com cruzadores. Amplio e faço cópia. Apareceu a palavra "panfleto". Os panfletos eram pendurados pelos georgianos. Os cossacos penduravam os georgianos nas forcas. Meus amigos eram georgianos. Passei a odiar os cossacos.

Material Clandestino

Minha irmã chegou de Moscou. Entusiasmada. Deu-me em segredo uns papéis compridos. Isto me agradava: era muito arriscado. Lembro-me ainda. O primeiro.

> Volte a si, companheiro, volte a si, meu irmão,
> Largue já o fuzil sobre a terra.

E um outro, com o final:

> … ou então um caminho diverso:
> P'ra a Alemanha, com o filho, a mulher e a mamãe…

(sobre o tsar).
Era a revolução. E era em verso. Versos e revolução como que se uniram na mente.

1905

Não conseguia estudar. Começaram as notas dois. Passei para o quarto ano unicamente porque me acertaram uma pedra na cabeça (eu brigara junto ao Rion): na segunda época, os professores tiveram pena. Para mim, a revolução começou assim: meu amigo Isidor, cozinheiro de padre, pulou de alegria descalço sobre o fogão: tinham morto o general Alikhanov. O pacificador da Geórgia[14]. Seguiram-se comícios e passeatas. Segui também. Bom. Apreendo pictoricamente: de preto os anarquistas, de vermelho os social-revolucionários, de azul os social-democratas, de outras cores os federalistas.

Socialismo

Discursos, jornais. De tudo isto: conceitos e palavras desconhecidas. Exijo explicação a mim mesmo. Livrinhos brancos nas janelas. *A Procelária*[15]. O mesmo tema. Compro todos. Levantava-me às seis da manhã. Lia até a embriaguez. O primeiro: *Abaixo os Social-Democratas!*[16] O segundo: *Conferências sobre Economia*[17]. Impressionou-me para sempre a capacidade dos socialistas de desenredar os fatos, de sistematizar o mundo. *O Que Ler?* – se não me engano, de Rubákin. Li o aconselhado. Muita coisa não entendo. Pergunto. Fui introduzido num círculo marxista. Quando cheguei, estavam lendo *O Programa de Erfurt*[18]. No meio. Sobre o *lumpenproletariat*. Passei a me considerar social-democrata: carreguei as carabinas Berdan de meu pai para o comitê social-democrático.

Quem me agradava pelo físico era Lassale. Provavelmente porque não tinha barba. Ar mais moço. Misturei Lassale com Demóstenes. Vou até Rion[19]. Faço discursos com pedrinhas na boca.

Repressão

No meu entender, tudo começou com o seguinte: quando houve pânico (talvez por ação da polícia) numa passeata em memória de Bauman[20], eu (caído) levei pancada na cabeça com um tambor enorme. Assustei-me pensando: a cabeça rachou.

1906

Meu pai morreu. Picara o dedo (estava pregando papéis de serviço). Septicemia. Desde então, não suporto alfinetes. Acabou o bem-estar. Depois do enterro de meu pai, sobram-nos 3 rublos. Vendemos febril e instintivamente mesas e cadeiras. Largamos para Moscou. Para quê? Nem conhecidos tínhamos ali.

Viagem

O melhor de tudo: Baku. Torres de petróleo, caixas d'água, o melhor perfume (petróleo) e depois a estepe. O deserto até.

Moscou

Paramos em Razumóvski. Conhecidas: as irmãs Plótnikov. De manhã, vapor para Moscou. Alugamos apartamentinho na Brónaia.

Coisas de Moscou

Elas vão mal quanto à comida. Pensão: 10 rublos por mês. Eu e as duas irmãs estudamos. Mamãe teve de sublocar quartos e dar refeições. Os quartos são ordinários. Os inquilinos eram estudantes pobres. Socialistas. Lembro-me: diante de mim, o primeiro "bolchevique", Vássia[21] Kandeláki.

O Agradável

Mandaram-me comprar querosene. 5 rublos. Na loja colonial me deram de troco 14 rublos e 50 copeques; lucro líquido: 10 rublos. Fiquei com dor de consciência. Percorri duas vezes a loja (*O Programa de Erfurt* não me deixava em paz). – "Quem foi que se enganou, o patrão ou um empregado?" – pergunto baixinho a um caixeiro. – "O patrão!" – Comprei e comi quatro pães com frutas secas. Com o que sobrou, andei de barco pelas represas Patriárchi. Desde então, não suporto nem ver pão com frutas secas.

Trabalho

Dinheiro na família não há. Foi preciso desenhar e gravar a fogo. Fixaram-se na memória sobretudo os ovos de Páscoa. Redondos, eles giram e rangem como portas. Eu vendia os ovos na loja de artesanato da Nieglínaia[22]. 10 a 15 copeques cada. Desde então, odeio profundamente os Boem[23], o estilo russo e a mania do artesanato.

Ginásio

Eu me transferi para o 4º ano do Ginásio n. 5. Notas um, fracamente variadas com notas dois. Sob a carteira, o *Anti-Dühring*.

Leitura

Eu não admitia sequer a literatura. Filosofia. Hegel. As ciências naturais. Mas, sobretudo, marxismo. Não existe obra de arte que me tenha entusiasmado mais que o "Prefácio" de Marx[24]. Obras clandestinas saíam dos quartos dos estudantes. *Tática do Combate de Rua* etc. Lembro-me distintamente do livrinho azul de Lênin, *Duas Táticas*[25]. Agradava-me o fato de o livro ter sido cortado sem margens. Para a distribuição clandestina. A estética da economia máxima[26].

O Primeiro Quase Poema

O Ginásio n. 3 editava a revistinha clandestina *Poriv* (Impulso). Fiquei despeitado. Outros escrevem, e eu não posso?! Fiz ranger a pena. Saiu algo incrivelmente revolucionário e na mesma medida horrível. Qualquer coisa como Kirilov escreve hoje em dia[27]. Não me lembro de nenhuma linha. Escrevi um segundo. Saiu lírico. Considerando que tal estado interior era incompatível com a minha "dignidade socialista", larguei de vez.

O Partido

1908. Ingressei no PSDOR (ala bolchevique). Fiz exame num subdistrito comercial e industrial. Passei. Como propagandista[28]. Fui trabalhar com padeiros, depois com sapateiros e, finalmente, com gráficos. Na conferência municipal, fui eleito para o Comitê da cidade. Estavam nele Lomov, Povóljetz, Smidóvitch e outros. Eu me chamava "Camarada Constantin". Mas não cheguei a trabalhar ali: fui apanhado.

Prisão

Em 29 de março de 1908, fui cercado em Gruzíni. A nossa tipografia clandestina. Comi o bloco de notas. Com endereços e capa dura. A delegacia em Priésnienski. A Okhrana[29]. A delegacia de Suschev. O juiz de instrução Voltanóvski (provavelmente se considerava esperto) me fez escrever um ditado: eu era acusado de ter escrito uma proclamação. Fiquei assassinando de todas as maneiras o texto. Escrevi: "socialdimocritico". Talvez os tenha enganado. Fui solto condicionalmente[30]. Na delegacia, li perplexo *Sánin*[31]. Não sei por que, ele existia em todas as delegacias. Provavelmente, para redimir as almas.

Saí. Cerca de um ano de trabalho partidário. E novamente uma curta prisão. Tiraram-me o revólver. Makhmudbekov, então subcomandante Kriestóv, amigo de meu pai, preso casualmente comigo, declarou que o revólver era dele, e eu fui solto[32].

Terceira Prisão

Os que moram em nossa casa (Koridze, nome de guerra Mortchadze, Gueruláitis e outros) estão preparando uma passagem subterrânea. Para libertar mulheres condenadas a trabalhos forçados. Conseguimos organizar uma fuga na prisão de Novínski. Fui apanhado[33]. Não queria ficar preso. Fiz escândalo. Era transferido de uma delegacia a outra: Basmánaia, Mieschánskaia etc., e, finalmente, fui parar em Butirki. Cela individual n. 103.

11 Meses em Butirki

Época importantíssima para mim. Depois de três anos de teoria e prática, passei a devorar literatura.
    Li tudo o que havia de mais recente. Os simbolistas. Biéli, Balmont. Espantou-me a novidade formal. Mas aquilo me era estranho. Temas e imagens de uma vida que não era a minha. Tentei eu mesmo escrever igualmente bem, mas sobre outra coisa. Constatei que não se podia escrever *igualmente sobre outra coisa*. Saiu algo postiço e chorosamente revolucionário. Qualquer coisa no gênero:

> As matas se cobrem de ouro e de púrpura.
> O sol já refulge nos cimos de igreja.
> Espero, e os dias se perdem nos meses,
> Centenas de dias sem fim.

Rabisquei com coisas assim todo um caderninho. Obrigado aos guardas: tiraram-no ao me soltar. Senão, era capaz de publicar!

Tendo lido os contemporâneos, despenquei-me sobre os clássicos. Byron, Shakespeare, Tolstói. Último livro: *Ana Karênina*. Não cheguei ao fim. De noite me chamaram "à cidade com as suas coisas". E fiquei sem saber, até hoje, como acabou aquela história dos Karênin.

Soltaram-me. Eu devia (por determinação da Okhrana) ter residência forçada em Turukhansk, durante três anos. Makhmudbekov conseguiu com Kurlóv[34] que me dispensassem.

Durante a prisão, julgaram o meu primeiro caso: declararam-me culpado, mas não tinha idade para uma condenação. Veredito: ficar sob vigilância policial e sob responsabilidade materna.

O Assim Chamado Dilema

Saí dali transtornado. O que eu li eram os assim chamados grandes. Mas como é fácil escrever melhor do que eles! Mesmo agora, já tenho uma relação correta com o mundo. Necessito apenas de experiência em arte. Onde apreendê-la? Sou ignorante. Devo passar por uma escola séria. E eu fora expulso até do ginásio, até do Stróganovski. Se ficar no partido, terei de passar à clandestinidade. E como clandestino, parecia-me, não poderia estudar. Perspectiva: passar a vida inteira escrevendo panfletos, expor pensamentos tirados de livros certos, mas que não foram inventados por mim. Se alguém me sacudir, para expelir o que li, o que vai sobrar? O método marxista. Mas esta arma não foi parar em mãos de criança? É fácil utilizá-lo, quando se lida apenas com o pensamento dos nossos. Mas, se encontrar o inimigo? Apesar de tudo, não consigo escrever melhor que Biéli. Ele trata das suas coisas com alegria: "Joguei o ananás aos céus"[35], e eu choramingo sobre as minhas: "Centenas de dias sem fim". Outros membros do partido têm vida boa. Eles têm a universidade. (Eu ainda respeitava a escola superior – não sabia o que isto significava!)

O que posso contrapor à estética das velharias, que desabou sobre mim? Será que a revolução não exigirá de mim uma escola séria? Fui então à casa de Miedviédiev, que ainda era companheiro de partido. Quero fazer arte socialista. Sierioja ficou rindo muito tempo: você tem a tripa fina.

Penso, apesar de tudo, que ele subestimou as minhas tripas.

Interrompi o trabalho partidário. E me pus a estudar.

Iniciação no Ofício

Pensava: não posso escrever verso. A experiência fora lastimável. Passei à pintura. Estudei com Jukóvski. Fiquei pintando serviços de chá prateadinhos, em companhia de não sei que damazinhas. Passado um ano, percebi: estava aprendendo prendas domésticas. Procurei Kélin[36]. Um realista. Bom desenhista. O melhor dos professores. Firme. Mutável.

Exigência: a mestria, Holbein. Não suportava o bonitinho. Poeta venerado: Sascha Tchórni[37]. Alegrava-me o seu antiestetismo.

A Última Escola

Um ano de "cabeça"[38]. Ingressei na Escola de Pintura, Escultura e Arquitetura: o único local onde me aceitaram sem um atestado de bons antecedentes políticos[39]. Trabalhei bem.

Fiquei espantado: acarinhavam-se os imitadores, expulsavam-se os independentes. Larionov, Máchkov[40]. O instinto revolucionário me fez apoiar os enxotados.

David Burliuk[41]

Na Escola apareceu Burliuk. Ar insolente. Lornhão. Sobrecasaca. Caminha cantarolando. Pus-me a provocá-lo. Quase chegamos às vias de fato.

No Fumoir

Sala de Reunião da Nobreza. Um concerto. Rakhmáninov. A ilha dos mortos[42]. Fugi da insuportável chatura melodizada[43]. Instantes depois, também Burliuk. Soltamos gargalhada, um na cara do outro. Saímos para vadiar juntos.
Conversa. Da chatura rakhmaninoviana, passamos à da Escola, e da escolar a toda a chatura clássica. Em David, havia a ira de um mestre que ultrapassara os contemporâneos, em mim – o patético de um socialista, que conhecia o inevitável da queda das velharias. Nascera o futurismo russo.

A Seguinte

De dia, saiu-me um poema. Ou melhor: trechos. Ruins. Não se publicaram em parte alguma. Noite. A Avenida Srietiênski. Leio as linhas a Burliuk. Acrescento: são de um conhecido meu. David parou. Olhou-me de alto a baixo. Explodiu: "Mas foi você mesmo quem escreveu isto! Você é um poeta genial!" Um epíteto assim grandioso e imerecido, aplicado a mim, me alegrou. Imergi inteiramente em versos. Nessa noite, de todo inesperadamente, eu me tornei poeta.

Excentricidades Burliukianas

Na manhã seguinte, apresentando-me a alguém, Burliuk já dizia com voz de baixo: "Não conhece? O meu amigo genial. O famoso poeta Maiakóvski". Eu o cutuco. Mas Burliuk é inabalável. E ainda rosnava para mim, afastando-se um pouco: "Agora escreva. Senão, vai colocar-me numa situação cretiníssima".

E Assim Todos as Dias

Tive de escrever. Escrevi então o primeiro poema (o primeiro profissional, publicável): "Branco e Púrpura"[44] e outros.

O Maravilhoso Burliuk

É com o amor de sempre que penso em David. O amigo maravilhoso. Meu verdadeiro professor. Burliuk me fez poeta. Lia-me franceses e alemães. Empurrava-me livros. Ia caminhando e falava sem cessar. Não me deixava afastar-me nem um passo. Dava-me 50 copeques por dia. Para que escrevesse sem passar fome.

No Natal, levou-me a sua casa, em Nova Maiatchka[45]. Eu trouxe de lá "Porto"[46] e outros.

A "Bofetada"

Voltamos de Maiatchka. Se com ideias ainda imprecisas, pelo menos com precisão de caráter. Em Moscou, Khlébnikov. A sua genialidade suave estava então completamente obscurecida para mim pelo borboteante David. Ali mesmo se movimentava também o jesuíta futurista da palavra: Krutchônikh.

Depois de algumas noites de lírica, demos à luz um manifesto coletivo. David recolhia, copiava, nós dois demos o título e publicamos a "Bofetada no Gosto Público"[47].

Eles Se Mexem

Exposições do "Valete de Ouros". Debates. Discursos enfurecidos, meus e de David[48]. Os jornais passaram a aparecer repletos de futurismo. O tom não era muito delicado. Eu, por exemplo, era chamado simplesmente de "filho de cadela".

A Blusa Amarela

Eu nunca tivera um terno. Tinha duas blusas, de aspecto miserável. Método já experimentado: enfeitar-me com uma gravata. Não tinha dinheiro. Apanhei com minha irmã um pedaço de fita amarela. Amarrei. Fiz furor. Quer dizer: o mais aparente e bonito numa pessoa é a gravata. Logo: se você aumenta a gravata, também aumentará o furor. E visto que as dimensões das gravatas são limitadas, lancei mão de esperteza: fiz da gravata uma blusa e da blusa uma gravata. Uma impressão irresistível.

É Natural

O quartel-general das artes arreganhou os dentes. O Príncipe Lvov. Diretor da Escola. Propôs que suspendêssemos a crítica e a agitação. Recusamo-nos.
O conselho de "artistas" nos expulsou da escola.

Um Ano Alegre

Percorremos a Rússia. Noites de poesia. Conferências. Os governos de província ficavam alerta. Em Nicoláiev propuseram-nos que não nos referíssemos às autoridades, nem a Púschkin. Com frequência, éramos interrompidos pela polícia, em meio a uma conferência. Vássia Kamiênski se uniu à cáfila. Um futurista da velha guarda.

Para mim esses anos foram de trabalho formal e domínio da palavra.

Os editores não nos aceitavam. O nariz capitalista farejava em nós dinamitadores. Não me compravam uma linha sequer.

De volta a Moscou, residi sobretudo nas avenidas.

Esta época foi culminada pela tragédia "Vladímir Maiakóvski". Montada em Petersburgo. O Luna-Parque. A vaia foi de estourar os tímpanos.

Início de 1914

Sinto mestria. Posso dominar um tema. Inteiramente. Formulo a questão do tema. Um tema revolucionário. Penso em "Uma Nuvem de Calças".

A Guerra

Eu a acolhi com emoção. A princípio, apenas pelo seu lado decorativo e ruidoso. Cartazes encomendados e, naturalmente, de todo belicosos. Depois o verso. "A Guerra Está Declarada".

Agosto

O primeiro combate. Apareceu integralmente o horror da guerra. A guerra é detestável. E a retaguarda, mais detestável ainda. Para se falar da guerra, é preciso conhecê-la. Fui alistar-me voluntário. Não aceitaram. Não tinha bons antecedentes[49].

O próprio coronel Modl[50] teve uma boa ideia.

Inverno

Repugnância e ódio à guerra. "Ah, fechem, fechem os olhos dos jornais"[51] e outros.
O interesse pela arte desapareceu de todo.

Maio

Ganhei 65 rublos no jogo. Fui à Finlândia. Kuokkala[52].

Kuokkala

O sistema dos sete conhecidos (setimal). Dei início a sete relações de jantar. Aos domingos, "janto" Tchukóvski, às segundas, Ievriéinov e assim por diante. Às quintas, era pior: comia os capinzinhos de Répin. Para um futurista de estatura quilométrica, era inadequado.

Ao anoitecer, vagueio pela praia. Escrevo a "Nuvem".

Fortaleceu-se a consciência da proximidade da revolução.

Fui a Mustamiáki[53]. M. Górki. Li para ele partes da "Nuvem". Sensibilizado, Górki me cobriu de lágrimas todo o colete. Comovi-o com meus versos. Fiquei um tanto orgulhoso. Logo ficou claro, porém, que Górki chorava sobre todo colete de poeta.

Assim mesmo, conservo o colete. Posso cedê-lo a alguém, para um museu de província[54].

Nóvi Satíricon[55]

Os 65 rublos deslizaram fácil e sem dor. "Meditando sobre o que comer", passei a colaborar em *Nóvi Satíricon*.

Uma Data Gratíssima

Julho de 1915. Conheço L.I. e Ó.M. Brik[56].

Convocação

Rasparam-me a cabeça. Agora, não quero mais ir à linha de frente. Fingi-me desenhista[57]. De noite, aprendo com certo engenheiro a desenhar automóveis. Quanto às publicações, o caso é ainda pior. É proibido aos soldados. Somente Brik traz alegria. Compra todos os meus versos a 50 copeques a linha. Publiquei "A Flauta-Vértebra" e a "Nuvem"[58]. A nuvem saiu muito limpinha. A censura soprou nela. Umas seis páginas só de pontos.

Daí data o meu ódio aos pontos. E às vírgulas também.

Milico

Um tempo horroroso. Desenho (do coração tripas) retratos do comandante. Na cabeça, desenvolve-se "A Guerra e o Mundo", e no coração "O Homem".

1916

Concluída "A Guerra e o Mundo"[59]. Um pouco depois, "O Homem". Publico trechos em *Liétopis*. Evito insolente aparecer aos olhos dos fardalhões.

26 de fevereiro de 1917

Fui com os automóveis na direção da Duma[60]. Esgueirei-me para o gabinete de Rodzianko[61]. Olhei Miliukóv[62] de alto a baixo. Cala-se. Mas, não sei por que, tenho a impressão de que ele gagueja. Depois de uma hora, eles enjoaram. Saí. Aceitei por alguns dias o comando da Autoescola. As coisas gutchkovejam[63]. A velha oficialada continua a passear pela Duma. A coisa está clara para mim: é inevitável a vinda imediata dos socialistas. Os bolcheviques. Escrevo, já nos primeiros dias da Revolução, a crônica poética "Revolução". Faço conferências: "Os Bolcheviques da Arte".

Agosto

A Rússia aos poucos se deskerenskeriza[64]. Perdeu-se o respeito. Saio da *Nóvaia Jizn*[65]. Penso no *Mistério-Bufo*.

Outubro

Aceitar ou não aceitar? Semelhante pergunta não existia para mim (e para os demais futuristas moscovitas). A minha revolução. Fui ao Smólni[66]. Trabalhei. Tudo o que era preciso. Começavam as reuniões.

Janeiro

Estive em Moscou de passagem. Apareço em público. De noite, o "Café dos Poetas", no Nastássienski[67]. A vovó revolucionária dos atuais salõezinhos café-poéticos. Escrevo roteiros de cinema. Eu mesmo sou ator. Desenho cartazes de cinema[68]. Junho. De novo Petersburgo.

1918

A RSFSR[69] não pode ocupar-se da arte. E é justamente dela que me ocupo. Fui à casa de Kszesinska, ao Proletcult[70].
Por que não está no partido? Os comunistas trabalhavam nas linhas de frente. Na arte e na educação, por enquanto só conciliadores.
Eles me mandariam pescar em Astracã.

25 de outubro de 1918

Concluí o mistério[71]. Fiz leituras. Era muito discutido. Foi montado por Meierhold, com C. Malévitch. Em volta, esbravejou-se tremendamente. Sobretudo a *intelligentzia* comunistizante. Andriéieva fez o possível. Para estorvar. Exibiram três vezes, depois desmontaram. E foi um nunca acabar de *Macbeth*[72].

1919

Viajo com o mistério e outros trabalhos meus e de meus companheiros, pelas usinas. Uma acolhida esfuziante. No distrito de Viborg, organiza-se um *comfut*[73], editamos o *Iskustvo Comúni*[74]. As academias estalam. Na primavera, mudo-me para Moscou.

A cabeça ficou tomada por *150.000.000*. Passei à agitação na Rosta[75].

1920

Concluí *150.000.000*. Publico sem nome de autor. Quero que cada um complete e melhore. Isto ninguém fez, mas em compensação todos sabiam o nome do autor. Tanto faz. Agora, publico-o com meu nome.

Dias e noites na Rosta. Avançam Dieníkines de toda espécie[76]. Escrevo e desenho. Fiz uns três mil cartazes e umas seis mil legendas.

1921

Vencendo todas as delongas, ódios, papelórios e estupidez, monto a segunda variante do mistério. É apresentada no Primeiro Teatro da RSFSR, sob a direção de Meierhold,

Maiakóvski no filme A Senhorita e o Vagabundo.

em colaboração com os pintores Lavínski, Khrakóvski e Kíssielev, e no circo, em alemão, para o III Congresso do Comintern. É dirigida ali por Granóvski, com Altman e Rávdel. Teve umas cem representações[77]. Passei a escrever no *Izviéstia*.

1922

Organizo a editora MAF[78]. Congrego os futuristas da comuna. Chegaram do Extremo Oriente Assiéiev, Trietiakóv[79] e outros companheiros de brigas. Comecei a anotar *A Quinta Internacional*, em que trabalhava havia mais de dois anos[80]. Utopia. Mostraria a arte de quinhentos anos depois.

1923

Organizamos a *Lef*[81]. *Lef* é apreensão de um grande tema social por meio de todos os recursos do futurismo. A questão naturalmente não se esgota com esta definição: remeto os interessados aos números respectivos. Fizemos aliança cerrada: Brik, Assiéiev, Kúschner, Arvatov, Trietiakóv, Ródtchenko, Lavínski.

Escrevi "Sobre Isto". O cotidiano de todos, segundo motivos pessoais. Comecei a refletir sobre o poema "Lênin". Um dos lemas, uma das grandes conquistas da *Lef*: a desestetização das artes industriais, o construtivismo. Um suplemento poético: folheto de agitação, de agitação econômica – isto é, publicidade. Não obstante as vaias poéticas, considero "O Bom? No Mosselprom"[82] poesia da mais alta qualificação[83].

Maiakóvski no filme Aquele Que Não Nasceu Para o Dinheiro.

1924

"Monumento aos Operários de Kursk". Numerosas conferências pela URSS, sobre a *Lef.* O "Jubileu", a Púschkin[84]. Os versos desse tipo formam um ciclo. Viagens: Tiflis, Ialta – Sebastópol. "Tamara e o Demônio" etc. Terminei o poema "Lênin". Li-o em muitas assembleias operárias. Eu tinha muito medo desse poema, pois era fácil descer à mera perífrase política. A receptividade do auditório operário me alegrou e me firmou na convicção da necessidade do poema. Viajo muito ao exterior. A técnica europeia, o industrialismo, todas as tentativas de uni-los com a velha Rússia de atoleiro são uma ideia de sempre do futurista-lefiano.

Não obstante os dados nada reconfortantes sobre a tiragem da revista, a *Lef* amplia seu trabalho.

Nós conhecemos esses "dados": simplesmente o contínuo desinteresse burocrático pelas revistas isoladas, da parte do mecanismo volumoso e plácido da Guiz[85].

1925

Escrevi o poema de agitação "O Proletário Voador" e uma coletânea de versos de agitação, *Vai Dar Tu Mesmo uma Volta Pelos Céus a Esmo.*

Viajo em volta da terra. O início dessa viagem dá meu último trabalho poético (constituído de poemas independentes) sobre o tema "Paris". Quero passar dos versos à prosa, e hei de fazê-lo. Este ano, devo terminar meu primeiro romance.

"Em Volta da Terra" não deu certo. Em primeiro lugar, fui roubado em Paris, em segundo, depois de meio ano de viagem precipitei-me como uma bala para a URSS. Não fui sequer a São Francisco (convidaram-me para uma conferência). Percorri em todos os sentidos o México e os Estados Unidos da América do Norte, além de partes da França e da Espanha. Resultado: livros – prosa jornalística: "Minha

Descoberta da América" e versos: "Espanha", "Oceano Atlântico", "Havana", "México", "América".

Quanto ao romance, acabei de escrevê-lo mentalmente, mas não o passei para o papel, pois enquanto acabava de escrevê-lo, impregnava-me de ódio pela ficção e comecei a exigir de mim mesmo escrever tudo com o próprio nome e com fatos reais. Aliás, isto se refere também aos anos de 1926 e 27[86].

1926

Em meu trabalho, eu me transformo intencionalmente em jornalista. O artigo, a palavra de ordem. Os poetas ululam; no entanto, eles mesmos são incapazes de fazer jornalismo, quando muito se publicam em suplementos irresponsáveis. Quanto a mim, acho engraçado olhar para as suas baboseiras líricas, a tal ponto é fácil semelhante ocupação, e ela não interessa a ninguém além da própria esposa.

Escrevo no *Izviéstia*, no *Trud*, na *Rabótchaia Moscvá*, no *Zariá Vostoka*, no *Bakínski Rabótchi* etc.[87]

Meu segundo trabalho: continuo a tradição interrompida dos menestréis e trovadores. Viajo de cidade em cidade e leio versos. Novotcherkask, Vínitza, Khárkov, Paris, Rostóv, Tiflis, Berlim, Kazan, Svierdlóvsk, Tula, Praga, Leningrado, Moscou, Vorôniej, Ialta, Ievpatória, Viatka, Ufá etc. etc. etc.

1927

Estou reiniciando (houve tentativa de "suprimir") a *Lef*, agora "Nova". Posição fundamental: contra a ficção, a estetização e a psicomentira por meio da arte; pelo panfleto, pelo jornalismo qualificado e a reportagem. Meu trabalho principal é na Comsomólskaia Pravda[88], e faço horas extra trabalhando em "Que Bom!"

Considero o "Que Bom!" um trabalho programático, a exemplo de "Uma Nuvem de Calças" para aquela época.

Limitação dos processos poéticos abstratos (hipérbole, imagem de vinheta válida por si mesma) e invenção de processos de trabalho com material de reportagem e de agitação.

Um patético irônico na descrição de miudezas, mas que podem ser também um passo firme para o futuro ("queijos sem moscas, lâmpadas não foscas, preços? afrouxo")[89], introdução, para cortar os planos, de fatos de calibre histórico diferente, legítimos unicamente como associações individuais ("Conversa com Blok", "Contou-me o Quieto Judeu Pável Ilitch Lavut").

Vou elaborar o que projetei.

Mais: escrevi roteiros de cinema[90] e livros infantis.

Além disso, continuei a menestrelar. Reuni cerca de 20 mil bilhetes, estou pensando no livro "Resposta Universal" (aos escritores de bilhetes). Sei o que pensa a massa dos leitores[91].

1928

Estou escrevendo o poema "Que Mau!"[92]. Uma peça e minha biografia literária. Muitos diziam: "Sua autobiografia não é muito séria". Está certo. Ainda não me academizei e não me acostumei a mimar a mim mesmo, e ademais o meu trabalho só me interessa quando dá alegria. A ascensão e queda de muitas literaturas, os simbolistas, os realistas etc., nossa luta com eles, tudo isto que decorreu aos meus olhos: eis uma parte de nossa história bem séria. Isto exige que se escreva a respeito. E eu vou escrever[93].

1922, 1928

RESUMO DA PALESTRA
"ABAIXO A ARTE, VIVA A VIDA!"[1]

16 de janeiro de 1924

"Dentre os que estão hoje presentes neste teatro, ninguém vai se vangloriar perante seus conhecidos pelo fato de que seu filho, filha ou sobrinha sabem coser bem umas botas ou preparar comida gostosa, mas se vangloriam em toda parte se eles sabem, no dia dos anos de alguém, escrever duas coluninhas de versos num álbum ou desenhar a cabeça de um gatinho."

O primeiro (coser umas botas, preparar comida) era considerado "trabalho comum", e disto se ocupava o operário.

O segundo se chamava "criação artística" e disto se ocupavam os eleitos, os "intelectuais".

Isto foi assim.

E é assim até hoje: quem não trabalha não come[2]. A arte, em certos meios, transforma-se em "trabalho para eleitos", e em nosso meio, na *Lef,* em "trabalho comum".

A "criação artística" é reconhecida como trabalho necessário, de acordo com as exigências de nosso consumidor autêntico de hoje, não como uma palavra para o descanso, como "divertimento", mas como elaboração das palavras, capazes de organizar e melhorar a nossa atuação na vida.

No *front* desta criação artística, infelizmente, como outrora, a oferta supera dezenas de vezes a procura. Isto deve ser radicalmente mudado.

No que tange aos problemas dos atuais trabalhadores da palavra (organizadores da linguagem), é preciso reexaminar o acervo do velho material vocabular e criar, a partir dele, um novo discurso, que organize a realidade atual. É preciso deixar as palavras vivas, do dia corrente, e jogar no lixo as demais.

A palavra, a exemplo da estrutura social, da vida cotidiana, da roupa, do ar, exige "ventilação", "limpeza", "lavagem".

A arte deve ligar-se estreitamente com a vida (como função intensiva desta)[3]. Fundir-se com ela ou perecer.

Notas

EU MESMO

1. A parte da autobiografia que vai até 1922 foi publicada na revista *Nóvaia Rúskaia Kniga* (O Novo Livro Russo), de Berlim, em 1922, e depois figurou em diversas edições dos poemas. Em abril de 1928, Maiakóvski completou a redação de "Eu Mesmo" para o primeiro volume de suas *Obras Reunidas*, publicadas então pela Editora do Estado. Nas o.c., o texto é acompanhado da seguinte nota dos organizadores da edição: "É preciso levar em conta que a autobiografia 'Eu mesmo', numa série de juízos sobre fatos literários contemporâneos do poeta, tem caráter polêmico expresso com intensidade". Existem diversas variantes; o texto que segui para a tradução e as notas, foi o da edição já referida.

2. A afirmação constante do próprio eu aliava-se, em Maiakóvski, a uma consciência artesanal que fazia do poeta um dos servidores da sociedade, igual aos demais ("O meu trabalho / a todo/ outro trabalho/ é igual" – "Conversa sobre Poesia com o Fiscal de Rendas", ver *Maiakóvski: Poemas*, p. 115-122, tradução de A. de Campos). A segunda variante do *Mistério-Bufo* (1920-1921) é precedida de um curto introito, que termina com as palavras: "No futuro, todos os que interpretarem em cena, dirigirem, lerem ou imprimirem o *Mistério-Bufo* modifiquem seu argumento, tornem-no atual, do dia, do minuto" (o.c., II, 245). No poema *150.000.000*, declara que o poema não tem autoria individual, como é impossível nomear o "autor genial da terra". E, conforme narra em "Eu Mesmo", a primeira edição do poema apareceu sem o nome do autor. No entanto, pouco antes, em 1913, dera o nome de "Vladímir Maiakóvski" à sua "tragédia" (a atribuição de gênero, no caso, parece um desafio à consagrada classificação dos gêneros e uma afirmação de relatividade).

3. O belo livro de reminiscências do poeta O. Mandelstam, *O Rumor do Tempo*, de 1925, portanto, quando já estava publicado este texto de Maiakóvski, inicia-se justamente com reminiscências de Pávlovsk, cidadezinha a cerca de 25 quilômetros de São Petersburgo, lugar de veraneio rico em monumentos do século XVIII, onde, segundo Mandelstam, "reinavam Tchaikóvski e Rubinstein" e "os sinais de saída de trem misturavam-se com a cacofonia patriótica da *Ouverture 1812*" (p. 83, 84). O livro de Mandelstam, uma evocação evidentemente proustiana é igualmente avesso ao espírito de anotação concreta e imediatista combatido por Maiakóvski. Eis outro trecho das reminiscências: "Não tenho vontade de falar de mim mesmo, mas sim prestar atenção ao século, ao ruído ao crescer vagaroso do tempo. Minha memória é hostil a tudo o que é pessoal. Se dependesse de mim, eu apenas torceria o nariz, ao lembrar o passado. Jamais pude compreender os Tolstói e os Aksakov, os netos de Bagróv*, apaixonados pelos arquivos familiares, com épicas reminiscências domésticas" (p. 137).

* *Os Anos de Infância de Bagróv Neto* é o título de um livro de S.T. Aksakov (1791-1859).

4. Na realidade, Maiakóvski nasceu em 7 de julho de 1893 (19 de julho pelo Calendário Gregoriano, em vigor na União Soviética). A antiga aldeia de Bagdádi tem hoje o nome de Maiakóvski.

K. Pomorska chama a atenção para o desenvolvimento coerente que os cubofuturistas deram à afirmação: "Permanecer sobre o rochedo da palavra 'nós', em meio ao mar das vaias e da indignação", do manifesto inicial: "Bofetada no Gosto Público" (ver tradução supra, p. 34.) Frequentemente escreviam a quatro mãos, como Khlébnikov e Krutchônikh na autoria do poema "Jogo no Inferno" e de vários escritos polêmicos. O artigo "Nosso Trabalho Vocabular" (ver infra, p. 245) foi escrito por Maiakóvski e Óssip Brik; eles também colaboraram no "melomimo heroico" *Moscou em Chamas*. Os versos dos futuristas apareciam, via de regra, em edições coletivas, e os manifestos e escritos programáticos eram redigidos quase sempre em grupo.

"O princípio do coletivismo, isto é, da negação do papel do indivíduo, que os simbolistas valorizavam tanto, levou ao *princípio do anonimato da criação*. A introdução ao almanaque *Armadilha Para Juízes* (1914) afirma: 'Nós desprezamos a glória; conhecemos sentimentos que não existiram antes de nós'. Este conceito é repetido com insistência nos artigos e manifestos futuristas, desde a declaração mais categórica na 'Bofetada no Gosto Público', que ordenava aos poetas: 'Afastar, com horror, da fronte altiva o laurel da glória de vintém, que vocês teceram com vassorinhas de banho'", ver K. Pomorska, *Tieorietítcheskie Vzgliádi Rúskikh Futuristov*, *Anais do Instituto Universitario Orientale*, p. 126-129*.

Pomorska refere-se, ainda, ao seguinte trecho de S.I. Kirsanov, posterior a "Eu Mesmo":

"Minha mãe me trouxe ao mundo em 5 de setembro pelo calendário antigo**, de 1905 ou 1907. Não se conhece o ano com precisão, pois era marcado de acordo com as exigências do serviço militar". (Ibidem, p. 129).

* Há ligeira discrepância entre o texto citado e o nosso, que se baseia nas o.c.

** Isto é, o Calendário Juliano, em vigor na Rússia antes da Revolução de Outubro.

5. Diminutivos de Liudmila e Olga, respectivamente. A família era russa, embora residissem na Geórgia.

6. Segundo reminiscências de Liudmila Maiakóvskaia, irmã do poeta, citadas em o.c., I, 421, o pai gostava de cantar a Marselhesa em francês, e como as crianças não compreendessem o *Allons enfants de la patrie*, cantava *Allons enfants de la* "por quatro" (*patrie* parece o russo *pa tri*, por três) e perguntava: "Bem, está compreensível agora?"

7. Alusão ao romance em versos de Púschkin, *Ievguiêni Oniéguin*. Nas ilustrações, o personagem central aparece geralmente de calças muito justas, segundo a moda no início do século XIX. O menino assimilara seu nome de acordo com a pronúncia corrente.

8. Diminutivo de Boris.

9. Do poema "A Disputa", de M.I. Lérmontov.

10. No caso, uma licença poética.

11. B. Pasternak relata, referindo-se a suas relações com Maiakóvski: "Conforme já disse, costumava-se exagerar nossa intimidade. De uma feita em casa de Assiéiev*, por ocasião de uma discussão que tivemos, no período do aguçamento de nossas divergências, ele definiu a nossa dissemelhança com o humor habitual: 'E então? Somos de fato diferentes. Você gosta do relâmpago no céu, e eu num ferro elétrico'", ver *Avtobiografítcheski Otcherk*, p. 42, 43.

* O poeta Nicolai Assiéiev (1889-1963).

12. São escritos em eslavo eclesiástico os textos religiosos da Igreja Russa e as obras literárias russas anteriores a fins do século XVII.

13. É evidente, porém, a relação de Maiakóvski com a tradição popular, que tem suas raízes na velha Rússia, ver "Maiakóvski e a Tradição", supra, p. 63 s. Por outro lado, a declarada aversão ao que fosse "eslavo" contrastava com o apego de Khlébnikov, amigo e mestre de Maiakóvski, às tradições dos diferentes povos eslavos.

14. Segundo nota às O.C., I, 422, trata-se de um equívoco, pois o general Alikhanov foi morto em meados de 1907. O autor da nota supõe que se trate de outro acontecimento, que teve também ampla repercussão na Geórgia: o assassínio em Tiflis do general Griaznóv, em janeiro de 1906.

15. Editora Social-Democrática. O nome provinha de um famoso poema em prosa de Górki.

16. Brochura de V. Brakke, de propaganda dos social-democratas.

17. De N. Kárichev.

18. O Programa de Erfurt dos social-democratas alemães, aprovado no congresso que tivera lugar em Erfurt, em 1891.

19. A cidade de Kutaíssi fica à margem do rio Rion.

20. O líder social-democrata N.E. Bauman (1873-1905) foi morto em Moscou em 18 de outubro de 1905. Sua morte provocou grandes manifestações em todo o país.

21. Diminutivo de Vassíli (Basílio).

22. É velho costume pintar na Páscoa ovos de galinhas e dá-los de presente.

23. Estava então em moda a aquarelista I. Boem, de estilo pseudorrusso.

24. O prefácio à *Crítica da Economia Política*.

25. Nome completo: *Duas Táticas da Social-Democracia na Revolução Democrática*.

26. Uma das exigências do construtivismo russo, na época em que Maiakóvski escreveu a autobiografia.

27. Ver citação de um poema de V.T. Kirilov em Como Fazer Versos?, infra, p. 199.

28. Maiakóvski ingressou, no início de 1908, no Partido Social-Democrático Operário Russo (ala bolchevique). Segundo nota às O.C., I, 423,

a referência ao "exame" não deve ser tomada em sentido literal: trata-se provavelmente da execução das primeiras tarefas partidárias.

29. A polícia política do regime tsarista.

30. Maiakóvski foi apanhado com setenta exemplares da proclamação "Nova Ofensiva do Capital", 76, do jornal *Bandeira Operária* e quatro do *Jornal do Soldado*. Em 9 de abril, obteve livramento condicional até o julgamento, ficando sob responsabilidade materna.

31. Romance de M.P. Artzibáchev, famoso na época por suas cenas eróticas.

32. Maiakóvski foi preso a segunda vez em 18 de janeiro de 1909, na rua, sendo libertado em 27 de fevereiro, sem que tenha sido apresentada qualquer acusação contra ele.

33. Em 2 de julho de 1909.

34. P. Kurlóv, então vice-ministro do Interior.

35. Do poema "Nas Montanhas".

36. O pintor P.I. Kélin.

37. Poeta satírico.

38. Isto é, passou um ano aprendendo a desenhar cabeças.

39. Ingressou no estabelecimento em agosto de 1911. Tentara entrar na Escola Superior de Arte, junto à Academia das Artes (em Petersburgo), mas teve que desistir, certamente porque não podia obter o atestado de bons antecedentes políticos, que ali se exigia.

40. Os pintores M.F. Larionov e I.I. Máchkov foram expulsos da Escola em 1910. O primeiro foi o iniciador do movimento conhecido como "raionismo" e o segundo fez parte do grupo "Valete de Ouros".

41. Pintor e poeta. Passou grande parte da vida nos Estados Unidos, onde morreu.

42. *A Ilha dos Mortos*, obra sinfônica de S. Rakhmáninov.

43. E. Triolet recorda que Maiakóvski a par de sua aversão pela música sacralizada dos concertos, dava mostras de grande musicalidade, ver E. Triolet, *Maiakóvski, poète russe*, p. 21. Ripellino cita igualmente uma série de fatos que comprovam isto na base de alguns documentos da época, ver A.M. Ripellino, *Maiakóvski e o Teatro de Vanguarda*, p. 185-186.

44. São as palavras iniciais do poema "Noite".

45. Propriedade rural do governo de Kherson, que era administrada pelo pai de Burliuk.

46. Ver *Maiakóvski: Poemas*, p. 60, tradução de H. de Campos.

47. Ver supra, p. 34, traduzido por mim.

48. Em 1912 e 13, houve muitas discussões sobre a nova pintura, promovidas pela associação de pintores "Valete de Ouros". Grande parte de seus membros estava sob forte influência do impressionismo francês.

Nessas discussões, Maiakóvski acusou o "Valete de Ouros" de conservadorismo estético.

49. Maiakóvski encaminhou em 24 de outubro de 1914 um requerimento em que pedia seu alistamento no exército, como voluntário. Em 12 de novembro, o requerimento foi indeferido, na base de uma informação da polícia política.

50. V.F. Modl, então chefe da polícia em Moscou.

51. Verso do poema "A Mãe e o Crepúsculo Morto pelos Alemães", ver *Maiakóvski: Poemas*, p. 70-71, tradução de H. de Campos.

52. Hoje Répino. Naquele tempo, lugar de veraneio de artistas e escritores.

53. Lugar de veraneio, Górkovskoie, perto de São Petersburgo.

54. Tratei das relações entre os dois escritores, ver Górki e Maiakóvski, *O Estado de S.Paulo*, 14 mar. 1964, reproduzido em Dois Ásperos Batalhadores, *Minas Gerais*, 14 set. 1968.

55. Semanário satírico editado em Petersburgo a partir de 1914, do qual era redator-chefe o escritor A. Aviértchenko.

56. O teórico da literatura Óssip Brik e sua esposa, Lília Brik, o grande amor de Maiakóvski.

57. Maiakóvski foi convocado para o serviço ativo em 8 de outubro de 1915. Em carta aos seus, escreveu: "Fui convocado e designado para a Escola de Automobilistas de Petrogrado, como desenhista experimentado e capaz" (o.c., I, 426). Serviu nessa unidade até a Revolução de Outubro.

58. O poema "Nuvem de Calças".

59. Em 1916, a censura não permitiu a publicação, na revista *Liétopis* (Crônica), de alguns trechos do poema. Este só foi publicado após a Revolução.

60. A forma incipiente de parlamento, instaurada na Rússia, após os acontecimentos de 1905.

61. M.V. Rodzianko, presidente da Duma a partir de março de 1911. Foi um dos organizadores da reação à Revolução de Outubro. Exilou-se após a Guerra Civil.

62. P.N. Miliukóv, o dirigente do partido da burguesia liberal russa, os Democratas Constitucionalistas, apelidados "os cadetes" (por causa das iniciais do partido em russo: KD). Foi ministro das Relações Exteriores no primeiro ministério constituído após a Revolução de Fevereiro. Exilou-se depois da Guerra Civil.

63. O político A.I. Gutchkóv procurou conseguir, depois da Revolução de Fevereiro, a manutenção do regime monárquico. Foi ministro da Guerra e da Marinha no primeiro ministério constituído pelo Governo Provisório. Exilou-se após a vitória dos "vermelhos" na Guerra Civil.

64. De A.F. Kêrenski, o chefe do Governo Provisório.

65. A revista *Nóvaia Jizn* (Vida Nova) começou a sair em abril de 1917, a princípio com orientação ligeiramente, e depois francamente menchevique.

66. O instituto Smólni, escola para moças da nobreza, onde se instalara o quartel-general dos Bolcheviques.

67. Em "Maiakóvski: Evolução e Unidade", em *Maiakóvski: Poemas*, p. 18, n. 8, escrevi: "Os cabarés artísticos e os teatrinhos de variedades, com uma programação vanguardista, constituíram uma das características da vida intelectual da época. Uma descrição muito viva desses espetáculos pode ser encontrada no capítulo terceiro de A.M. Ripellino, *O Truque e a Alma* [...] Muitas outras obras referem-se a essas manifestações artísticas, inclusive o romance *Dan lack (Le Plan de l'aiguille)*, de Blaise Cendrars (Paris, 1960), citado por Ripellino".

68. Maiakóvski vinha preocupando-se com o cinema desde os vinte anos, conforme atestam os seus artigos escritos em 1913 (um dos quais, "Teatro, Cinematógrafo, Futurismo", incluído neste trabalho). No mesmo ano apareceu no filme *Um Drama no Cabaré dos Futuristas, n. 13*, realizado pelo grupo que se denominou "Rabo de Asno", e onde desempenhou um papel demoníaco por excelência, apud A.M. Ripellino, *Maiakóvski e o Teatro de Vanguarda*, p. 242. No entanto, o ano de 1918 marca sua participação bem mais ativa na produção cinematográfica russa. No primeiro semestre de 1918, foi autor dos roteiros de três filmes: *Aquele Que Não Nasceu Para o Dinheiro* (baseado no romance *Martin Eden*, de Jack London), *A Senhorita e o Vagabundo* (sobre a novela *A Professorinha dos Operários* de Edmondo de Amicis) e *Acorrentada pelo Filme*. Em todos os três filmes, desempenhou o papel principal.

Existe um retrato de Maiakóvski, de fraque e cartola, no papel de Martin Eden (o.c., xi, 480; C. Frioux, *Maiakovski par lui-même*, p. 25) e que contrasta estranhamente com a imagem do agitador frenético, que aparece em outro retrato seu da mesma época. Perdeu-se o roteiro, mas existe resumo, anotado por um dos artistas. A revista *Mir Ekrana* (O Mundo da Tela) publicou, em maio de 1918, na secção "Libretos", a seguinte nota sem assinatura, mas cujo estilo permite atribuí-la a Maiakóvski (é a opinião dos organizadores das o.c., xii, 685):

"Aquele Que Não Nasceu Para o Dinheiro.

"Depois que um homem genial, tendo passado pelo suplício da miséria e da falta de reconhecimento público, alcança uma glória ruidosa, interessa-nos cada traço, cada anedota de sua vida. Nós esquecemos que, atirado pela tempestade da luta para a quieta praia do bem-estar, ele não faz outra coisa senão alimentar-se e ficar deitado a mais não poder, como um náufrago salvo por milagre.

"No romance *Martin Eden*, Jack London foi o primeiro a fazer o vulto de um escritor genial passar através de toda a sua espantosa existência. Infelizmente, o forte e enorme Eden foi estragado por um final choroso. Em seu cine-romance *Aquele Que Não Nasceu Para o Dinheiro*, Maiakóvski apresenta Ivan Nov, que é o mesmo Eden, mas que conseguiu não se deixar esmagar pelo ouro que jorra sobre ele."

Ripellino frisa que Maiakóvski via em *Martin Eden* uma "afinidade profunda com seu próprio destino", o que parece confirmar-se com uma referência explícita a London em "Uma Nuvem de Calças" (O.C., I, 247). Eden foi transformado em futurista, que entra em choque com a sociedade burguesa, ver A.M. Ripellino, op. cit., p. 245-247.

O filme *A Senhorita e o Vagabundo* se conservou, embora sem os intertítulos. Respeitando no filme o argumento central da novela de Edmondo de Amicis, Maiakóvski introduziu, porém, cenas que não existiam no original.

Segundo informação do diretor e operador do filme, I.O. Slavínski, não havia roteiro propriamente dito. O que existia era um exemplar da tradução russa da novela (que fora reeditada em 1918), com uma série de anotações à margem, feitas pelo poeta e, na base disso, Maiakóvski e Slavínski elaboravam, cada dia, a folha de montagem (O.C., XI, 696).

Ripellino afirma que Maiakóvski desempenhou o papel central "de forma incisiva e apaixonada", embora o filme seja "o menos significativo dos filmes de Maiakóvski, porque não revela nenhum sinal de sua inventiva metafórica e omite as percepções típicas do futurismo, seguindo quase ao pé da letra o texto de De Amicis", ver A.M. Ripellino, op. cit., p. 248-249.

Foi estrelado em maio de 1918.

Perdeu-se o roteiro de *Acorrentada pelo Filme*, bem como a própria película, mas existe um resumo, anotado segundo relato verbal de Lília Brik e publicado em O.C., XI, p. 483-485:

"O pintor sente tédio. Caminha pelas ruas, procurando algo. No bulevar, senta-se junto a uma mulher, puxa conversa, mas a mulher de súbito se torna transparente e, em lugar do coração, aparecem-lhe um chapéu, um colar, alfinetes de chapéu. Ele chega em casa. A mulher do pintor também está transparente: em lugar do coração tem uma garrafa e um baralho.

"No bulevar, uma cigana insiste em ler a sorte para o pintor. Ela agrada-lhe e por isto a conduz a seu estúdio. Entusiasmado, começa a pintar-lhe o retrato, mas o pincel passa a mover-se cada vez mais devagar. A cigana começa a ficar transparente: em lugar de coração, tem moedas. O pintor dá-lhe dinheiro e empurra-a para fora do estúdio. A mulher do pintor procura consolá-lo, mas em vão. Ele sai.

"O escritório de uma grande empresa cinematográfica. Os negócios vão mal; faltam sucessos de bilheteria. Entra um homem elegante, de cavanhaque. Lembra Mefistófeles ou um personagem de Hoffmann. O homem do cavanhaque trouxe uma caixa com o filme *O Coração do Cinema*. Os donos da empresa estão radiantes. Alugam o filme.

"A febre da publicidade. Pela cidade toda, cartazes de *O Coração do Cinema* (a bailarina de coração nas mãos). Vão passando homens-sanduíche com cartazes, eles distribuem folhetos aos transeuntes. O filme *O Coração do Cinema* é exibido em todas as salas de projeção.

"O pintor entediado vai assistir ao filme. Argumento: o mundo do cinema – a bailarina (coração do cinema) é rodeada por Max Linder, Asta Nielsen e demais celebridades, *cowboys*, investigadores e outras personagens, sobretudo de filmes policiais americanos. A sessão está terminada e o público se dispersa. O pintor abre caminho na direção da tela e aplaude impetuoso. Ficando sozinho na sala às escuras, continua a aplaudir. A tela se ilumina. A bailarina aparece na tela, depois desce dali e se aproxima do pintor. Ele a abraça pelos ombros e acompanha-a na direção da saída. O vigia tranca a porta. Na rua, está escuro, chove e há barulho. A bailarina franze o rosto, recua e desaparece através da porta trancada. O pintor está desesperado, bate furiosamente na porta, mas em vão.

"Encaminha-se para casa. Atira-se na cama: está doente. Vem o médico, examina-o, receita um remédio. Na saída, à porta da casa do pintor, o médico se encontra com a cigana, que está apaixonada pelo rapaz. Estão parados junto a um cartaz de *O Coração do Cinema*; a cigana se informa sobre a saúde do pintor. Os oihos da bailarina do cartaz voltam-se na direção deles: a bailarina presta atenção ao que dizem.

"A empregada do pintor compra remédios na farmácia. Depois vai para casa e, pelo caminho, fica extasiada com os homens-sanduíche. O embrulho se desfaz, os remédios caem no chão. A empregada apanha um cartaz caído e embrulha os remédios. Leva-os ao pintor. Ele faz sair do quarto sua mulher, que está cuidando dele. Desfazendo o embrulho, percebe o cartaz. Desamassa-o e encosta-o ao criado-mudo. A bailarina do cartaz adquire vida e aparece sentada no criado-mudo.

"Ela se levanta e aproxima-se do pintor. Este se alegra ao extremo e no mesmo instante se curva.

"No momento de sua vivificação, a bailarina desaparece de todos os retratos: dos cartazes nas paredes, dos carregados pelos homens--sanduíche e dos folhetos nas mãos dos que leem na rua. E desaparece do próprio filme. No escritório da empresa cinematográfica, o pânico é geral, o mais enfurecido é o homem do cavanhaque.

"O pintor propõe à bailarina que o acompanhe a sua casa de veraneio, nos arredores da cidade. Deixa-a no divã, enrola-a num tubo, como uma fita, segura-a cautelosamente nas mãos, senta-se com o cartaz num automóvel e parte. O pintor com a bailarina chegam à casa de veraneio. Põe nela um vestido, prepara a mesa para o almoço, procura diverti-la, mas ela tem saudades da tela e se atira na direção de tudo que é branco; ela afaga os ladrilhos da estufa, a toalha de mesa. Finalmente, arranca da mesa a toalha com os pratos de comida, pendura-a na parede e faz uma pose sobre o fundo da toalha. Pede ao pintor que lhe arranje uma tela. Ele se despede da moça, vai de noite a um cinema vazio e arranca a tela com uma faca.

"Enquanto o pintor está roubando a tela, a bailarina passeia no jardim. A cigana, que tem ciúme dela, esgueirou-se para o jardim. Espera ali a bailarina, arma-lhe uma cena e finalmente a apunhala. Na árvore, à qual a bailarina se encostara, há um cartaz pregado com uma faca. Horrorizada, a cigana corre para junto do homem do cavanhaque e conta-lhe onde está a bailarina. Apenas a cigana foge, a bailarina está novamente na vereda do jardim.

"A bailarina espera o pintor num quarto da casa de veraneio. Entram ali o homem do cavanhaque, rodeado das personagens do filme *O Coração do Cinema*, e a cigana, que lhes servira de guia. A bailarina está contente: entediara-se na ausência deles. O homem do cavanhaque enrola-a num filme de cinema, e ela se dissolve neste. Todos saem, fica ali apenas a cigana, que desmaiou.

"O pintor volta com a tela. Não encontrando a bailarina, corre à sua procura pelo quarto. Ele a repele, atira-se na direção de um cartaz de *O Coração do Cinema*, como que procurando a solução do enigma, e de repente vê, na parte bem inferior do cartaz, em letras minúsculas, quase imperceptível, o nome do país do cinema.

"O pintor está num trem, à janela: vai à procura desse país."

Lília Brik recorda, a propósito do roteiro de *Acorrentada pelo Filme*, que "Maiakóvski escrevia com seriedade e muito entusiasmo, como acontecia com os seus melhores versos", ver L. Brik, Reminiscências sobre versos de Maiakóvski, apud O.C., XI, 697.

Segundo Lília Brik, Maiakóvski pretendia escrever (mas não chegou a fazê-lo) a segunda série do filme, cujo argumento seria a vida do pintor no mundo de além-tela, isto é, no país fantástico povoado pelos mitos cinematográficos, à procura do qual ele sai, no final de *Acorrentada pelo Filme*.

Maiakóvski fez, no filme, o papel do pintor, e Lília Brik, o da bailarina (segundo retratos da época, ela era então magra e leve). Maiakóvski desenhou também um cartaz de propaganda da película.

Todavia, não o satisfez a realização do filme, conforme se pode constatar pela seguinte passagem (o início) do prefácio que escreveu, em 1926 ou 1927, para uma edição de seus roteiros, então em preparo, prefácio esse que só foi publicado em jornal em 1931, e em livro em 1937.

"Até hoje escrevi ao todo onze roteiros.

"O primeiro *Corrida Atrás da Glória*, foi escrito em 1913. Por encomenda de Piérski. Alguém da empresa ouviu o roteiro com a máxima atenção e disse, desenganado:

"– Bobagem.

"Fui para casa. Envergonhado. Rasguei o roteiro. Depois, um filme com esse roteiro foi visto em cinemas da região do Volga. Ao que parece fora ouvido com atenção ainda maior do que me parecera.

"O segundo e terceiro – *A Senhorita e o Vagabundo* e *Aquele Que Não Nasceu Para o Dinheiro* – eram bobagem sentimental encomendada, baseada, respectivamente, em *A Professorinha dos Operários* e *Martin Eden*.

"Não era bobagem porque fosse pior do que os demais faziam, mas porque não era melhor. Foram montados em 1918 pela firma Netuno.

"O diretor, o decorador, os atores e todos os demais fizeram o possível para privar a coisa de qualquer dose de interesse.

"O quarto foi *Acorrentada pelo Filme*. Depois de me familiarizar com a técnica do cinema, fiz um roteiro que estava no mesmo nível de nosso trabalho literário inovador. A montagem do filme pela mesma Netuno deformou o roteiro até o cúmulo da vergonha", ver O.C., XII, 126, 127, referências em 571, 572.

A importância atribuída pelo poeta ao roteiro de *Acorrentada pelo Filme* foi tal que o reelaborou seis anos depois com o nome de *O Coração do Cinema*, mas este novo roteiro não chegou a ser montado.

O mesmo jogo arrojado da fantasia, a mesma capacidade de combinar os fatos da realidade social com o onírico desenfreado, aparecem em outros roteiros de Maiakóvski, mas sobretudo em *Como Vai?*, que é de 1927.

Outras informações sobre esse tema podem ser encontradas em meu artigo Maiakóvski e o Cinema, *O Estado de S. Paulo*, 18 mar. 1961. O mesmo Suplemento publicou, em 16 dez 1961, um artigo muito lúcido e informativo de P.E. Sales Gomes, "O Cineasta Maiakóvski", onde se lê: "Eu me pergunto se já foi avaliado com justiça o papel de Maiakóvski na história do cinema russo. Inclino-me cada vez mais a achar que não." Depois de explicar que isto se deve sobretudo à posição acadêmica e antivanguardista da historiografia oficial soviética, o ensaísta brasileiro afirma: "Lendo-se hoje alguns artigos de Maiakóvski sobre cinema, cuja publicação foi iniciada antes da Primeira Guerra Mundial, é impossível não sentir como suas ideias impregnaram o jovem cinema soviético. É necessário acrescentar que por enquanto alguns escritos foram traduzidos, quase sempre de maneira fragmentária, nas línguas acessíveis aos estudiosos do Ocidente. Por isso não aparece o nome de Maiakóvski nos livros italianos ou franceses dedicados à história das teorias cinematográficas. Quando tudo o que escreveu sobre cinema for reunido em volume e traduzido, Maiakóvski terá certamente para nós maior importância que os respeitáveis, mas pouco estimulantes Arnheim ou Balasz." E o entusiasmo do ensaísta pelo que lhe fora dado conhecer de Maiakóvski chega a provocar-lhe as seguintes palavras: "Tudo faz crer que Maiakóvski, diferentemente de Apollinaire, cujo pensamento cinematográfico resumiu-se a visões esporádicas de iluminado, tendeu sempre para um sistema bastante organizado de ideias a respeito do filme." O texto deste artigo foi incluído em *Crítica de Cinema no Suplemento Literário*, v. 2, p. 372-376. Informações importantes sobre o assunto podem ser encontradas em A.M. Ripellino, Maiakóvski e o Cinema, op. cit., p. 241-269. Ver também a secção "A Poética do Cinema", infra p. 317 s.

69. As iniciais de Rossíiskaia Soviétskaia Federatívnaia Sotzialistítcheskaia Riespública (República Soviética Federativa Socialista da Rússia).

70. O Proletcult estava então instalado no palacete que pertencera à bailarina M.F. Kszesinska, em Leningrado. Proletcult é abreviatura de *Proletárskaia Cultura* (Cultura proletária). A organização assumiu frequentemente atitudes sectárias em questões de arte e literatura. Em meados da década de 1920, as organizações do Proletcult passaram a ser supervisonadas pelos sindicatos. A organização foi dissolvida formalmente em 1932.

71. A peça de teatro *Mistério-Bufo*.

72. A peça foi escrita para o primeiro aniversário da Revolução de Outubro. Fora planejada ainda em agosto de 1917, porém Maiakóvski passou a trabalhar nela mais intensamente no verão de 1918. Em 27 de setembro de 1918, leu-a no apartamento de amigos, estando entre os presentes o Comissário do Povo para a Instrução, A.V. Lunatchárski (ver supra, p. 88,

n. 7). A partir da leitura, Lunatchárski se tornou defensor intransigente da peça. No entanto, esta encontrou inimigos nos mais diversos escalões, entre os quais M.F. Andriéieva, atriz, mulher de Górki, e que dirigia então a seção teatral do Soviete de Petrogrado. Todavia, conseguiu-se autorização para o espetáculo.

Por sugestão de Lunatchárski, Maiakóvski leu a peça aos atores do antigo Teatro Aleksandrínski. A má acolhida que ela teve entre os atores fez com que se desistisse de sua montagem naquele teatro.

Conseguiu-se então autorização para a sua montagem no Teatro do Drama Musical. Resolveu-se recorrer a atores convocados por anúncio na imprensa. Em 12 de outubro de 1918, diversos jornais de Petrogrado publicaram o seguinte "Apelo aos Atores", assinado por Maiakóvski e outros:

"Camaradas atores! Vocês têm a obrigação de marcar o grande feriado da Revolução com um espetáculo revolucionário. Vocês devem trabalhar no *Mistério-Bufo*, uma representação heroica, épica e satírica de nossa época, da autoria de V. Maiakóvski. Venham todos, domingo 13 de outubro, à sala da Escola Tiênichev (Mókhovaia, 33). O autor lerá o *Mistério*, o diretor exporá o plano da encenação, o pintor mostrará os esboços feitos e aqueles de vocês que se entusiasmarem com esse trabalho serão os intérpretes. O escritório central de organização das festividades de Outubro fornecerá os meios necessários para a montagem da peça. Todos ao trabalho! O tempo é precioso. Pede-se que compareçam os companheiros que realmente desejam participar do espetáculo, pois o número de lugares é limitado." Maiakóvski encarregou-se de um dos papéis, mas teve de trabalhar em mais dois, cujos intérpretes não apareceram.

A estreia ocorreu em 7 de novembro de 1918 e a peça ficou em cartaz mais duas noites, suscitando protestos e críticas malévolas. Conforme frisa Ripellino, foi Andriéieva quem mandou retirar a peça, sob a alegação de que era "'incompreensível' para os proletários", ver A.M. Ripellino, op. cit., p. 88, acusação formulada depois com frequência, suscitando réplicas indignadas de Maiakóvski. Ver Operários e Camponeses Não Compreendem o Que Você Diz, infra, p. 253 s; e o poema Incompreensível Para as Massas, em *Maiakóvski: Poemas*, p. 123-126, tradução de H. de Campos.

A peça deveria ser montada em 1910 em Petersburgo, em diversos teatros de bairro, mas não houve a necessária autorização. Conservaram-se os desenhos do próprio Maiakóvski para os cenários e os figurinos dessa representação projetada.

73. Maiakóvski pretendia organizar em diferentes cidades núcleos de "comunistas-futuristas", mas a ideia não foi avante.

74. Esse jornal era editado pelo grupo futurista, como órgão do Comissariado do Povo para a Instrução Popular, ver supra, p. 88, n. 7.

75. Maiakóvski trabalhou na ROSTA – Rossíiskoie kieliegráfnoie aguientstvo (Agência Telegráfica Russa), desenhando cartazes e escrevendo versos para eles, entre outubro de 1919 e janeiro de 1921. Eram as "janelas da ROSTA", que se tornaram famosas. A princípio, cada cartaz era desenhado isoladamente e afixado numa vitrina. Depois, passou-se a fazer cópias de cada um, e eram espalhadas pela cidade. Surgindo, porém, a necessidade

de multiplicá-los, e sendo muito precárias as condições do trabalho tipográfico, procedeu-se à multiplicação dos cartazes, por meio de modelos de papelão, que se recortavam e depois se colocavam sobre o papel em que se reproduziria o cartaz por meio de *spray*. Deste modo, chegou-se a fazer trezentos exemplares de cada, conseguindo-se distribuí-los pelas filiais da ROSTA em diferentes cidades. Evidentemente, era um trabalho insano, mas que se coadunava com a concepção de Maiakóvski de que o poeta é um artesão como outro qualquer, um servidor da República igual aos demais servidores.

76. Alusão às ofensivas do general A.I. Dieníkin e outras investidas dos exércitos "brancos" na Guerra Civil.

77. A montagem da segunda variante do *Mistério-Bufo*, na realidade reescrito por Maiakóvski, com a inclusão, no argumento, dos acontecimentos políticos mais recentes, só foi possível após uma luta incessante com os órgãos responsáveis pelas representações teatrais. A tradução para o alemão, montada para os participantes do III Congresso do Comintern, era de autoria de Rita Rait, amiga de Maiakóvski, e que deixou valiosas memórias sobre o poeta: "Reminiscências Apenas!". O título é uma alusão ao artigo de Maiakóvski "Tudo menos Reminisciências...", ver O.C., XII, 149-158, onde, referindo-se a essa montagem em alemão, escreveu: "Também este espetáculo foi desmontado no terceiro dia: os mandachuvas do circo decidiram que os cavalos estiveram parados durante um tempo excessivo" (p. 157). Ripellino fala das acusações de desperdício de fundos que se formularam então contra os organizadores do espetáculo e conta que eles sofreram medidas disciplinares, ver A.M. Ripellino, *Maiakóvski e o Teatro de Vanguarda*, p. 103. Dificuldades semelhantes foram por ele enfrentadas para a impressão do texto.

78. Sigla de Moskóvskaia assotziátziia Juturistov (Associação dos Futuristas de Moscou). A editora chegou a lançar poucos livros.

79. Os poetas Nicolai Assiéiev e S.M. Trietiakóv.

80. Maiakóvski não chegou a concluir o poema. Escreveu duas partes, das oito projetadas.

81. Sigla de *Liévi Front* (Frente de Esquerda). A revista congregou os futuristas encabeçados por Maiakóvski. Saíram ao todo sete números, em 1923-1925. Na realidade, a revista foi o porta-voz da "esquerda" nas artes, isto é, dos escritores e artistas que se identificavam com o regime, mas achavam que a revolução social tinha de ser acompanhada de uma revolução autêntica nas artes. Em 1927, iniciar-se-ia nova fase da revista, com o nome de *Nóvi Lef* (*Nova Frente de Esquerda*).

82. Tradução de H. de Campos.

83. Maiakóvski escreveu artigos sobre a necessidade de melhorar o nível da publicidade existente então na Rússia. E ele próprio também escreveu versos de publicidade. O anúncio a que se refere o texto, um anúncio de chupetas, tornou-se famoso e foi muito atacado pelos que achavam semelhante tarefa indigna do poeta. Este, porém, não só aceitou os seus

versos malsinados, mas até os considerou como algo importante em sua obra, numa atitude que se assemelha à de Carlos Drummond de Andrade, em relação à "pedra no caminho". Lília Brik lembra que a propaganda de produtos era, na época, uma forma de luta contra o comércio particular.

84. Ver *Maiakóvski: Poemas*, p. 95-103, tradução de H. de Campos.

85. Guiz é abreviatura de gossizdát que significa *Gossudárstvienoie izdátielstvo* (Editora do Estado).

86. O romance em questão realmente não passou de projeto. O período correspondeu a uma intensa campanha desenvolvida pelo grupo de Maiakóvski a favor da *litieratura facta* (a literatura do fato real, ou factografia) e contra a ficção.

87. Respectivamente, *Notícias, O Trabalho, Moscou Operária, Aurora do Oriente, Operário de Baku*.

88. Órgão da Comsomol (Juventude Comunista).

89. Tradução de H. de Campos.

90. A participação de Maiakóvski no cinema soviético em 1926-1928, anos de sua plena maturidade como cineasta, reflete uma situação trágica: seus melhores roteiros, que não deixavam nada a dever às peças de teatro, foram recusados pelos dirigentes da Sovkino, a empresa produtora dos filmes soviéticos. O fantástico, o descomunal, o voo hiperbólico de sua poesia, aparecem plenamente nesses roteiros, sobretudo em *Como Vai?* O argumento de *Esqueça-se da Lareira* seria refundido na peça de teatro *O Percevejo*. Um de seus roteiros do período, *História de um Revólver*, obteve aprovação, mas foi tão deformado pelo diretor que o fato suscitou protestos indignados do poeta. Outros argumentos para filmes sobre temas de ocasião chegaram também a ser produzidos, mas não refletem de modo algum a importância de Maiakóvski como cineasta. Tratei do assunto, um pouco mais extensamente, no artigo Maiakóvski e o Cinema, op. cit. Sobre o mesmo tema, ver também "Intervenção no Debate 'Os Caminhos e a Política da Sovkino'", infra, p. 327, bem como os demais textos da secção "A Poética do Cinema".

91. O livro *Resposta Universal* não chegou a ser escrito.

92. Não chegou a escrever o poema "Que Mau!".

93. Maiakóvski não escreveu uma autobiografia mais desenvolvida que "Eu Mesmo".

RESUMO DA PALESTRA "ABAIXO A ARTE, VIVA A VIDA!"

1. O resumo foi publicado em ucraniano pelo jornal *Bilchovik* de Kiev, em 18 de janeiro de 1924. A tradução para o português baseou-se no texto das o.c.

A palestra tivera lugar no dia 16, no Teatro V.I. Lênin, de Kiev. Um dia antes, o jornal *Proletárskaia pravda* publicara o seguinte programa: "1. o que é *Lef*: a. dos monges-clássicos à agitação de ataque; b. como se escrevem a sátira, o anúncio, a anedota; 2. versos sobre a revolução; 3. sátira e humor; 4. Maiakóvski sobre Poincaré, Kurzon, Mussolini, Pilsudski, Vandervelde e outros".

Em apontamentos sobre essa conferência, conservados no Museu-Biblioteca Maiakóvski, em Moscou, N. Riábova recorda: "Vladímir Vladímirovitch estava muito nervoso e zangado. Arrasou Nadson*: 'É melhor a mocidade jogar baralho do que ler semelhantes poetas!'. Demonstrou o indispensável do verso de agitação. 'Cada caixinha de cigarros** tem seis faces, onde se podem e se devem imprimir versos!' Leu seus versos dedicados ao Truste da Borracha" (O.C., VII, 693).

* O poeta S.I. Nadson (1862-1887), cuja obra se caracteriza por acentuado sentimentalismo.

** Os cigarros russos são geralmente acondicionados em caixinhas de papelão.

2. Citação de um artigo da Primeira Constituição Soviética, promulgada em 1918.

3. Os semioticistas soviéticos têm-se dedicado ao problema da amplificação. Segundo A.K. Jolkóvski, os elementos capazes de proporcionar um fruir estético existem nas mais diversas formas da vida cotidiana, e o efeito é obtido pela ampliação deles pela concentração e reforço, graças à elaboração artística. (A.K. Jolkóvski, Da Amplificação). Em nosso meio, esta concepção foi divulgada por A. Rezende de Rezende, Método da Amplificação na Arte, *O Estado de S. Paulo*, 17 ago. 1968.

Figurinos de Maiakóvski para O Mistério-Bufo.

POR UMA ARTE
DA CIVILIZAÇÃO INDUSTRIAL

CARTA ABERTA AOS OPERÁRIOS[1]

Companheiros!

O duplo incêndio da guerra e da revolução esvaziou nossas almas e nossas cidades. Os palácios do luxo de ontem estão aí qual esqueletos calcinados. As cidades devastadas esperam novos construtores. O turbilhão revolucionário arrancou dos espíritos as raízes nodosas da escravidão. A alma do povo aguarda uma semeadura grandiosa.

Dirijo-me a vocês que receberam a herança da Rússia, a vocês que amanhã (acredito!) se tornarão donos do mundo inteiro e pergunto: com que edifícios fantásticos hão de cobrir o lugar dos incêndios de ontem? Que músicas e canções hão de espalhar-se das suas janelas? A que Bíblias abrirão suas almas?

Vejo espantado como da ribalta dos teatros ocupados ressoam "Aídas" e "Traviatas", com toda espécie de condes e cavalheiros espanhóis, como nos versos aceitos por vocês, estão as mesmas rosas das estufas senhoriais e como saltam os olhos de vocês ante gravurinhas que representam a magnificência do passado.

Será que, amainadas as tempestades desencadeadas pela revolução, vocês sairão, em dias feriados, de correntinha sobre o colete, para jogar solenemente o críquete, diante dos sovietes distritais?

Saibam que para os nossos pescoços, pescoços de Golias do trabalho, não existem números adequados de colarinho nos guarda-roupas da burguesia.

Somente a explosão da Revolução do Espírito nos purificará das velharias da arte de outrora.

Que a razão vos proteja da coação física, contra os restos da antiguidade artística. Entreguem-nos às escolas e universidades, para o estudo da geografia, dos costumes e da história, mas vocês devem repelir indignados aquele que lhes oferecer esses objetos petrificados em lugar do pão da beleza viva.

A revolução do conteúdo – socialismo-anarquismo[2] – é inconcebível sem a revolução da forma: o futurismo.

Disputem com avidez os pedaços da arte sadia, jovem e rude que lhes entregamos.

A ninguém é dado saber que imensos sóis hão de iluminar a vida futura. Talvez os pintores transformem a poeira cinzenta das cidades em arco-íris centicores, talvez das cumieiras das montanhas então ressoe sem cessar a música tonitruante dos vulcões transformados em flautas, talvez obriguemos as ondas dos oceanos a ferir as cordas das redes estendidas entre a Europa e a América[3]. Uma coisa está clara para nós: fomos nós que inauguramos a primeira página da novíssima história das artes.

1918

LÉGER[1]

Léger – pintor de quem os conhecedores consagrados da arte francesa falam com certa superioridade – causou-me a maior, a mais agradável impressão. Atarracado, o ar de um verdadeiro artista-operário, que vê seu trabalho não como predeterminado e divino, mas como um ofício interessante e necessário, iguala outros ofícios da existência. Examino a sua importante pintura. Alegra sua estética das formas industriais, alegra a ausência de temor ante o realismo mais brutal. Espanta a maneira de tratar as tintas, maneira operativa tão diferente dos outros pintores franceses, de tratá-las não como um meio de expressar não sei que coisas aéreas, mas como um material que dá cor aos objetos. Em sua maneira de encarar a Revolução Russa, há também ausência de estetismo, uma relação de operário. Alegra o fato de que ele não empurra para a frente seus feitos e feitozinhos, não procura espantar com seu espírito revolucionário, e simplesmente, deixando de lado a pintura, faz a você perguntas sobre a

Revolução Russa, a vida russa. Vê-se que seu entusiasmo pela revolução não é uma pose artística, mas uma relação "prática". O que lhe interessa mais não é a questão de onde e como poderia expor, depois de chegar à Rússia, e sim a questão técnica sobre como ir para lá e como sua capacidade poderia ser aproveitada na construção comum.

Bastou-me deixar escapar que meus companheiros poderiam interessar-se pela sua pintura, para que eu me deparasse, não com um pintor-comerciante que treme sobre os seus tesouros, mas um simples:

– Leve tudo. Se alguma coisa não passar pela porta, eu lhe passo pela janela.

– Até a vista – disse-me em russo, por despedida – irei em breve.

AGITAÇÃO E PUBLICIDADE[1]

Conhecemos muito bem a força da agitação. Em toda vitória militar, em todo êxito econômico, 9/10 são devidos à habilidade e força de nossa agitação.

A burguesia conhece a força da publicidade. A publicidade é agitação comercial e industrial. Nenhum empreendimento, por mais acertado que seja, progride sem publicidade. E a arma que derrota a concorrência.

Nossa agitação cresceu na clandestinidade; antes da NEP[2], antes do rompimento do bloqueio, não tivemos necessidade de concorrer com ninguém.

Superestimamos então os métodos da agitação. E desprezamos a publicidade, esta "miuçalha burguesa"[3].

Durante a NEP, é preciso utilizar para a popularização das organizações estatais e proletárias, das organizações e dos produtos, todas as armas empregadas pelos inimigos, inclusive a publicidade.

E aí, nós ainda somos fedelhos. Temos de aprender.

Oficialmente, já nos ocupamos de publicidade, são raras as repartições que não publicam anúncios, folhetos etc.

Mas como tudo isto é inepto!

Tenho à mão, ao acaso, um punhado de anúncios no *Izviéstia*:

"A Economia Comunal de Moscou comunica..."

"A direção do truste 'A fibra renovada' declara..."

"O encarregado leva ao conhecimento..."

"A direção da 'Usina de boro' informa" etc. etc. até o infinito.

Quanta burocracia: comunica, declara, leva ao conhecimento, informa!

Quem atenderá a esses apelos?!

É preciso chamar e anunciar, de tal modo que os aleijados se curem no mesmo instante e corram para comprar, vender, olhar!

Lembro-me dos reclames europeus. Por exemplo, não sei que firma anuncia uns excelentes elásticos para suspensórios: em Hanover, um homem corre para o trem de Berlim e não repara que, na privada da estação, seu suspensório se prendeu a um prego. Ele chega a Berlim, sai do trem e – bumba! – está de novo em Hanover, foi levado de volta pelos suspensórios.

Isto é reclame! Uma coisa dessas ninguém esquece.

Acredita-se geralmente que se devem anunciar apenas os produtos ordinários e que os bons se venderão por si.

É uma opinião absolutamente errada.

O reclame é o nome da coisa. Assim como um bom artista cria para si um nome, assim o objeto também o cria. Vendo na capa de uma revista um nome "famoso", as pessoas param e compram. Se o mesmo objeto estivesse na capa sem um sobrenome, centenas de distraídos apenas passariam sem comprar.

Um anúncio deve lembrar incessantemente cada objeto, ainda que este seja maravilhoso.

Até o *Pravda*, que evidentemente não precisa de nenhuma recomendação, se anuncia: "Cada operário deve ler o seu jornal" etc. Na primeira página do *Pravda* aparece diariamente um anúncio: o da revista *Projector*.

Está claro que a publicidade não se esgota com anúncios. Estes são a sua forma singela por excelência. O reclame deve ser variedade, invenção.

Por ocasião da Exposição Agrícola de Toda a Rússia, em Moscou, sairá, sob a redação do camarada Brik, um livro sobre publicidade, o primeiro na RSFSR[4].

Não devemos deixar esta arma, a agitação comercial, nas mãos do nepmaniano, nem do burguês estrangeiro. Na URSS, tudo deve atuar no sentido do bem-estar do proletário. Pensem na publicidade!

1923

DE UMA ENTREVISTA COM O ESCRITOR NORTE-AMERICANO MICHAEL GOLD[1]

– Não, Nova York não é uma cidade moderna – disse ele, medindo incansavelmente com os passos seu quarto nas proximidades da Washington Square. – Nova York não está organizada. Apenas carros, o metrô, os arranha-céus e elementos como tais ainda não constituem uma verdadeira cultura industrial. São apenas a sua faceta exterior.

A América trilhou o caminho grandioso do desenvolvimento técnico-industrial, que modificou a face do mundo. Mas as pessoas da América ainda não atingiram o nível desse mundo novo. Elas ainda vivem no passado. Do ponto de vista intelectual, os nova-iorquinos ainda são provincianos. Sua razão ainda não assimilou todo o significado do século industrial[2].

Aí está por que eu disse que Nova York não está organizada: é um acúmulo gigantesco de objetos feito por crianças e não o resultado valioso do trabalho de homens maduros, que compreendessem os seus próprios desejos e trabalhassem segundo um plano, como artistas. Quando na Rússia sobrevier o século industrial, ele será diferente, nosso trabalho vai distinguir-se por seu planejamento, pelo sentido predeterminado.

Aqui existem metrô, telefone, rádio e muitas outras maravilhas. Mas eu vou ao cinema e vejo um público numeroso deliciar-se com um filme estúpido, sobre não sei que história de amor, vazia e sentimental, que seria vaiada e expulsa da tela na mais minúscula aldeola da nova Rússia. O que fornecem, então, as maravilhas mecânicas às pessoas com semelhante modo de pensar? Ao que parece, a severidade, a ciência e a verdade do século das máquinas não lhes penetraram a consciência.

E o que se pode ver entre os homens de arte? Eles possuem a eletricidade, possuem milhares de temas atuais, temas em pedra e aço, que lhes entram pelos olhos na rua, mas em seus estúdios e escritórios, eles usam velas como o camponês russo. Consideram isso estético. Escrevem lindos versinhos íntimos. Desenham quadrinhos íntimos. Sua inspiração bruxuleia com a chamazinha trêmula da vela, enquanto ela deveria tumultuar, como uma torrente de fogo, que se precipitasse de um alto-forno moderno.

Ou então veja estes mesmos arranha-céus. São realizações gloriosas da engenharia moderna. O passado não conheceu nada semelhante. Os operosos artesãos do Renascimento jamais sonharam com construções tão altas, que se balançam ao vento e desafiam a lei da gravidade. Eles se lançam para o céu com seus cinquenta andares, e devem ser puros, vertiginosos, perfeitos, modernos como um dínamo. Mas o construtor americano, que apenas pela metade tem consciência da maravilha por ele criada, espalha pelos arranha-céus os decrépitos ornamentos góticos e bizantinos, de todo insignificantes aqui. É mais ou menos como amarrar fitinhas cor-de-rosa numa escavadeira ou colocar cachorrinhos de celuloide sobre uma locomotiva. Talvez seja lindo, mas não é arte. Não é a arte do século industrial[3].

Nova York é um equívoco e não um produto da arte industrial. Ela foi criada de modo anárquico, e não como resultado da ação unida dos novos pensadores, engenheiros, artistas e operários...

– Nada de supérfluo. Isto é essencial na arte industrial, na arte futurista. Nenhuma rose, nenhuma tagarelice, nada de adocicado, nada de saudades do que passou, nenhum misticismo. Na Rússia, demos um fim aos limões espremidos e aos ossinhos de galinha roídos do mundinho minúsculo da intelectualidade liberal e mística. "Para a rua, futuristas, tamborileiros e poetas"[4] – escrevi nos primeiros dias da revolução. A arte apodrece quando ela é respeitável e refinada. Ela deve sair dos quartos forrados de veludo e dos ultradecorados estúdios e agarrar-se à vida.

A arte deve ter uma destinação determinada. E eis a lei da nova arte: nada de supérfluo, nada sem uma destinação. Eu arranquei da poesia as vestes da retórica; eu voltei ao essencial. Estudo cada palavra e o efeito que desejo produzir com ela sobre o leitor: é o que fazem as pessoas que escrevem os anúncios de vocês. Eles não querem gastar em vão uma só palavra – tudo tem que ter sua destinação.

Cada produto do século industrial deve ter sua destinação. O futurismo é contra o misticismo, contra a divinização passiva da natureza, contra a forma aristocrática da preguiça ou qualquer outra, contra o devanear e a choradeira – ele é pela técnica, a organização científica, a máquina, o pensamento aplicado a tudo, a força de vontade, a coragem, a velocidade, a exatidão, e pelo homem novo, armado de tudo isso.

Onde estão na América os homens de arte com semelhante previsão do homem novo? E onde está a previsão social do industrialismo americano?

Nova York não tem um plano. Ela não expressa nenhuma ideia, seu industrialismo é obra do acaso, enquanto o nosso industrialismo, na Rússia, será obra da arte das massas.

Interrompi a torrente de sua energia futurista e fiz uma pergunta que não lhe agradou:

– Esses intelectuais místicos e liberais a que se referiu, na América, fogem da máquina. Eles acreditam que a máquina aniquila a alma humana. E vocês, russos, não temem cair sob o domínio da máquina?

– Não – respondeu convicto o poeta. – Somos os donos da máquina e não a tememos. Sim, está morrendo a velha vida mística e emocional, mas seu lugar será ocupado pela vida nova. Que adianta temer a marcha da história? Ou temer que os homens se transformem em máquinas? É impossível.

– Mas a máquina não vai destruir os valores mais elevados e sutis da existência?

– Não. Tudo o que pode ser tão facilmente destruído merece isto. No futuro, hão de surgir valores mais significativos e sutis. Um aviador moscovita, meu amigo[5], me disse: quando ele se precipita nos ares com a velocidade de cem milhas por hora, seu cérebro trabalha cinco vezes mais depressa que de costume. O século da máquina vai estimular o pensamento ousado e livre.

– Os jovens escritores russos estão imbuídos das mesmas ideias que você, e quais são os melhores dentre eles?

– A Rússia toda está imbuída destas ideias. Mas, para que citar os melhores escritores jovens? Isto não é importante. O mais importante é que milhões de homens e mulheres, que oito anos atrás não sabiam ler, agora, tendo jogado fora todas as velhas concepções de literatura, leem os mais ousados dentre os jovens escritores modernos. Esta ascensão geral do nível de cultura é mais importante do que seria o fato de terem aparecido em nosso país dez Tolstóis ou Dostoiévskis. A arte infalivelmente brota em semelhante solo.

1925

Notas

CARTA ABERTA AOS OPERÁRIOS

1. Foi publicada no primeiro e único número de *Gazieta Futuristov* (O Jornal dos Futuristas) de 15 mar. 1918, que Maiakóvski dirigiu com David Burliuk e Vassíli Kamiênski.

2. De acordo com as condições da época, não é para se estranhar esta aproximação que Maiakóvski faz entre anarquismo e socialismo: nos primeiros tempos do Estado soviético, parecia possível assegurar para ele o apoio dos militantes anarquistas. No entanto, depois que estes se instalaram em núcleos urbanos, com um princípio de organização, inclusive militar, ocorreu, na noite de 11 para 12 de abril de 1918, a liquidação armada dos centros anarquistas de Moscou, por tropas e agentes da Tcheká, a polícia política do novo regime.

Continuou-se, porém, a tomar cuidado para não afastar de todo os elementos anarquistas. O próprio chefe da Tcheká, F.E. Dzerjínski, escreveu um artigo no *Izviéstia* (Notícias) de 16 de abril, no qual afirmava que não mais de 1% dos aprisionados nesses centros eram "anarquistas ideólogicos", apud E. Hallett Carr, *The Bolshevik Revolution*, v. 1, p. 161.

O chefe guerrilheiro anarquista Niéstor Makhnó esteve em Moscou no verão de 1918, quando visitou livremente os anarquistas moscovitas e teve uma entrevista com Lênin. Hallett Carr fala, até, de "certa ternura" de Lênin pelos anarquistas. Em agosto de 1919, este escrevia: "Muitos trabalhadores anarquistas estão se tornando agora adeptos dos mais sinceros do poder soviético", ver ibidem, p. 170.

Makhnó organizou na Ucrânia Oriental, em 1918, um exército de anarquistas para lutar contra o governo de Skoropádski, que era apoiado pelos alemães. Esse exército lutou ora ao lado dos bolcheviques, ora contra eles. A "república anarquista" de Makhnó foi esmagada pelo Exército Vermelho em 1921.

3. Este utopismo é característico de Maiakóvski, particularmente dos anos que se seguiram à Revolução de Outubro. Ele aparece plenamente nas duas versões do *Mistério-Bufo* e no poema inacabado "Quinta Internacional".

LÉGER

1. Muito ligado à pintura e ao desenho, Maiakóvski escreveu sobre eles com alguma frequência. A página sobre Fernand Léger faz parte de um livro que ficou inédito em vida do autor e que deveria chamar-se *Exame da Pintura Francesa em Sete Dias*. A edição prevista incluiria reproduções de amostras da pintura francesa vista por Maiakóvski, em sua breve estada em Paris em 1922. O poeta chegou a entregar à Editora do Estado os originais do livro, mas as habituais dificuldades que ele encontrava na editora parecem ter impedido a publicação.

O livro constitui nova redação de alguns artigos que ele publicara em *Izviéstia*, com as suas impressões de viagem.

De modo geral, Maiakóvski encara negativamente a arte francesa da época. Caçoando da galomania russa anterior à Revolução, quando qualquer movimentozinho no mundo cultural parisiense encontrava repercussão imediata em Moscou e Petersburgo, ele constata que, depois de 1917, os russos passaram a desconhecer o que sucedia em França. Mas, decorridos oito anos de ausência, o poeta não vê nada de novo acontecido em Paris.

"Tudo está em seu lugar.

"Apenas um aperfeiçoamento da maneira expressiva, mais raramente do ofício. E assim mesmo, em muitos artistas se vê recuo, decadência.

"Como sempre, o cubismo está no centro. Como sempre, Picasso é o comandante-chefe do exército cubista.

"Como sempre, a rudeza do espanhol Picasso é enobrecida pelo agradabilíssimo e esverdeado Braque.

"Como sempre, teorizam Metzinger e Gleizes.

"Como sempre, Léger tenta devolver o cubismo a seu problema principal: o volume.

"Como sempre, Delaunay hostiliza sem trégua o cubismo.

"Como sempre, os 'selvagens' Derain e Matisse produzem quadro após quadro.

"Como sempre, com tudo isto, existe o último grito da moda. Agora, esta obrigatória tarefa é desempenhada pelo 'da-da'.*

"E como sempre... todas as encomendas dos burgueses são executadas pelos inumeráveis Blanches. Oito anos de não sei que letargia criativa."

Picasso, com toda a sua genialidade, tendo chegado ao ápice da realização formal, pula de um canto a outro e não consegue uma aplicação adequada de sua mestria "na atmosfera viciada da realidade francesa". Delaunay procura "caminhos enviezados" para atingir a revolução, valoriza a cor em lugar do volume, mas está desnorteado, enfurecido, sonha em estabelecer-se na Rússia e fundar uma escola, onde os pintores franceses possam tomar um banho de juventude e de vigor. Braque oscila o tempo todo, "com muito gosto, é preciso render-lhe justiça, entre o Salão e a arte". Nele, "o temperamento do revolucionário cubismo francês está comprimido em formas decentes, aceitáveis para todos. Existem ângulos, mas não demasiado abruptos e cubistas. Existem manchas coloridas, mas não demasiado incisivas e simultaneístas". Os russos Larionov e Gontcharova, cujo colorido vigoroso chegou a influenciar Picasso, são muito procurados pelos compradores norte-americanos e têm dezenas de alunos ianques. Mas, em seus trabalhos "franceses", sente-se logo que o vigor e impetuosidade são amaciados pelos salões e pelos *marchands* parisienses. Outro russo, Bart, muito conhecido na Rússia antes da guerra, "homem sério e de grande talento", está faminto e doente. Homens como ele encaram com entusiasmo a Revolução Russa, mas não regressam à pátria, por causa das "lendas" no sentido de que todos os que regressam apenas não são fuzilados pela polícia política, porque ali mesmo, na fronteira, os piolhos os devoram, "sem deixar resto".

Em meio a essa atmosfera parada, a essa estagnação, que Maiakóvski viu em Paris, sentiu soar como algo novo o interesse pela arte russa, não pela velha arte acadêmica tingida aqui e ali com matizes vanguardistas, que não lhe mudavam a essência, mas a nova arte, inspirada no século industrial, o construtivismo.

"Pela primeira vez, não foi da França e sim da Rússia que chegou uma palavra nova da arte: construtivismo. Causa até espanto que esta palavra exista no léxico francês.

"Não o construtivismo dos pintores que a partir de arames bons e necessários e de folhas de flandres fazem uns conjuntinhos inúteis. O construtivismo que compreende o trabalho formal do artista apenas como engenharia, necessária para a realização de toda a nossa vida prática.

Aqui, os artistas franceses têm de aprender conosco.

"Aqui não se vence com a invenção cerebral. Para a construção de uma nova cultura, é indispensável espaço limpo. E necessária a vassoura de Outubro.

"E qual é o solo que serve de base à arte francesa? – O parquete dos salões parisienses!"

* Em russo, com esta grafia, dadá se transforma em "sim-sim".

AGITAÇÃO E PUBLICIDADE

1. O artigo foi publicado na revista *Camarada Tierienti* de Iecatíerinburgo (então Svierdlóvsk), n. 14, 10 jun. 1923.
Sobre Maiakóvski e a publicidade, ver supra, p. 148-149, n. 83.

2. Sigla de Nóvaia Economítcheskaia Política (Nova Política Econômica).

3. Nesta passagem, há boa dose de autocrítica. Maiakóvski lutou contra certas consequências daninhas que via no cotidiano soviético, em consequência da NEP. Com o afastamento das normas rígidas e severas do comunismo de guerra, o poeta percebia o espírito pequeno-burguês que se reinstalava na vida russa.

4. Sigla de República Socialista Federativa Soviética da Rússia.

DE UMA ENTREVISTA COM O ESCRITOR NORTE-AMERICANO MICHAEL GOLD

1. A entrevista apareceu no jornal *World* de Nova York, 9 ago. 1925. O trecho que reproduzo foi traduzido para o russo e retraduzido por mim. Nele aparecem ideias e impressões que seriam desenvolvidas no livro de viagem *Minha Descoberta da América* e numa série de poemas. Embora o livro de viagem seja muito interessante e vivo, preferi reproduzir aqui a entrevista, em virtude de seu caráter mais direto e incisivo. Se em Maiakóvski a penetração e agudez por vezes se misturou a uma visão ingênua do mundo russo e a uma incompreensão de certos aspectos da vida no Ocidente, agravada pelo seu completo desconhecimento de qualquer idioma estrangeiro, isto não diminui a importância de suas formulações.

2. Esta afirmação adquiria particular importância ante o "americanismo" de muitos construtivistas russos. Neste sentido, é interessante observar a considerável proporção de exemplos norte-americanos incluídos por Iliá Erenburg em seu livro em defesa do construtivismo, livro esse que ele renegaria mais tarde: *A Vsiótaki Oná Viértitsia* (E, No Entanto, Ela Se Move).

3. Esta asserção de Maiakóvski coincide com certas críticas formuladas com insistência, recentemente, por McLuhan. Em *O Meio É a Massagem*, há uma fotografia dos Fairmount Water Works, em Filadélfia, EUA, onde aparecem edifícios com frontões e coluninhas gregas, e a legenda diz que "nós impomos a forma do velho sobre o conteúdo do novo", ver *The Medium is the Massage*, p. 86, 87.

4. Do poema "Ordem do Dia ao Exército das Artes".

5. Provavelmente o poeta Vassíli Kamiênski, pioneiro russo da aviação.

POESIA E POÉTICA

OS DOIS TCHÉKHOV[1]

Naturalmente, vão ficar ofendidos se eu lhes disser:
— Vocês não conhecem Tchékhov!
— Tchékhov?
E vocês imediatamente vão tirar, de algum jornal empoeirado e de revistas, frases fortemente conectadas.

"Tchékhov – arrastará com profundidade um poeta cabeludo, lírico-repórter – é o cantor do crepúsculo".

"O defensor dos humilhados e ofendidos" – confirmará com autoridade um conselheiro-titular[2] de família numerosa. E mais e mais:

O "satírico-acusador".

O "humorista"...

E um bardo de camisa russa há de rimar:

> Ele amava os homens com amor tão terno,
> Amor de mulher: amante ou mãe.[3]

Ouçam! Vocês, com certeza, conhecem um outro Tchékhov. Os sinais de respeito de vocês, os epítetos elogiosos, são bons para algum prefeito municipal, para um membro de associação de defensores da saúde pública, para um deputado à Duma[4], e eu falo de um outro Tchékhov.

Antón Pávlovitch Tchékhov de quem eu falo é um escritor. "Imagine, a grande verdade que ele descobriu..." – e vocês vão soltar uma gargalhada. – "Até as crianças conhecem isto".

Sim, eu sei, vocês examinaram sutilmente a personalidade de cada uma das três irmãs, vocês estudaram admiravelmente a vida refletida em cada um dos contos tchekhovianos e não se perderão nas veredas do cerejal[5].

Vocês conheciam o seu grande coração, sua bondade, sua ternura, pois bem... e lhe vestiram uma touca e fizeram-no babá e ama de leite de todos estes esquecidos Firs, estes homens num estojo, que choramingam: "para Mosco-u-u-u"[6].

Mas eu quero saudá-lo com digqidade, como a um membro da dinastia dos "Reis da Palavra".

Ao que parece, são demasiado dilacerantes os gemidos dos que se curvam sobre os trigais, demasiado agudo o quadro da miséria, que enrola veias nas máquinas das usinas apenas por necessidade de alimento, se cada homem de arte é atrelado e arreado junto aos que arrastam seu trabalho para as feiras da utilidade.

Quantos escritores já foram empurrados para fora da estrada!

Niekrassov[7] pendurava suas linhas, qual rosquinhas gostosas, no fio das ideias cívicas, Tolstói, a partir de *Guerra e Paz*, pisoteou a lavra com seus *lápti*[8], Górki passou de Marko[9] aos programas máximos e mínimos.

Todos os escritores foram transformados em arautos da verdade, em cartazes da virtude e da justiça.

E todos têm a impressão de que o escritor se afana com um único pensamento, com o qual ele quer corrigir e defender a você, e que vão apreciá-lo unicamente se ele, tendo explicado a vida, ensinar os demais a lutar contra ela. E dentre os escritores que se pescam os funcionários da instrução, os historiadores, os guardiães da moralidade. Selecionam-se ditados em Gógol, estudam-se os costumes da Rússia latifundiária em Tolstói, analisam-se os traços psicológicos de Lênski e de Oniéguin[10].

Trocados em miúdo, os escritores são distribuídos pelas antologias e etimologias, e não os verdadeiros, os vivos, mas estes outros, inventados, privados de carne e sangue, serão enfeitados de louros.

Vejam!

Ergue-se um monumento não àquele Púschkin que era alegre amo e senhor na grande festa do casamento das palavras e cantava:

> O brilho, o ruído, os bailes, a algazarra
> E, na hora das loucuras de solteiro,
> A taça, a espuma que sobe e desgarra,
> E a chama azul do ponche verdadeiro.[11]

Não, no monumento assinalaram:

> Os sentimentos bons com a lira despertava.[12]

O resultado prático é sempre o mesmo: logo que se desgasta a agudez das opiniões políticas de algum escritor, sua autoridade é mantida não pelo estudo das obras, mas pela força.

Por exemplo, numa das cidades do Sul, antes de minha conferência veio ver-me um figurão, que me declarou: "Tenha em mente que eu não lhe vou permitir censurar a atuação das autoridades, bem, de Púschkin e em geral!"

Pois bem, os jovens lutam justamente contra esta burocratização, esta canonização dos escritores-guias, que pisam com o bronze pesado dos monumentos a garganta da palavra nova, que liberta a arte.

Mas, em que consiste o valor autêntico de cada escritor?

Como distinguir o cidadão do artista?

Como ver o rosto verdadeiro do cantor atrás da pasta de couro do advogado?

Tomem algum fato, como o pôr do sol, a defesa dos humilhados etc., bem, por exemplo, o zelador de um prédio bate numa prostituta.

Peçam que um pintor represente este fato, que um escritor o descreva e que um escultor o cinzele. Evidentemente, a ideia de todas estas obras será a mesma: o zelador é um canalha. Esta ideia será fixada mais depressa por algum ativista social. Mas, em que vão diferir dele os pensamentos dos homens de arte?

Naturalmente, apenas quanto ao meio de expressão.

O pintor: linha, cor, superfície.

O escultor: a forma.

O escritor: a palavra.

Agora, deem este fato a dois escritores diferentes.

A diferença, com certeza, consistirá unicamente no seguinte: o meio de expressão[13].

Deste modo, o problema do escritor consiste em encontrar a mais viva expressão verbal a este ou aquele ciclo de ideias. O conteúdo é indiferente, mas, visto que toda época traz de maneira peculiar a necessidade de uma expressão nova, também os exemplos que se denominam assunto da obra, e que ilustram as combinações verbais, devem ser contemporâneos.

Falemos mais claro.

Peguem o livro de problemas de Ievtuchévski e leiam já na primeira página: um menino recebeu cinco peras, outro duas etc.

Naturalmente, vocês não vão pensar um momento sequer que o matemático encanecido se interessasse pela terrível injustiça cometida com o segundo menino. Não, ele a tomou apenas como material para exemplificar a sua ideia aritmética.

De maneira perfeitamente idêntica, para o escritor não existe objetivo fora de determinadas leis da palavra.

Falando assim, eu não defendo de modo algum uma dialética sem finalidade. Eu apenas explico o processo da criação e procuro analisar as causas da influência do escritor sobre a vida.

Esta influência, à diferença da que exercem sociólogos e políticos, explica-se não pela apresentação de coleções prontas de ideias e sim pelo tecer de cestos vocabulares, nos quais você pode transmitir a outrem qualquer ideia.

Deste modo, a palavra constitui o objetivo do escritor. Mas quais são as modificações que ocorrem nas leis das palavras?

1. Mudança da relação da palavra com o objeto, de modo que se passe da palavra como número, como designação precisa do objeto, à palavra-símbolo e à palavra-fim-em-si.

2. Mudança da relação mútua entre as palavras.

O ritmo cada vez mais veloz da existência traçou o caminho do período principal à sintaxe desgrenhada.

3. Mudança da relação com a palavra. Acréscimo de palavras novas ao dicionário.

Eis algumas teses gerais, as únicas que nos permitem acercar-nos criticamente de um escritor.

Deste modo, cada escritor deve trazer sua palavra nova, porque ele é, antes de mais nada, um juiz encanecido, que acrescenta os seus acórdãos ao código do pensamento humano.

Mas, como aparece Tchékhov, na qualidade de criador da palavra?

Coisa estranha. Começam a falar de Tchékhov como escritor e, esquecendo-se, no mesmo instante, da "palavra", passam à lenga-lenga:

"Vejam com que habilidade ele sentiu a 'psicologia" dos sacristães com dor de dente".[14]

"Oh, Tchékhov é toda uma literatura".

Mas ninguém quis falar dele como esteta.

Esteta! E ao olhar se desenha um jovem elegante, que lança descuidadamente no papel, com seus dedos de raça, sonetos de um amor rebuscado.

E Tchékhov? "Vai, bate as botas de vez! – gritou ele. – Mal-di-ta!"[15]

Poeta! E logo diante de vocês se delineia o vulto de Nadson, de peito para frente e perfil nobre, gritando com cada uma das dobras de sua sobrecasaca negra que o ideal sagrado foi vilipendiado e destruído.

E aqui: "Depois das panquecas, comemos sopa de esturjão, e depois da sopa, perdiz com molho. Creme de leite, ovas de peixe frescas, salmão, queijo ralado. Foi tamanho rega-bofe que meu pai desabotoou às escondidas os botõezinhos sobre a barriga".[16]

Naturalmente, para um ouvido educado, acostumado a aceitar os nomes aristocráticos dos Oniéguin, Lênski e Bolkónski[17], todos estes Galínin, Cabróv e Esmagatóv[18] são como um prego que machuca a carne.

A literatura anterior a Tchékhov é uma estufa junto ao palacete luxuoso de um "fidalgo".

Quer Turguiêniev, que apanhava com mãos enluvadas tudo o que não fosse rosas, quer Tolstói que foi para o meio do povo apertando o nariz, todos lidavam com a palavra apenas como um meio de arrastar para dentro da cerca do palacete o espetáculo de novas paisagens, um enredo interessante ou uma ideia que divertisse os filantropos.

Durante quase cem anos, os escritores, amarrados entre si pelo mesmo tipo de vida, falavam com as mesmas palavras. A noção de beleza deteve-se em seu crescimento, rompeu com a vida e se declarou eterna e imortal.

E eis a palavra como fotografia apagada de uma propriedade rural tranquila e rica.

Ela conhece as regras obrigatórias da decência e do bom tom flui sensata e harmoniosa, como uma *berceuse*.

E além da cerca, enquanto isto, a vendinha cresceu e se transformou num bazar colorido e barulhento. Na vida tranquila das residências campestres, irrompeu a multidão polifônica tchekhoviana dos advogados, fiscais de imposto, caixeiros e damas do cachorrinho[19].

Os caixeiros viajantes são donos da vida.

A velha beleza estalou como o colete de uma gordalhona mulher de padre.

Foram vendidos em leilão, com os gobelins, sob o golpe dos machados que derrubavam os cerejais[20], não só a mobília de acaju no estilo de uma dúzia e meia de Luíses, mas também o guarda-roupa das palavras desgastadas.

E eram tantas!

"Amor", "amizade", "verdade", "correção", balançaram-se surradas nos cabides. Quem se decidirá a envergar novamente estas crinolinas das vovós em extinção?

E eis que Tchékhov introduziu na literatura os nomes rudes dos objetos rudes, dando a possibilidade para a expressão vocabular da vida da "Rússia que vende".

Tchékhov é o autor dos *raznotchíntzi*[21].

Foi o primeiro a exigir de cada um dos passos da vida a sua expressão vocabular.

Ele zombou inapelavelmente dos "acordes" e dos "longes prateados" dos poetas que tiravam a arte do dedo que chuchavam.

O polido Turguiêniev acarinhava as palavras, como um grego acarinhava o corpo, antes da destruição da Hélade.

"Como eram belas, como eram frescas as rosas".[22]

Mas, meu Deus, não se consegue mais despertar o amor com uma frase mágica!

– Por que não ama? Por quê?

A voz tranquila de Antón Pávlovitch é zombeteira.

– "E a senhora lhe serviu peixe à polaca? Não serviu, hem! Aí está, por isso mesmo foi embora!"

O esteta dos *raznotchíntzi*.

Perdão, mas isto é vergonhoso.

Ser o esteta das brancas jovens, que sonham junto à cerca, sob os raios oblíquos do poente, ser o esteta dos moços cuja alma se precipita "à luta, à luta contra as trevas", está bem, mas, deixe que eu lhe diga, ser esteta dos vendeiros é bastante feio.

Tanto faz.

Tchékhov foi o primeiro a compreender que o escritor apenas modela um vaso artístico, e que não importa se ele contém vinho ou porcarias.

Ideias e argumentos não existem.

Cada fato anônimo pode ser envolvido por uma admirável rede verbal.

Depois de Tchékhov, um escritor não tem o direito de dizer: não há temas.

– "Lembrem-se" – dizia Tchékhov – "basta alguma palavra surpreendente, algum nome incisivo, e o argumento virá por si"[23].

Portanto, se estragar completamente o livro de seus contos que vocês possuem, poderão ler cada uma de suas linhas como se fosse um conto inteiro.

Não é a ideia que engendra a palavra, mas a palavra é que engendra a ideia[24]. Vocês não vão encontrar em Tchékhov nenhum conto leviano, cujo aparecimento se justifique apenas com a ideia "necessária".

Cada uma das obras de Tchékhov é resolução de problemas exclusivamente vocabulares.

Suas asserções não são verdade arrancada da vida, mas uma conclusão exigida pela lógica das palavras[25]. Tomem os seus dramas incruentos. A vida apenas se esboça indispensavelmente, atrás dos vidros coloridos das palavras. E nos trechos onde outro precisaria justificar com um suicídio o flanar de alguém sobre o palco, Tchékhov nos dá o mais elevado drama, por meio de palavras singelas, "cinzentas":

Ástrov: "Agora deve estar fazendo um calor terrível na África, hem?"[26]

Por mais estranho que seja, o escritor que parecia mais de todos ligado à vida, na realidade foi um dos que lutaram pela libertação da palavra e conseguiu tirá-la do ponto morto da descrição.

Tomem (não pensem, por favor, que estou caçoando) uma das coisas mais características de Tchékhov: "As lebres, fábula para crianças".

> Caminhavam pela ponte
> Chineses, em bando alegre,
> E na frente, cauda em ponta.
> Passaram correndo lebres,
> Os chineses dão um salto
> Para apanhá-las. "Ah, ah!"
> As lebres fogem pro mato,

> Cauda pra lá e pra cá.
> A moral? Veja, lá vai:
> Se você gosta de lebre,
> Ao acordar você deve
> Obedecer ao papai.[27]

Naturalmente, é uma autocharge. Uma caricatura de sua própria arte; mas, como sempre em caricatura, a semelhança foi captada de maneira mais angulosa, mais colorida e contundente.

Está claro que da perseguição das lebres pelos alegres chineses pode-se concluir tudo menos a moral: "Você deve obedecer ao papai". O surgimento da frase pode ser justificado unicamente pela necessidade "poética" interior.

Mais.

A vida destrambelhada das cidades em crescimento, que jogara à rua homens novos e expeditos, exigia aplicar à velocidade também o ritmo, que ressuscita palavras. E aí estão, em lugar dos períodos com dezenas de orações, frases com umas poucas palavras.

Ao lado dos estalidos das frases tchekhovianas, a fala alambicada dos velhos, de Gógol, por exemplo, parece linguagem viciada e desengonçada de seminário[28].

A linguagem de Tchékhov é determinada como um "bom dia" e simples como "quero um copo de chá".

E no meio de expressão do pensamento que é o conto curto, condensado, já irrompe o grito apressado do futuro: "Economia!".

Pois bem, são justamente estas novas formas de expressão do pensamento, esta abordagem correta dos verdadeiros problemas da arte, que dão o direito de falar de Tchékhov como um mestre da palavra.

Por trás do vulto, conhecido do filisteu, de um choramingas que não se contenta com nada, de um defensor, perante a sociedade, dos homens "ridículos"[29], do Tchékhov "cantor do crepúsculo", despontam as linhas de um outro Tchékhov: o alegre e vigoroso artista da palavra[30].

1914

V.V. KHLÉBNIKOV[1]

Morreu Víctor Vladímirovitch Khlébnikov[2].

A glória poética de Khlébnikov é infinitamente inferior ao que ele representa[3].

Dos seus cem leitores ao todo, cinquenta o chamavam simplesmente de grafômano, quarenta liam-no por gosto e, ao mesmo tempo, espantavam-se porque daquilo não resultava nada, e apenas dez (os poetas futuristas, os filólogos da OPOIAZ)[4] conheciam e amavam este Colombo dos novos continentes poéticos, hoje povoados e cultivados por nós.

Khlébnikov não é poeta para consumidores. Não se pode lê-lo. Khlébnikov é poeta para o produtor.

Khlébnikov não tem poemas. O caráter concluído dos seus trabalhos impressos é uma ficção. A aparência de coisa acabada é quase sempre obra de seus amigos. Nós escolhíamos dentre o amontoado de seus rascunhos abandonados aqueles que nos pareciam mais valiosos e os dávamos a imprimir. Com frequência, a cauda de um dos esboços colava-se à cabeça de outro, o que suscitava a perplexidade alegre de Khlébnikov. Não se podia deixar que ele corrigisse as provas: nestes casos, riscava tudo, fazendo surgir um texto absolutamente novo.

Trazendo alguma coisa para imprimir, Khlébnikov geralmente acrescentava: "Se alguma coisa não estiver de acordo, modifiquem". Lendo algum escrito, ele às vezes se interrompia, abrupto, e simplesmente indicava: "Bem, etc".

Neste "etc." está Khlébnikov de corpo inteiro: ele formulava um problema poético, fornecia o método para sua resolução, mas deixava para os demais o seu aproveitamento com um fim prático.

A biografia de Khlébnikov é igual às suas brilhantes construções vocabulares. Ela é um exemplo para os poetas e uma censura aos mercadores da poesia.

Khlébnikov e a palavra.

Para a assim chamada nova poesia (a nossa é a novíssima), sobretudo para os simbolistas, a palavra é material para se escreverem versos (expressão de pensamentos e sentimentos), material cuja estrutura, resistência e elaboração eram desconhecidas. O material era cada vez apalpado inconscientemente.

A casualidade aliteracional das palavras semelhantes era apresentada como liga interior, como um parentesco indissolúvel. A forma estagnada da palavra era venerada como eterna, e procurava-se distendê-la sobre os objetos, que haviam crescido mais que a palavra.

Para Khlébnikov, a palavra é uma força independente, que organiza o material dos pensamentos e sentimentos. Daí provém o aprofundamento até as raízes, até a fonte da palavra, até a época em que o nome correspondia ao objeto. O tempo em que surgiu talvez uma dezena de palavras-raízes, e as novas apareciam como declinação da raiz (declinação das raízes, segundo Khlébnikov: por exemplo, *byk* (boi) é aquele que *biót* (bate); *bók* (lado) é aquilo em que (o *byk*) *biót*. *Lys* (calva) é como se tornou *liés* (mata); *los* (alce) e *lis* (radical e genitivo plural de *lissá*, raposa) são os que vivem no *liés*)[5].

Os versos de Khlébnikov:

> As lombas estão lisas
> Lapas semlontras. Lhanos semlebres[6]

não podem ser rompidos, são corrente de ferro.
E como se fragmenta por si o

> As águas não bolem no bote adernado.
> Balmont[7]

A palavra em sua acepção de hoje é uma palavra casual, necessária para algum fim prático. Mas a palavra exata deve captar qualquer matiz de pensamento.

Khlébnikov criou um verdadeiro "sistema periódico da palavra"[8]. Tomando uma palavra com formas não desenvolvidas, ignoradas, e comparando-a com palavras já desenvolvidas, demonstrava a necessidade infalível do surgimento de novas palavras.

Se a palavra já formada *plias* (dança) tem a palavra derivada *pliassunha* (dançarina), o desenvolvimento da aviação, do *liot* (voo), deve dar *letunha*. Se o dia do batisado é *kriestíni*, o dia do *liot* será *letíni*. Está claro que aqui não há sequer sinal do eslavofilismo barato com sua junção de palavras à velha maneira; não tem importância que a palavra *letunha* não seja agora necessária e não entre em uso: Khlébnikov dá apenas o método para a correta criação de palavras.

Khlébnikov é o mestre do verso.

Eu já disse que ele não tem obras acabadas. Por exemplo, em seu último escrito, "Zanguézi"[9], sentem-se claramente duas variantes consecutivas. Khlébnikov deve ser tomado em fragmentos, que melhor resolvam determinado problema poético.

Em todas as coisas de Khlébnikov salta aos olhos sua inusitada mestria. Era capaz de escrever a pedido, no mesmo instante, um poema (sua cabeça trabalhava vinte e quatro horas por dia unicamente com a poesia), mas podia também dar ao produzido a menos usual das formas. Por exemplo, ele tem um poema bem comprido, que se lê tanto numa como noutra direção:

O potro.   Ossos.   Só.   Orto.   Pó.[10]

Isto, naturalmente, é apenas malabarismo consciente, derivado de um excesso de recursos[11]. Mas o malabarismo não interessava muito a Khlébnikov, que jamais escrevia para vangloriar-se, nem para venda.

O trabalho filológico levou Khlébnikov aos versos que desenvolviam um tema lírico por meio de uma só palavra. O famosíssimo poema "Encantação pelo Riso", publicado em 1909, é amado tanto pelos poetas inovadores como pelos parodiadores e críticos:

> Ride, ridentes!
> Derride, derridentes!
> Risonhai aos risos, rimente risandai!
> Derride sorrimente![12]

etc.

Aí se dão, com a mesma palavra, os "risores", criadores do riso, os viciados no riso ou "riseiros", e os que ligam o riso ao ridículo do qual riem – os "risantes"[13].

Que indigência verbal, se comparamos com ele Balmont, que também tentou construir um poema com uma única palavra, "amar":

> Amai, amai, amai, amai,
> Amai loucamente, amai o amor[14]

etc.

Tautologia. Mendicidade da palavra. E isso para as definições mais complexas do amor! De uma feita, Khlébnikov levou à tipografia seis páginas de palavras derivadas da raiz *liub* (do verbo *liubit*, amar). Não se pode proceder à impressão, pois não houve "eles" suficientes na tipografia de província[15].

Da criação de palavras pura e simples, Khlébnikov passava à sua aplicação num problema prático, por exemplo a descrição de um grilo:

> Aleteando com a ouxografia
> Das veias finíssimas,
> O grilo
> Enche o grill do ventre-silo
> Com muitas gramas e talos da ribeira.
> – Pin, pin, pin! – taramela o zinziber.
> Oh, cisnencanto!
> Oh, ilumínios![16]

E finalmente, o clássico

> Junto ao poço se estilhaça
> A água, para que os couros
> Do arreio, na poça escassa,
> Reflitam-se com seus ouros.
> Correndo, cobra solerte,
> O olho-d'água e o arroio
> Gostariam, pouco a pouco,
> De fugir e dissolver-se.
> Que assim, tomadas a custo,
> As botas de olhos escuros
> Dela, ficassem mais verdes.
> Arrolos, langor, desmaios,
> A vergonha com seu tisne,
> Janela, isbá de três lados,
> Ululam rebanhos pingues.[17]

Preciso esclarecer: os versos são citados de memória, posso enganar-me em questões de pormenor e, em geral, não tento, com este ensaio minúsculo, retratar todo Khlébnikov.

Ademais: intencionalmente, não me detenho sobre os imensos trabalhos histórico-fantásticos de Khlébnikov, pois, em essência, são também poesia.

A vida de Khlébnikov.

O que melhor define Khlébnikov são suas próprias palavras:

> Hoje de novo sigo a senda
> Para a vida, o varejo, a venda,
> E guio as hostes da poesia
> Contra a maré da mercancia.[18]

Conheço Khlébnikov há doze anos. Ele vinha com frequência a Moscou, e então, com exceção dos últimos dias, nos víamos diariamente.

Eu me espantava com o trabalho de Khlébnikov. Seu quarto, vazio de mobília, estava sempre abarrotado de cadernos, folhas soltas e pedacinhos de papel, cobertos com sua letra miudinha. Se o acaso não fazia surgir, na ocasião, a edição de alguma coletânea, e se alguém não subtraía do amontoado uma folha para imprimir, Khlébnikov, ao viajar, enchia com os manuscritos uma fronha, depois dormia sobre esse travesseiro, e acabava perdendo-o.

Khlébnikov viajava com muita frequência. Não se podiam compreender nem os motivos, nem os prazos de suas viagens. Uns três anos atrás, consegui, à custa de muito trabalho, uma publicação remunerada de seus manuscritos (Khlébnikov me entregara uma pequena pasta, contendo manuscritos embrulhadíssimos, que depois seriam levados a Praga por Jakobson)[19]. Na véspera do dia, que lhe fora comunicado, da autorização do livro e do recebimento do dinheiro, eu o encontrei na Praça do Teatro, maleta em punho:

– "Aonde vai?" – "Para o Sul, é primavera!.." – e partiu.

Partiu sobre a coberta de um vagão; passou dois anos em viagem, avançou e recuou com nosso exército na Pérsia[20], apanhou tifo e mais tifo. Voltou este inverno, num vagão de epiléticos, extenuado e maltrapilho, vestido apenas com um roupão de hospital.

Khlébnikov não trouxe consigo uma linha sequer. Dos seus versos desse período, conheço apenas o poema sobre a fome, publicado em não sei que jornal da Crimeia[21], e dois extraordinários livros que havia mandado em manuscrito: *Ladomir* e *Arranhão no Céu*.

Ladomir foi entregue à Guiz[22], mas não se conseguiu publicá-lo. Khlébnikov podia acaso furar a parede com a testa?

Do ponto de vista prático, Khlébnikov era a menos organizada das criaturas. Em toda a sua vida, não fez imprimir nenhuma linha. O louvor póstumo de Khlébnikov por Gorodiétzki[23] atribui ao poeta quase um talento de organizador: a criação do futurismo, a publicação da "Bofetada no Gosto Público"[24] etc. É absolutamente inexato. Tanto a *Armadilha Para Juízes* (1910)[25], com os primeiros versos de Khlébnikov, como a "Bofetada" foram organizados por David Burliuk. E em tudo o que se seguiu, foi preciso obter a participação de Khlébnikov quase à força. É claro que a ausência de senso prático é repugnante, quando se trata do capricho de um ricaço, mas em Khlébnikov, que raramente possuía um par de calças e muito menos um quinhão acadêmico[26], a indigência assumia o caráter de verdadeiro feito heroico, de martírio pela ideia poética.

Khlébnikov era amado por todos que o conheciam. Mas era um amor de gente sadia por alguém sadio, pelo poeta cultíssimo e espirituosíssimo. Não tinha parentes que pudessem cuidar dele abnegadamente. A doença o tornara exigente. Vendo pessoas que não lhe dispensavam toda a atenção, Khlébnikov se tornou desconfiado. Uma frase violenta, solta ao acaso, e que não tinha sequer relação com ele, era exagerada e passava a significar o não reconhecimento de sua poesia, o desprezo poético.

Em nome de uma perspectiva literária exata, considero meu dever escrever preto no branco, em meu nome e, sem dúvida alguma, em nome dos meus amigos, os poetas Assiéiev, Burliuk, Krutchônikh, Kamiênski e Pasternak, que nós o considerávamos e continuamos a considerá-lo como um dos nossos mestres em poesia e como o magnífico e honestíssimo paladino de nossa luta poética.

Depois da morte de Khlébnikov, apareceram em diferentes jornais e revistas artigos sobre ele, repassados de simpatia. Eu os li com repugnância. Quando, finalmente, há de acabar esta comédia da cura dos mortos?! Onde estavam os que escrevem hoje, quando Khlébnikov andava vivo pela Rússia, sob os escarros da crítica? Eu conheço gente viva, que talvez não seja igual a Khlébnikov, mas que espera fim idêntico.

Abandonem, finalmente, a veneração por meio dos jubileus centenários, a homenagem por meio das edições póstumas! Artigos sobre os vivos! Pão para os vivos! Papel para os vivos!

1922

CARTA SOBRE O FUTURISMO[1]

Moscou, 1º de setembro de 1922

Antes da Revolução de Outubro, o futurismo não existiu na Rússia, como corrente única, claramente formulada.

Os críticos batizaram com este nome tudo o que era novo e revolucionário[2].

O grupo dos futuristas ideologicamente unido era o nosso, o assim chamado (inadequadamente) grupo dos "cubofuturistas" (V. Khlébnikov, V. Maiakóvski, D. Burliuk, A. Krutchônikh, V. Kamiênski, N. Assiéiv, Ó.M. Brik, S. Trietiakóv, B. Kúschner)[3].

Não tínhamos tempo de nos ocupar com a teoria da poesia, fornecíamos a sua prática[4].

O único manifesto deste grupo foi o prefácio à coletânea "Bofetada no Gosto Público", que saiu em 1913[5]. Um manifesto poético, que expressava os objetivos do futurismo em lemas emocionais[6].

A Revolução de Outubro separou o nosso grupo de numerosos grupos pseudofuturistas, que se afastaram da Rússia revolucionária, e nos congregou no grupo dos "comunistas-futuristas", cujos problemas literários consistem no seguinte:

1. Firmar a arte vocabular como ofício da palavra, mas não como estilização estética, e sim como capacidade de resolver pela palavra qualquer problema.
2. Responder a qualquer questão colocada pela modernidade e para isto:
   a) trabalhar o léxico (invenção de palavras, instrumentação sonora etc.),
   b) substituir a metrificação convencional dos iambos e troqueus pela polirritmia da própria língua,
   c) revolucionar a sintaxe (simplificação dos agrupamentos vocabulares, o incisivo do emprego inusitado etc.),
   e) criar modelos surpreendentes de construção de argumento,
   f) ressaltar o berrante de cartaz, que há na palavra etc.

A solução dos problemas vocabulares citados dará a possibilidade de satisfazer o requerido nos campos mais diversos da realização vocabular (forma: artigo, telegrama, poema, folhetim, letreiro, proclamação, anúncio etc.).
E no que se refere à prosa:

1. não existe prosa autenticamente futurista; há tentativas isoladas de Khlébnikov e Kamiênski, o "Comício dos Palácios" de Kúschner, mas essas tentativas são menos significativas que os versos dos mesmos autores. Isso se explica pelo seguinte:
   a) os futuristas não fazem distinção entre os diversos gêneros de poesia, e examinam toda a literatura como uma única arte vocabular,
   b) antes dos futuristas, supunha-se que a lírica tivesse seu elenco de temas e sua imagem diferentes dos temas e da linguagem da assim chamada prosa literária; para os futuristas, essa distinção não existe,

c) antes dos futuristas, supunha-se que a poesia tivesse os seus objetivos (poéticos), e o discurso prático os seus (não poéticos), mas para os futuristas a redação de apelos à luta com o tifo e um poema de amor são apenas faces diferentes da mesma elaboração vocabular,

d) até agora, os futuristas produziram sobretudo versos. Pois na época revolucionária, quando o cotidiano ainda não se afirmou, exige-se poesia de *slogans*, que atice a prática revolucionária, e não um relacionar nestoriano dos resultados dessa prática[7],

e) apenas em tempo bem recente surgiu ante os futuristas a necessidade de fornecer modelos de *epos* moderno: mas não um *epos* protocolar e descritivo, e sim ativo e tendencioso ou até fantástico e utópico, que dê o cotidiano não como ele é, mas como será obrigatoriamente e como deve ser.

Com saudações de camarada,
V. Maiakóvski

COMO FAZER VERSOS?[1]

1

Tenho de escrever sobre esse tema.

Em diferentes debates literários, ao conversar com jovens atuantes em diferentes associações de produção verbal (rap, tap, pap etc.)[2], ou em descomposturas aos críticos, tive com frequência necessidade de arrasar ou, pelo menos, desacreditar a velha poética. A velha poesia, como tal, que não era culpada de nada, naturalmente foi pouco atingida. Ela apanhava somente quando os fervorosos defensores das velharias escondiam-se da arte nova sob os traseiros dos monumentos.

Ao contrário: tirando os monumentos do pedestal, devastando-os e virando, nós mostramos aos leitores os Grandes por um lado completamente desconhecido e não estudado[3].

As crianças (e também as jovens escolas literárias) sempre se interessam pelo que existe dentro do cavalo de papelão. Depois do trabalho dos formalistas, são evidentes as entranhas dos cavalos e elefantes de papel. Se durante essa operação os cavalos sofreram algum dano – desculpem-nos! Não precisamos encarniçar-nos contra a poesia do passado: ela é nosso material de estudo.

O nosso ódio principal e constante desaba sobre a vulgaridade crítico-cançonetista. Sobre aqueles que veem toda a grandeza da velha poesia no fato de que também eles amaram, como Oniéguin e Tatiana[4] (consonância íntima!), de que também eles compreendem os poetas (aprenderam no ginásio!) e que os iambos lhes acariciam o ouvido. Odiamos esta fácil dança-assobio, porque ela cria, em torno do difícil e importante trabalho poético, uma atmosfera de estremecimento sexual e desfalecimento e a crença de que somente a poesia imortal não é apreendida por nenhuma dialética e que o único processo de produção, no caso, é constituído por um levantar inspirado da cabeça, à espera de que a celestial poesia-espírito desça sobre a careca, em forma de pombo, pavão ou avestruz.

Não é difícil desmascarar esses senhores.

Basta comparar o amor de Tatiana e a "ciência cantada por Naco" com o anteprojeto da lei dos matrimônios, ler o trecho de Púschkin sobre o "*lorgnon* desiludido" aos mineiros da bacia do Don ou correr diante das colunas de manifestantes no 1º de Maio e berrar: "Meu tio guiava-se pela honradez."[5]

É pouco provável que, depois de semelhante experiência, uma pessoa jovem e ansiosa de dedicar suas forças à Revolução, tenha intenção séria de se ocupar do ofício arqueológico-poético.

Já se falou e escreveu muito sobre isso. A aprovação ruidosa do auditório sempre esteve do nosso lado. Mas, após a aprovação, surgem vozes céticas:

– Vocês apenas destroem e não criam *nada! Os* velhos compêndios não prestam, mas onde estão os novos? Deem-nos as *regras* da poética de vocês! Deem-nos manuais!

A referência ao fato de que a velha poética existe há 1.500 anos e a nossa há uns trinta não é mais do que fugir ao assunto e ajuda muito pouco.

Vocês querem escrever e querem saber como se faz isto. Por que alguém se recusa a considerar como poesia uma coisa escrita de acordo com todas as regras chenguelianas[6], com pleno respeito às rimas e aos iambos e coreus? Vocês têm o direito de exigir dos poetas que eles não levem consigo para o túmulo os segredos de seu ofício.

Quero escrever sobre o meu não como um exegeta, mas como um prático. Meu artigo não tem nenhuma importância do ponto de vista científico. Escrevo agora sobre o meu trabalho, o qual, segundo minhas observações e convicção, fundamentalmente pouco se distingue do trabalho de outros poetas profissionais.

Mais uma vez, insisto muito na seguinte observação: eu não forneço nenhuma *regra* para que uma pessoa se torne poeta, para que escreva versos. E, em geral, tais regras não existem. Damos o nome de poeta justamente à pessoa que cria essas regras poéticas.

Vou repetir pela centésima vez o meu já cacete exemplo-analogia.

O matemático é o homem que cria, completa e desenvolve as regras matemáticas, o homem que introduz algo de novo no conhecimento da matemática. Quem pela primeira vez formulou que "dois mais dois são quatro" foi um grande matemático, mesmo que tenha chegado a essa verdade somando duas guimbas a outras duas. Os homens que vieram depois, ainda que somassem objetos muito grandes, por exemplo uma locomotiva com outra, não foram matemáticos. Esta afirmação de modo algum diminui o mérito do trabalho de quem soma locomotivas. Numa época em que os meios de transporte estão destruídos, o seu trabalho pode ser centenas de vezes mais precioso que a nua verdade aritmética. Mas não se deve enviar um cálculo sobre reforma de locomotivas a uma associação de matemáticos e exigir que ele seja estudado paralelamente à Geometria de Lobatchévski. Isto enraiveceria a comissão de planejamento, suscitaria dúvidas aos matemáticos e deixaria os calculadores de tarifas sem saber o que fazer.

Vão dizer-me que estou arrombando portas já abertas, que estas coisas são claras mesmo sem a minha explicação. Nada disso.

80% das baboseiras rimadas são aceitas pelas nossas redações unicamente porque os redatores não têm nenhuma noção sobre a poesia precedente ou não sabem para que a poesia é necessária[7].

Os redatores conhecem apenas o "gosto" ou "não gosto" e se esquecem de que o próprio gosto pode e deve ser educado. Quase todos os redatores me expressaram a queixa de que não sabiam como devolver manuscritos poéticos: não sabiam o que dizer na ocasião.

Um redator alfabetizado deveria dizer ao poeta:

Os seus versos são muito exatos, eles foram construídos segundo a terceira edição do manual de versificação de M. Brodóvski (ou Chenguéli, Gretch etc.), todas as suas rimas são rimas experimentadas, elas existem há muitos anos no dicionário completo das rimas russas, de N. Abramov[8]. Considerando que eu não disponho agora de bons versos novos, vou aceitar de bom grado os seus, pagando-os como trabalho de um copista qualificado, isto é, a três rublos a folha, com a condição de que sejam apresentadas três cópias.

O poeta não terá argumentos para xingar. Ele deixará de escrever, ou passará a considerar os versos como um trabalho que exige maior esforço[9]. Em todo caso, o poeta deixará de olhar de cima para o repórter, que pelo menos fornece novas ocorrências em troca de seus três rublos por notícia. Bem que o repórter gasta o fundilho das calças, à cata de escândalos e incêndios, enquanto semelhante poeta apenas gasta o cuspe no virar das páginas.

Em nome da melhoria da qualificação poética, em nome do florescimento futuro da poesia, é preciso abandonar o destaque dado a esse trabalho – o mais fácil de todos – dentre as demais formas de trabalho humano.

Vou explicar melhor: a criação de regras não constitui em si a finalidade da poesia, senão o poeta se tornará um escolástico, que se exercitará na formulação de regras para objetos e teses inexistentes ou desnecessários. Por exemplo, não há razão para se inventar regras para a contagem de estrelas sobre uma bicicleta em alta velocidade.

É a vida quem apresenta as teses que exigem formulação, que exigem *regras*. Os meios de formulação e o objetivo das regras são determinados pela classe e pelas exigências de nossa luta.

Por exemplo: a Revolução lançou à rua a fala rude de milhões, a gíria dos arrabaldes se derramou pelas avenidas centrais; o idiomazinho enfraquecido dos intelectuais, com as suas palavras esterilizadas: "ideal", "princípios da justiça", "princípio divino", "a imagem transcendental de Cristo e do Anticristo", todas essas falas que se proferiam num murmúrio nos restaurantes, foram varridas. É o novo cataclismo da língua. Como torná-lo poético? As velhas regras, com as "rosas formosas" e os versos alexandrinos, não servem mais. Como introduzir a linguagem coloquial na poesia e como livrar a poesia de tais falas?[10]

Cuspir na Revolução em nome dos iambos?

> Maus e submissos de hoje em diante,
> A fuga está interditada:
> Com a mão suja e assoberbante,
> *Vikjel* nos corta a retirada.
>
> (Z. Hippius)[11]

Não! É inútil conter num tetrâmetro anfibráquico[12], inventado para o murmúrio, o reboar destruidor da Revolução!

> A heróis, peregrinos do mar, albatrozes,
> Parceiros de mesa em festins infernais,
> Estirpe de águias, marujos, marujos,
> Dedico ígneo canto: rubis e cristais.
>
> (Kirilov)[13]

Não!

É preciso conceder imediatamente todos os direitos de cidadania à nova linguagem: grito em lugar de cantilena, rufar de tambor em lugar de nina-nana:

> Revolução, mantém o passo!
>
> (Blok)[14]
> Formai coluna em plena marcha![15]

É pouco dar exemplos do verso novo e normas para agir com a palavra sobre as multidões da Revolução: é preciso que o cálculo dessa ação vise a máxima ajuda à classe.

É pouco dizer que "o inimigo arma o seu laço" (Blok)[16]. É preciso indicar exatamente esse inimigo ou, pelo menos, permitir representar com exatidão a sua imagem.

É pouco formar coluna em plena marcha. É preciso dar meia-volta de acordo com todas as normas da batalha de rua, colocando o telégrafo, os bancos e os arsenais nas mãos dos operários rebelados.

Daí:

> Come ananás,
> Mastiga perdiz,
> Teu dia está prestes, burguês...[17]

Um verso assim seria dificilmente legalizado pela poesia clássica. Em 1820, Gretch não conhecia as *tchastúschki*, mas, se as conhecesse, escreveria provavelmente sobre elas com o mesmo desdém com que escreveu sobre a versificação popular: "Tais versos não conhecem pés nem consonâncias".[18]

Mas estas linhas foram adotadas pelo povo das ruas de Petersburgo. Nas horas de lazer, os críticos podem procurar descobrir de acordo com que regras tudo isso foi feito.

Na obra poética, a novidade é obrigatória[19]. O material das palavras e dos grupos de palavras de que dispõe o poeta deve ser reelaborado. Se para a elaboração do verso utiliza-se o velho entulho vocabular, ele deve estar em rigorosa correlação com a quantidade do material novo. Da qualidade e quantidade deste novo vai depender o emprego de semelhante liga.

A novidade, está claro, não pressupõe que se digam constantemente verdades até então desconhecidas. O iambo, o verso livre, a aliteração, a assonância, não se criam todos os dias. Pode-se trabalhar mesmo pela sua continuação, penetração e divulgação.

"Dois mais dois são quatro", não vive, nem pode viver por si. É preciso saber explicar esta verdade (as regras da soma). É preciso tornar esta verdade lembrada (mais regras), é preciso mostrar que ela é inabalável, com uma série de fatos (exemplo, conteúdo, tema).

Isso torna evidente que a descrição e reflexão da realidade não têm em poesia um lugar independente. Semelhante trabalho é necessário, mas ele deve ser avaliado como o trabalho de um secretário de uma assembleia numerosa. Ele não passa do singelo "Foi ouvido e votado". Eis em que consiste a tragédia dos companheiros de jornada[20]: ouviram com cinco anos de atraso e votaram também um tanto tarde: quando os demais já cumpriram as tarefas.

A poesia começa pela tendência.

A meu ver, os versos "Eu vou sozinho para a estrada..."[21] são agitação em prol de que as moças passeiem com os poetas. Sabem? – é cacete andar sozinho. Ah, seria bom dar um verso que convocasse as pessoas a se organizarem em cooperativas!

É evidente que os velhos manuais de versificação não forneciam tais versos. Eles são apenas a descrição dos métodos de escrita históricos, transformados em hábito. Seria correto denominar tais livros não "como escrever", e sim "como escreveram".

Falo com toda a honestidade. Não conheço nem iambos nem troqueus, nunca os diferencei, nem vou diferençá-los. Não porque seja trabalho difícil, mas porque nunca precisei lidar com essas coisas em meu trabalho poético. E se fragmentos desses metros se encontram no que escrevi, trata-se apenas de algo anotado de oitiva, pois essas melodias cacetes se encontram com demasiada frequência, a exemplo do "Pela mãezinha Volga abaixo".

Muitas vezes iniciei esse estudo, cada vez chegava a compreender todo esse mecanismo, mas depois tornava a esquecer tudo[22]. Essas coisas, que ocupam 90% dos compêndios poéticos, não se encontram nem em 3% do meu trabalho[23].

No trabalho poético, existem apenas algumas regras gerais para o início. E assim mesmo, essas regras são pura convenção. Como no xadrez. As saídas são quase uniformes. Mas já a partir do lance seguinte, você começa a imaginar um novo ataque. O mais genial dos lances não pode ser repetido numa situação dada, na partida seguinte. Somente o inesperado do lance desorienta o oponente.

Exatamente como as rimas inesperadas no verso.

Mas que dados são indispensáveis para o início do trabalho poético?

Primeiro. Existência na sociedade de um problema cuja solução é concebível unicamente por meio de uma obra poética. O encargo social. (Tema interessante para um trabalho especial: a não correspondência do encargo social com o encargo real.)

Segundo. Conhecimento exato ou, melhor, percepção da vontade da classe a que você pertence (ou do grupo que representa) em relação a esse problema, isto é, o objetivo a alcançar.

Terceiro. Material. As palavras. Fornecimento constante aos depósitos, aos barracões de seu crânio, das palavras necessárias, expressivas, raras, inventadas, renovadas, produzidas, e toda outra espécie de palavras.

Quarto. Abastecimento da empresa e dos meios de produção. Pena, lápis, máquina de escrever, telefone, um terno para visitar o albergue noturno, uma bicicleta para ir às redações, refeições asseguradas, um guarda-chuva para escrever sob a chuva, área habitada, com determinado número de passos que é preciso dar quando se trabalha, contato com a empresa de recortes, para recebimento de materiais sobre questões que preocupam o interior, etc... etc... e até um cachimbo e cigarros.

Quinto. Hábitos e processos de trabalhar as palavras, entranhadamente individuais, e que só nos vêm com anos a fio de trabalho cotidiano: rimas, medida do verso, aliterações, imagens, estilo comum, *páthos*, final, título, disposição gráfica etc. etc.

Exemplo: encargo social – letra para canções de soldados do Exército Vermelho que vão para a frente de Petrogrado. Objetivo a alcançar – a derrota de Iudiênitch[24]. Material – palavras do vocabulário dos soldados. Meio de produção – toco de lápis roído. Processo – a *tchastúschka* rimada.

Resultado:

> Meu bem me deu borzeguins
> E um jaleco de veludo.
> Iudiênitch de Petersburgo
> É expulso a terebintina.[25]

A novidade da quadra, que justifica a produção desta *tchastúschka*, está na rima "borzeguins" – "terebintina". Esta novidade torna a coisa necessária, poética, típica.

Para que a *tchastúschka* tenha efeito, é indispensável o processo da rima inesperada, a par da total não correspondência do primeiro dístico e do segundo. O primeiro pode ser chamado de auxiliar.

Mesmo estas normas gerais e iniciais do trabalho poético darão mais possibilidades que as presentes para a avaliação e tarifação das obras poéticas.

Os momentos do material, do equipamento e do processo podem ser calculados diretamente como unidades de tarifa.

O encargo social existe? Existe. Dois pontos. Objetivo a alcançar? Dois pontos. Está rimado? Um ponto. Aliterações? Meio ponto. E pelo ritmo também um ponto – o metro estranho exigiu que se andasse de ônibus[26].

Que os críticos não sorriam, mas eu avaliaria os versos de um poeta do Alasca mais alto do que, digamos, os de um de Ialta (isto, naturalmente, no caso de igual capacidade).

Pudera! O alasquiano tem de passar frio, precisa comprar peliça, e a tinta de sua caneta-tinteiro se congela. E o ialtiano escreve sobre um fundo de palmeiras, em lugares onde mesmo sem versos se passa bem.

A mesma clareza pode ser introduzida na qualificação dos poetas.

Os versos de Diemian Biédni representam o encargo social para o dia de hoje, corretamente compreendido, o objetivo a alcançar, formulado com precisão – as necessidades dos operários e camponeses, vocábulos de uso semicamponês (com acréscimo de um rimário em vias de desaparecer), o processo da fábula.

Os versos de Krutchônikh: aliteração, dissonância, o objetivo a alcançar – ajuda aos poetas do futuro.

Não adianta formular a questão metafísica: quem é melhor, Diemian Biédni ou Krutchônikh? São trabalhos poéticos feitos de parcelas diferentes de soma, em diferentes planos, e cada um deles pode existir sem expulsar o outro e sem lhe fazer concorrência.

Do meu ponto de vista, a melhor obra poética será aquela escrita segundo o encargo social do Comintern, que tenha como objetivo a alcançar a vitória do proletariado, redigida com palavras novas, expressivas e compreensíveis a todos, elaborada sobre mesa fabricada segundo as normas da NOT[27], e encaminhada à redação por via aérea. Insisto: por via aérea, pois o cotidiano poético é um dos fatores mais importantes de nossa produção. Naturalmente, o processo da contagem e avaliação da poesia é bem mais sutil e complexo do que foi exposto aqui.

É de propósito que eu aguço, simplifico e caricaturo o pensamento. Aguço-o para mostrar com maior violência que a essência do trabalho atual com a literatura não está na avaliação do ponto de vista do gosto dessas ou daquelas coisas prontas, mas numa abordagem correta do estudo do próprio processo de produção.

O sentido do presente artigo não está, de modo algum, na argumentação sobre exemplares acabados ou sobre sua maneira de ser, mas na tentativa de desvendar o próprio processo da produção poética.

Como, então, se faz um verso?

O trabalho começa muito antes do recebimento e da compreensão do encargo social.

O trabalho poético preliminar se efetua incessantemente.

É possível realizar no prazo requerido uma boa peça de poesia, somente se houver uma grande reserva de preparações poéticas.

Por exemplo, agora (escrevo apenas sobre aquilo que me acudiu de imediato à mente) perfura-me o miolo um bom sobrenome, "senhor Gliceron", que se originou ocasionalmente, durante uma conversa brincalhona sobre a glicerina.

Há também boas rimas:

> (Contra um céu de cores) *creme*
> (Se erguia severo) *o Kremlin.*
> (Junto ao Tibre, ao Sena) *ao Reno*
> (Abrigo para um) *boêmio.*
> (Enquanto o matungo) *bufa,*
> (Arrasto-me até) *Ufá,*
> *Ufá*
> *Surda.*

Ou então:

> (Pintados) *como o reboco*
> (Dias e noites) *de agosto.*[28]

etc. etc.

Existe a medida que me agrada, de certa cançãozinha americana, que ainda exige adaptação e russificação:

> Hard-hearted Hannah
> The vamp of Savannah
> The vamp of Savannah
> Gee ay![29]

Existem aliterações reunidas com vigor, a propósito de um cartaz visto de relance, com o sobrenome "Nita Jo":

> Onde habita Nita Jo?
> A Nita habita no sótão.

Ou a propósito da tinturaria de Liâmina:

> Corantes? É com mamãe
> Minha mãe se chama Liâmina.[30]

Há temas com diferentes graus de clareza ou obscuridade:
1. Chuva em Nova York.
2. Uma prostituta no Boulevard des Capucins em Paris. A prostituta que é particularmente chique amar, porque ela é perneta: teve uma das pernas cortadas, se não me engano por um bonde[31].
3. Um velho que toma conta do mictório no enorme Restaurante Hesler em Berlim[32].
4. O tema imenso de Outubro, que não se conseguirá levar a termo sem passar algum tempo na roça etc. etc.

Todas estas preparações estão arrumadas em minha cabeça, e as mais difíceis, anotadas.

Não sei como serão aproveitadas, mas eu sei que se aproveitará tudo.

Gasto o meu tempo com estas preparações. Passo assim dez a dezoito horas por dia e estou quase sempre murmurando algo. É com essa concentração que se explica a famigerada distração dos poetas.

O trabalho com estas preparações vai acompanhado em mim de semelhante tensão que em 90% dos casos sei até o lugar em que, no decorrer de quinze anos de trabalho, vieram-me e receberam sua forma definitiva tais ou quais rimas, aliterações, imagens etc.

> Ru-
> as.
> As
> ru-
> gas (Bonde entre a Torre Sukháreva e a Porta Srietiênskaia,
> 1913).

A chuva lúgubre olha de través.
Através... (Mosteiro Strastnói, 1912).

Acariciai os gatos negros e secos. (Carvalho em Kúntzevo, 1914).

Esquerda.
Esquerda. (Côche de aluguel no Cais, 1917)

– Aquele D'Anthés,
filho de um cão! (Num trem, perto de Mitíschi, 1924)[33]

Etc. etc.
Este "caderno de notas" é uma das condições principais para se realizar uma coisa *verdadeira*.

Costuma-se escrever sobre semelhante caderno apenas depois da morte do escritor, ele rola anos e anos no lixo e é publicado postumamente, depois das "obras acabadas", mas para o escritor esse caderno é tudo.

Os poetas principiantes, naturalmente, não dispõem desse caderno, faltam-lhes prática e experiência. Em sua obra, as linhas *feitas* são raras, e por isso o poema inteiro é aguado e comprido.

Um principiante, por mais capaz que seja, não escreverá de imediato algo vigoroso; mas, por outro lado, o primeiro trabalho tem sempre mais "frescor", pois nele entraram as preparações de todo o período precedente.

Somente a existência de preparações cuidadosamente pensadas me dá a possibilidade de entregar em tempo um trabalho, pois a minha produção média atual é de oito a dez linhas por dia.

O poeta aprecia cada encontro, cada letreiro, cada acontecimento, em quaisquer condições, unicamente como material para realização vocabular.

Antes, eu me engolfava a tal ponto nesse trabalho que chegava a temer dizer as palavras e expressões que me pareciam necessárias para os versos futuros; eu me tornava sombrio, cacete e calado.

Por volta de 1913, voltando de Saratov para Moscou, eu quis demonstrar a uma companheira de trem a minha absoluta lealdade e disse-lhe então que não era "um homem, mas uma nuvem de calças". Tendo dito isto, logo compreendi que a expressão poderia tornar-se necessária para um verso; quem sabe, ela seria passada adiante e esbanjada em vão? Tremendamente sobressaltado, passei meia hora interrogando a moça com perguntas dirigidas para o tema, e só me acalmei quando me convenci de que minhas palavras já lhe tinham saído pelo outro ouvido.

Dois anos depois, a "nuvem de calças" se tornou necessária para mim, como título de todo um poema.

Passei dois dias pensando na ternura de um homem solitário pela sua única amada.

Como ele haveria de cuidar dela e amá-la?

Na terceira noite, não tendo inventado nada, fui dormir com dor de cabeça. No decorrer da noite, veio-me a definição:

> De teu corpo
> vou cuidar e amá-lo
> como um soldado, decepado de guerra,
> inútil, de ninguém,
> cuida de sua única perna.[34]

Pulei da cama, meio adormecido. Anotei no escuro, na tampa de uma caixinha de cigarros, com um fósforo queimado, aquela "única perna" e adormeci. De manhã, passei umas duas horas pensando sobre o que era aquela "única perna" anotada na caixinha e como tinha ido parar ali.

Uma rima que se está caçando, mas ainda não se conseguiu agarrar pelo rabo, nos envenena a existência: você conversa sem compreender, come sem distinguir, e perde o sono, quase vendo a rima que voa diante dos seus olhos.

Devido à mão leve de Chenguéli, em nosso meio passaram a considerar o trabalho poético uma bobagem muito fácil. Existem até uns valentões que superaram o catedrático. Aí está, por exemplo, um anúncio de *O Proletário* de Khárkov (n. 256):

Como tornar-se escritor.
Pormenores em troca de 50 copeques em selos. Estação Slaviansk, Estrada de Ferro do Donietz, Caixa Postal 11[35].

Que tal? Não se habilitam?!

Aliás, o produto é pré-revolucionário. A revista *O Divertimento*[36] tinha, já, como suplemento para os assinantes o livrinho *Como Tornar-se Poeta em Cinco Lições*.

Penso que mesmo os meus pequenos exemplos colocam a poesia no rol dos trabalhos mais difíceis, o que ela realmente é.

A relação com a linha deve ser correspondente à relação com a mulher, na genial quadra de Pasternak:

> Da ponta dos pés ao cabelo rente
> – Ator de província às voltas com Shakespeare
> Te arrasto pela rua até saber-te
> Como um texto, de cor, até os dentes.[37]

No capítulo seguinte, vou tentar mostrar o desenvolvimento destas condições prévias para a feitura do verso, com o exemplo concreto da redação de um dos meus poemas.

2

Considero "A Sierguéi Iessiênin" o mais atuante dos meus últimos poemas[38].

Não foi preciso procurar para ele nem revista, nem editor: era copiado e recopiado ainda antes da impressão, foi surripiado ainda em provas tipográficas e publicado num jornal do interior[39], o próprio auditório sempre exige que eu o leia, durante a leitura se ouve o voo das moscas, depois da leitura as pessoas se apertam as patas, nos corredores há impropérios e elogios, no dia da publicação apareceu uma crítica em que havia, simultaneamente, xingamentos e louvores.

Como foi trabalhado o poema?

Conheci Iessiênin há muito tempo: dez ou doze anos. A primeira vez, eu o encontrei de *lápti* e camisa bordada com não sei que cruzinhas. Foi num dos bons apartamentos de Leningrado. Sabendo com que prazer um mujique de verdade e não de araque troca sua roupa por paletó e botinas, não acreditei em Iessiênin. Pareceu-me um mujique de opereta, um pastiche. Tanto mais que ele já escrevia versos que agradavam, e certamente arranjaria uns rublos para um par de botas.

Como uma pessoa que já usou e deixou de lado uma blusa amarela, procurei informar-me, com ar prático, sobre a roupa:

– Então, é para a promoção?

Iessiênin me respondeu com a voz que provavelmente teria óleo de lampadário que adquirisse vida.

Qualquer coisa no gênero de:

– Nós somos da roça, nós não compreendemos estas coisas de vocês... nós fazemos as coisas de certo jeito... à nossa maneira... tradicional e grossa...

Os seus versos muito talentosos e muito rurais naturalmente eram hostis a nós outros, futuristas.

Mas ele parecia um rapaz engraçado e simpático.

Por despedida eu lhe disse, por via das dúvidas:

– Aposto que vai jogar fora todos esses *lápti* e pentes-repentes!

Iessiênin me retrucou com entusiasmo e convicção. Kliúiev[40] arrastou-o para o lado, parecia mãe que leva embora uma filha que está sendo seduzida, e que a leva por temor de que a própria filha não tenha forças nem vontade de se opor.

Iessiênin aparecia-me ora aqui, ora ali. Encontrei-me com ele mais detidamente, já depois da Revolução, em casa de Górki. No mesmo instante, com a indelicadeza que me é inata, berrei:

– Pague-me a aposta, Iessiênin, está de gravata e paletó!

Iessiénin se zangou e tornou-se fanfarrão.

Depois, passei a ler versos de Iessiênin que não podiam deixar de me agradar, como:

> Meu querido, querido e engraçado bobão... etc.[41]
> O céu – um sino, a lua – língua...[42] e outros.

Iessiênin desembaraçava-se da campesinada cheia de idealização, mas desembaraçava-se, naturalmente, com alguns recuos, e ao lado de

> Mãe – pátria minha.
> Eu – bolchevique...[43]

aparecia uma apologia da "vaca". Em lugar do "monumento a Marx", exigia-se um monumento vacum. Um monumento não à vaca à Sosnóvski[44], mas à vaca-símbolo, que fincou os chifres numa locomotiva.

Brigávamos com Iessiênin frequentemente, atacando-o sobretudo graças ao imagismo, que se desenvolvera em torno dele[45].

Depois, Iessiênin partiu para a América e outros países[46] e voltou com um gosto evidente pelas coisas novas.

Infelizmente, nesse período acontecia com mais frequência encontrá-lo na crônica policial que na poesia. Ele estava-se expulsando rápida e seguramente do rol dos trabalhadores sadios da poesia (falo do mínimo que se exige do poeta).

Nessa época, encontrei-me com ele diversas vezes, foram encontros elegíacos, sem quaisquer divergências.

Eu acompanhava satisfeito a evolução de Iessiênin, do imagismo para a VAPP[47]. Iessiênin falava dos versos alheios interessado. Aparecera um novo traço em Iessiênin, tão apaixonado por si mesmo: manifestava certa inveja por todos os poetas que estavam organicamente ligados à classe, e viam diante de si um grande caminho otimístico.

Nisso está, a meu ver, a raiz do nervosismo poético de Iessiênin e de sua insatisfação consigo mesmo, desgastado pelo álcool e pelo comportamento inepto dos que o rodeavam.

Nos últimos tempos, apareceu até certa simpatia evidente por nós outros (o grupo da *Lef*): frequentava a casa de Assiéiev, chamava-me ao telefone, às vezes simplesmente procurava aparecer onde estivéssemos.

Tornara-se um tanto flácido e a roupa lhe pendia do corpo, mas assim mesmo continuava elegante à maneira iessieniana.

O último encontro com ele me causou uma impressão penosa e profunda. Encontrei junto à caixa da Gossizdát[48] um homem que correra em minha direção, de rosto inchado, uma gravata retorcida e chapéu que se mantinha no alto por acaso, pois se grudara a um cacho louro. Dele e dos seus companheiros suspeitos (para mim, pelo menos) vinha um hálito de álcool. Literalmente, tive dificuldade em reconhecer Iessiênin. Foi com dificuldade também que declinei a exigência de ir imediatamente beber, reforçada por um tilintar adensado de moedas. O dia todo, fiquei lembrando o seu aspecto lamentável, e de noite, naturalmente, passei muito tempo comentando com meus companheiros (infelizmente, todos sempre se limitam a isto em semelhantes casos) que precisávamos ocupar-nos de Iessiênin. Tanto eles como eu xingamos o "ambiente" e nos separamos convencidos de que Iessiênin era então cuidado pelos seus amigos, os iessienianos.

Mas a coisa não foi assim. O fim de Iessiênin nos desgostou, mas desgostou de maneira comum, humana. A princípio, este fim pareceu absolutamente lógico e natural. Eu soube dele de noite, o desgosto provavelmente permaneceria, e de certo modo se dissiparia ao amanhecer, mas de manhã os jornais trouxeram-nos as linhas pré-agônicas:

> Se morrer, nesta vida, não é novo,
> Tampouco há novidade em estar vivo.[49]

Depois destas linhas, a morte de Iessiênin se transformou num fato literário.

Logo se tornou claro a quantos vacilantes este verso vigoroso, e justamente *verso*, levaria à corda e ao revólver.

Este verso não se anularia com nenhuma análise ou artigo de jornal.

Com este verso se pode e se deve lutar, por *meio do verso unicamente*.

Deste modo os poetas da URSS receberam o encargo social de escrever versos sobre Iessiênin. Um encargo excepcional, importante e urgente, pois as linhas de Iessiênin começaram a atuar depressa e sem falha. O encargo foi aceito por muitos. Mas, escrever o quê? E como?

Apareceram versos, artigos, reminiscências, ensaios e até dramas. Na minha opinião, 99% do que se escreveu sobre Iessiênin é simples baboseira ou baboseira perniciosa.

Versos miúdos dos amigos de Iessiênin. Vocês sempre poderão identificá-los pelo tratamento dado a Iessiênin, eles sempre o chamam à maneira familiar, "Sierioja" (de onde este nome inadequado foi também utilizado por Biezimiênski). "Sierioja"[50], como fato literário, não existe. Existe o poeta – Sierguéi Iessiênin. É sobre ele que pedimos que se fale. A introdução do familiar "Sierioja" rompe imediatamente o encargo social e o processo de realização. O nome "Sierioja" reduz o tema grande e penoso ao nível do epigrama ou do madrigal. E nenhuma lágrima dos parentes poéticos ajudará no caso. Poeticamante, esses versos não podem impressionar. Esses versos provocam riso e irritação.

Os versos dos "inimigos" de Iessiênin, ainda que apaziguados com a sua morte, são versos padrescos. Eles simplesmente recusam a Iessiênin um enterro como poeta, por causa do fato do seu suicídio:

> Mas tão radical sem-vergonhice
> Nem de ti podíamos esperar...
> (Se não me engano, Járov)[51]

Estes versos são obras de quem se desincumbe às pressas do encargo social mal compreendido, em que o objetivo a alcançar não se casa absolutamente com o processo e se assume um estilozinho de folhetim, que absolutamente não funciona neste caso trágico.

Arrancado de sua complexa ambiência psicológica e social, o suicídio, com a sua momentânea negação não motivada (e poderia ser diferente?!), oprime pela falsidade.

Pouco adianta igualmente, para a luta com o pernicioso dos últimos versos de Iessiênin, a prosa que sobre ele se escreveu.

A começar com Kogan[52], que a meu ver não estudou o marxismo em Marx, e sim tentou extraí-lo, com suas próprias forças, da afirmação de Lucá – "A pulga nem sempre é má; é escura, pequena, e pula"[53] – considerando esta verdade como o mais elevado objetivismo científico, e que por isto escreveu por contumácia (postumamente) um artigo de louvor agora completamente desnecessário, e a terminar com os malcheirosos livrinhos de Krutchônikh, que ensina doutrina política a Iessiênin, como se ele, Krutchônikh, tivesse passado a vida inteira nos trabalhos forçados sofrendo pela liberdade, e lhe custasse muito trabalho escrever seis (!) livrinhos[54] sobre Iessiênin, com a mão da qual ainda não se apagou a marca das correntes barulhentas.

Mas o que escrever sobre Iessiênin, e como?

Depois de examinar essa morte por todos os lados e revolver de todas as maneiras o material alheio, formulei para mim mesmo um problema.

Objetivo a alcançar: paralisar refletidamente a ação dos últimos versos de Iessiênin, tornar o fim de Iessiênin desinteressante, expor em lugar da boniteza fácil da morte uma outra beleza, pois todas as forças são necessárias à humanidade trabalhadora para a revolução iniciada, e isto, não obstante o caminho árduo e os penosos contrastes da NEP[55], exige que celebremos a alegria da existência, o júbilo da marcha dificílima para o comunismo.

Agora, tendo o poema à mão, é fácil formular isto, mas como foi então difícil iniciá-lo!

O trabalho coincidiu com as minhas viagens pelo interior e as minhas conferências. Cerca de três meses eu voltava todos os dias ao tema e não conseguia inventar nada que prestasse. Vinha-me toda espécie de diabolismo, com rostos azuis e canos de água[56]. Em três meses, não cheguei a inventar uma só linha. Apenas, o peneiramento diário de palavras resultava num depósito de rimas preparadas como: "redingotes – bigodes", "difícil – ofício"[57]. Quando já me aproximava de Moscou, compreendi que a dificuldade e o prolongado da redação provinham da excessiva correspondência do que tinha a descrever com o ambiente que me rodeava.

Os mesmos quartos de hotel, os mesmos canos de água e a mesma solidão forçada.

O ambiente me enrolava, não me permitia sair dele, não fornecia sensações nem palavras para a maldição, para a negação, não fornecia dados para o apelo ao ânimo elevado.

Daí quase uma regra: para a feitura de uma obra poética, é indispensável mudança de tempo ou lugar.

É o mesmo que acontece, por exemplo, na pintura; ao desenhar algum objeto, você tem de afastar-se até uma distância igual a três vezes o tamanho deste. Sem obedecer a isto, você simplesmente não poderá ver o objeto a representar.

Quanto maior for o objeto ou o acontecimento, tanto maior será o distanciamento necessário. Os fracos ficam movendo os pés, sem sair do lugar e esperam que o acontecimento acabe, para então refleti-lo, e os vigorosos correm para a frente, segundo a mesma proporção de distância, a fim de arrastar o tempo compreendido por eles.

A descrição do que ocorre hoje, pelas próprias personagens das batalhas atuais, será sempre incompleta, inexata até, em todo caso unilateral.

Provavelmente, semelhante trabalho será uma soma, o resultado de dois trabalhos: os apontamentos do contemporâneo e o trabalho generalizador do artista futuro. Nisso está a tragédia do escritor revolucionário: pode-se redigir uma brilhante ata de ocorrências, por exemplo *A Semana* de Libiedínski[58], e também falsear inapelavelmente o tom, empreendendo generalizações sem nenhum distanciamento. Se não distância de tempo e lugar, pelo menos distância da cabeça.

Assim, por exemplo, o respeito pela "poesia", em detrimento dos fatos e do registro de ocorrências, obrigou os correspondentes de indústria a publicar a coletânea *Pétalas*, em que há versos como:

> Sou um obus proletário.
> Atiro pra lá e pra cá[59]

Nisso há uma lição: 1. deixemos de lado a ideia delirante de criar "telas épicas" no decorrer de batalhas nas barricadas – a tela inteira seria rasgada[60]; 2. matéria fatual (e daí o interesse do trabalho dos correspondentes de indústria e de lavoura), no decorrer da revolução, deve ser remunerada por uma tarifa mais elevada, ou pelo menos não mais baixa, que a da assim chamada "obra poética". A poetização apressada apenas debilita e adultera o material. Todos os compêndios de poesia à Chenguéli são nocivos porque não extraem a poesia do material, isto é, não fornecem a essência dos fatos, não condensam os fatos até que se obtenha a palavra comprimida, prensada, econômica, mas simplesmente vestem alguma velha forma sobre um fato novo. A forma o mais das vezes não é do mesmo porte: ora o fato se perde de vez, como uma pulga num par de calças, por exemplo, os porquinhos de Radimov em seus pentâmetros gregos, apropriados para a *Ilíada*[61]; ora o fato não cabe na vestimenta poética e se torna ridículo, em lugar de grandioso. Assim aparecem, por exemplo, os "marinheiros" de Kirilov, eles avançam num surrado tetrâmetro anfibráquico, que se rasga continuamente na linha de costura[62].

São obrigatórias a distância, a mudança do plano em que ocorreu este ou aquele fato. Isso, naturalmente, não quer dizer que o poeta deve ficar à espera de que o tempo passe. Ele deve apressar o tempo. Substituir o fluir lento do tempo com uma mudança de lugar, e deixar passar num dia que decorre fatalmente um século de fantasia.

Para os objetos fáceis e miúdos deve-se e pode-se fazer tal mudança artificialmente (aliás, ela se faz por si).

É bom começar a escrever um poema sobre o Primeiro de Maio, por volta de novembro ou dezembro, quando realmente se deseja, a mais não poder, estar em maio.

Se você quiser escrever sobre um amor tranquilo, vá de ônibus n. 7 da Praça Lubiânskaia à Praça Nóguin. O sacolejar detestável sublimará para você, melhor do que qualquer outro meio, o encanto de outro tipo de existência. O sacolejar é indispensável para a comparação.

O tempo é necessário também para o amadurecimento do trabalho já escrito.

Todos os versos que escrevi sobre um tema urgente, e isto com um máximo de impulso interior, e que me agradavam no ato da execução, assim mesmo no dia seguinte me pareciam miúdos, inacabados, unilaterais. Sempre dá uma vontade tremenda de modificar algo.

Por isto, tendo concluído algum trabalho, eu o tranco na mesa por alguns dias, depois o retiro e logo vejo os defeitos que antes não apareciam.

É que estou engolfado no trabalho.

Tudo o que disse acima não significa, mais uma vez, que só se deva escrever coisas inatuais. Não. Justamente as atuais. Eu apenas chamo a atenção dos poetas para o fato de que os versos de agitação, considerados fáceis, na realidade exigem o trabalho mais concentrado e os mais diversos expedientes, que compensem a falta de tempo.

Mesmo preparando a peça de agitação mais urgente, deve-se, por exemplo, passá-la a limpo de noite e não de manhã. Mesmo que se corram por ela os olhos rapidamente de manhã, muita coisa ruim vai permanecer nela. A capacidade de criar distâncias e organizar o tempo (e não iambos e troqueus) deve ser estabelecida como a regra fundamental de todo manual de produção poética.

Aí está por que eu adiantei mais o meu poema sobre Iessiênin no pequeno percurso da Passagem Lubiânski à Administração Teífera, na rua Miasnítzkaia (ia resgatar um vale), que em toda a minha viagem. A Miasnítzkaia era o contraste abrupto e necessário: depois da solidão dos quartos de hotel, a multidão, depois da quietude provinciana, a excitação e ânimo elevado nos ônibus, automóveis e bondes, e em volta, como que um desafio às velhas aldeias mal iluminadas, as empresas electrotécnicas.

E eis-me caminhando, balançando os braços e mugindo, ainda quase sem palavras, ora encurtando o passo, para não estorvar os mugidos, ora mugindo mais depressa, no ritmo dos passos.

Assim se desbasta e se forma o ritmo, base de todo trabalho poético e que passa por ele numa zoada. Pouco a pouco, você começa a destacar desta zoada palavras isoladas[63].

Algumas palavras simplesmente pulam fora e não voltam nunca mais, outras se detêm, reviram-se e revolvem-se algumas dezenas de vezes, antes que você sinta que a palavra ficou no lugar certo (é a este sentimento, que se desenvolve a par da experiência, que se dá o nome de talento). O mais das vezes, o que surge primeiro é a palavra mais importante, aquela que caracteriza o sentido do verso, ou a palavra a ser rimada. As demais palavras vêm e são colocadas no lugar, na dependência dessa palavra mais importante. Quando o essencial já está concluído, vem-nos de repente a sensação de que o ritmo se quebra: falta uma pequena sílaba, um pequeno som. Você passa a coser de novo todas as palavras, até o frenesi. É como se se experimentasse no dente cem vezes uma coroa, e finalmente, depois de cem tentativas, ela é apertada e assenta no lugar. A semelhança é ainda redobrada, quanto a mim pelo menos, pelo fato de que, no momento, em que esta coroa "assentou", tenha literalmente lágrimas nos olhos – de dor e de alívio.

Não se sabe de onde vem esta fundamental zoada-ritmo[64]. No meu caso, é toda repetição em mim de um som, um ruído, um balanço de corpo ou, em geral, até repetição de qualquer fenômeno que eu destaco por meio do som. O ritmo pode ser trazido pelo ruído do mar, que se repete, pela empregada que todas as manhãs bate à porta, e, repetindo-se, arrasta os pés em minha consciência, e até o girar da terra, que em mim, como numa loja de petrechos didáticos, alterna-se, caricatural, e se relaciona obrigatoriamente com o assobiar de um vento artificial.

O esforço de organizar o movimento, de organizar os sons ao redor de si, depois de determinar o caráter destes, as suas peculiaridades, são um dos mais importantes trabalhos poéticos permanentes: são as preparações rítmicas. Não sei se o ritmo existe fora de mim ou somente em mim, provavelmente só em mim. Mas para o seu despertar é necessário um empurrão – assim, não se sabe por obra de que violinista, surge uma zoada no ventre de um piano; assim também, ameaçando ruir, balança uma ponte, em consequência da marcha sincrônica de numerosas formigas. O ritmo é a força básica, a energia básica do verso. Não se pode explicá-lo, disso só se pode falar como se fala do magnetismo ou da eletricidade, o magnetismo e a eletricidade são formas de energia. O ritmo pode ser um só em muitos versos, até em toda a obra de um poeta, e isso não torna o trabalho monótono, pois o ritmo pode ser tão complexo e difícil de materializar que não se consiga alcançá-lo mesmo com alguns poemas longos.

O poeta deve desenvolver em si justamente este sentimento de ritmo e não decorar as medidazinhas alheias: iambo, troqueu, ou mesmo o verso livre canonizado – trata-se de ritmos adaptados a alguns casos concretos e que servem unicamente para estes casos concretos. Assim, a energia magnética com que se carrega uma ferradura vai atrair penas de aço, e você não poderá utilizá-la em nenhum outro trabalho.

Não conheço nenhum dos metros. Estou simplesmente convencido, no que se refere ao meu trabalho, que no caso de temas heroicos e grandiosos, é preciso utilizar medidas longas, com muitas sílabas, e para temas alegres, medidas curtas. Não sei por que, desde minha infância (desde uns nove anos), todo o primeiro grupo associa-se para mim com:

Tombastes na luta cruel, infinita...[65]

e o segundo, com

Reneguemos o mundo antigo ...[66]

Curioso. Mas juro por minha honra que é verdade.

A medida se produz em mim em consequência da cobertura dessa zoada rítmica, com palavras propostas pelo encargo social (o tempo todo, você se interroga: é esta a palavra certa? A quem vou lê-la? E será compreendida corretamente? Etc.), palavras essas controladas com o máximo de tato, com a capacidade, o talento.

A princípio o poema a Iessiênin vinha num simples mugido, aproximadamente assim[67]:

>ta-ra-ra-ra/ ra, ra, ra, ra/ ra ra ra ra ra
>ra-ra-ra-ri/ ri ra ra/ ra ra ra ra ra/
>ra-ra-ra-ri/ ra ra ra/ ra ra ri
>ra ra ra ri/ ra ra ra/ ra ra ra ra/

Depois se distinguem palavras:

>Você partiu ra ra ra ra para o outro mundo.
>Eu sei... Você sobe ra ra ra ra ra.
>Nem álcool tens, nem moedas, nem mulher.
>Ra ra ra/ Sóbrio. Ra ra ra ra ra.

Repito dezenas de vezes, prestando atenção à primeira linha:
>Você partiu ra ra ra ra para o outro mundo,

etc.

O que é esse maldito "ra ra ra", e o que se deve colocar em seu lugar? Ou talvez deixar sem nenhum "ra ra ra"?

>Você partiu para o outro mundo.

Não! Logo vem à mente um verso que se ouviu:

>Pobre cavalo, caiu no campo.

E o que tem o cavalo a ver com isso?! Não se trata de um cavalo, mas de Iessiênin. E sem essas sílabas, tem-se um verdadeiro galope de ópera, e o "ra ra ra" é muito mais elevado. De modo algum se pode jogar fora o "ra ra ra" – o ritmo está certo. Começo a escolher as palavras:

> Você partiu, Sierioja, para o outro mundo...
> Você partiu, inapelável, para o outro mundo.
> Você partiu, Iessiênin, para o outro mundo.

Qual dessas linhas é melhor?
Todas são uma droga! Por quê?
A primeira linha é falsa por causa do nome "Sierioja". Eu nunca me dirigi a Iessiênin nesse tom *ami cochon*, e este nome é inaceitável agora também, pois ele trará uma infinidade de outras palavrinhas falsas, inadequadas a mim e às nossas relações: "tu", "querido", "meu velho" etc.

A segunda linha é ruim porque, nela, a palavra "inapelável" é casual, foi colocada ali apenas para atender à medida: ela não só não ajuda e não explica nada, ela simplesmente atrapalha. Realmente, o que é este "inapelável"? Será que alguém já morreu de modo apelável? Acaso existe morte com regresso imediato?

A terceira linha não serve, por causa de sua absoluta seriedade (o objetivo a alcançar faz penetrar pouco a pouco na mente a noção de que há defeito nas três linhas). Por que esta seriedade é inaceitável? Porque ela dá margem a que me atribuam a fé numa vida além-túmulo, no sentido evangélico, o que não seria verdade – isso em primeiro lugar, e em segundo, essa seriedade torna o verso simplesmente fúnebre, e não tendencioso; ela obscurece o objetivo a alcançar. É por isso que introduzo as palavras "como se diz".

"Você partiu, como se diz, para o outro mundo". A linha está feita: não sendo uma zombaria direta, "como se diz" faz baixar sutilmente o patético do verso e ao mesmo tempo afasta toda suspeita de que o autor acredite em quaisquer galimatias sobre o além. A linha está feita e logo se torna fundamental, a linha que determina toda a quadra; é preciso torná-la dúplice, não sair dançando a propósito de um desgosto e, por outro lado, não soltar uma lenga-lenga lacrimejante. É preciso cortar imediatamente a quadra em duas metades: duas linhas solenes e duas coloquiais, cotidianas, e que sublimem uma à outra, por contraste. Por isto, de acordo com a minha convicção de que para linhas mais alegres é preciso cortar sílabas, passei a lidar com o final da quadra:

> Nem álcool tens, nem moedas, nem mulher.
> Ra ra ra/ Sóbrio. Ra ra ra ra ra.

O que fazer com estas linhas? Como encurtá-las? É preciso cortar este "nem mulher". Por quê? Porque estas "mulheres" estão vivas. Chamá-las assim, neste contexto, quando a maior parte das líricas de Iessiênin lhes é dedicada com profunda ternura, seria uma falta de tato. Por isto mesmo é falso e não soa bem. Ficou:

> Nem álcool tens, nem moedas.

Procuro balbuciar mentalmente: não dá resultado. Estas linhas são a tal ponto diferentes das primeiras que o ritmo não muda apenas, mas simplesmente se rompe, se quebra. Cortei a quadra, e que fazer agora? Há uma diferença de não sei que pequena sílaba. E esta linha, que saiu do ritmo, tornou-se falsa também por outro aspecto – pelo sentido. Ela marca insuficientemente o contraste e, ademais, atira todo este "álcool e moedas" às costas de Iessiênin unicamente, quando na realidade ele se refere a todos nós.

Como então fazer estas linhas ainda mais contrastantes e, ao mesmo tempo, generalizadas?

Tomo o exemplo mais popular:

> Nem fundo nem gargalo,
> Nem álcool nem moeda.

Formas semelhantes encontram-se na linguagem mais coloquial e mesmo vulgar.

A linha ficou no lugar certo, tanto pela medida como pelo sentimento. "Nem álcool, nem moedas" marcou ainda mais o contraste com as primeiras linhas: o tratamento na primeira linha, "Você partiu", e a forma impessoal na terceira imediatamente mostraram que o álcool e as moedas não foram colocados ali para rebaixar a memória de Iessiênin, mas como um fenômeno geral. Esta linha apareceu como um bom impulso para eliminar todas as sílabas antes de "Sóbrio. Voo sem fundo", e este verso apareceu como uma solução do problema. Por isto, a quadra predispõe favoravelmente até os mais extremados partidários de Iessiênin, permanecendo no fundo quase uma zombaria.

A quadra está concluída no essencial, sobra apenas uma linha não completada com rima:

> Você partiu, como se diz, para o outro mundo,
> Eu sei... Você sobe ra ra ra ra ra.
> Nem álcool, nem moedas.
> Sóbrio. Voo sem fundo.

Talvez se possa deixar sem rima? Não se pode. Por quê? Porque sem rima (tomando a rima numa acepção bem ampla) o verso se esfarela.

A rima obriga você a voltar à linha anterior e lembrá-la, obriga todas as linhas, que materializam o mesmo pensamento, a se manterem unidas.

Geralmente, dá-se o nome de rima a uma consonância nas últimas palavras de duas linhas, quando a mesma vogal tônica e os sons seguintes coincidem aproximadamente.

É o que todos dizem, e, no entanto, é uma bobagem.

A consonância final, ou rima, é apenas um dos inúmeros meios de amarrar entre si as linhas, e a bem dizer, o mais singelo e grosseiro.

Pode-se rimar também o início das linhas:

> Patrões,
> Para o ô,

> Para o oco
> Patrões

etc.

Pode-se rimar o final de uma linha com o início da seguinte:

> Pára, barbudo!
> Repara:
> Rázin!

etc.[68]

Podem-se rimar os finais da primeira e da segunda linha com a última palavra da terceira ou quarta:

> Entre os sábios em fileira,
> Solto, um acento sem letra,
> Surdo ao verso russo – Chenguéli.[69]

etc etc., até o infinito.

Em meu poema, é indispensável rimar "moedas". Em primeiro lugar, virão à mente palavras como "quedas", por exemplo:

> Você partiu, como se diz, para o outro mundo,
> Eu sei... Você sobe, escalada sem quedas.
> Nem álcool, nem moedas.
> Sóbrio. Voo sem fundo.

Pode-se deixar esta rima? Não. Por quê? Em primeiro lugar, porque é uma rima demasiado completa, é transparente demais. Quando você diz "quedas", a rima "moedas" aparece por si e, sendo preferida, não espanta, não detém a atenção do leitor. É o destino de quase todas as palavras aparentadas, quando se rima verbo com verbo, substantivo com substantivo, com as mesmas raízes ou no mesmo caso de declinação etc. A palavra "quedas" é ruim também porque introduz um elemento de zombaria desde as primeiras linhas, enfraquecendo assim todos os contrastes ulteriores. Talvez se possa facilitar o trabalho, substituindo a palavra no fim da linha, mas completar esta com algumas sílabas, como "Nem álcool nem moedas se terá"? A meu ver, não se pode fazer isto: eu sempre coloco a palavra mais característica no fim da linha e arranjo para ela uma rima, custe o que custar. Como resultado, minha rima é quase sempre inusitada, em todo caso não foi empregada antes de mim e não existe no dicionário das rimas.

A rima amarra as linhas, por isto o seu material deve ser ainda mais forte que o material utilizado nas demais linhas.

Tomando os sons mais característicos da palavra rimada, "edas", repito comigo mesmo inúmeras vezes, prestando atenção a todas as associações: "edas", "seda", "esda", "sdea", "estrela", "estrelas". A rima feliz foi encontrada: uma palavra nobre e um bom efeito sonoro!

Mas que pena, na palavra "estrelas" soa também o grupo "str". Devem-se aproveitar letras análogas na rima. Por isso, introduzi a palavra "entremeado", que além das letras "ead" tem o grupo "tr", sendo ademais um verbo.

Visto que a expressão "Eu sei" ficou solta, substituo-a por "Vácuo", que rima com "álcool".

E aí está a redação final:

> Você partiu, como se diz, para o outro mundo.
> Vácuo... Você sobe, entremeado às estrelas.
> Nem álcool, nem moedas.
> Sóbrio. Voo sem fundo.[70]

Está claro que simplifico demais, esquematizo o trabalho poético e submeto-o a uma seleção cerebral. O processo da escrita é, naturalmente, mais enviezado e intuitivo. Mas, no essencial, o trabalho apesar de tudo se realiza segundo semelhante esquema.

A primeira quadra determina todo o poema. Tendo em mãos tal quadra, eu já calculo mentalmente quantas serão necessárias para o tema em questão e como distribuí-las para melhor efeito (arquitetônica do verso).

O tema é vasto e complexo, será necessário gastar com ele vinte, trinta semelhantes tijolos-quadras, dísticos e sextilhas.

Tendo elaborado quase todos esses tijolos, começo a prová-los, colocando-os ora num, ora noutro lugar, prestando atenção a como soam, e procurando imaginar a impressão causada.

Depois de prová-los e pensar sobre o assunto, resolvo: de início é preciso interessar todos os ouvintes com a ambiguidade, graças à qual não se saiba de que lado estou[71], depois é preciso tirar Iessiênin dos que se aproveitam da morte de Iessiênin para conseguir vantagens, é preciso louvá-lo e branqueá-lo de maneira como não souberam fazer os seus cultores, que "amontoam rimas embotadas". É preciso conquistar de uma vez a simpatia do auditório, atacando os que tornam vulgar a obra de Iessiênin, tanto mais que eles também tornam vulgar toda outra obra de que se ocupem, em suma, atacar todos estes Sóbinov[72], passando então a conduzir o ouvinte por meio de dísticos ligeiros. Tendo conquistado o auditório e tirado dele o direito ao realizado por Iessiênin e ao que se realizou ao redor deste, inesperadamente dirigir o ouvinte para a linha da certeza no completo desvalor, insignificância e desinteresse do fim de Iessiênin, isso parafraseando as suas últimas palavras e atribuindo-lhes o sentido inverso.

Um desenhozinho primário nos dará o seguinte esquema:

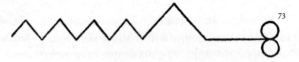[73]

Tendo-se os blocos essenciais das quadras e concluído o plano arquitetônico geral, pode-se considerar executado o trabalho fundamental de criação.

Segue-se a relativamente fácil elaboração técnica da obra poética.

A expressividade do verso deve ser levada ao limite. Um dos grandes meios de expressividade é a imagem[74]. Não a imagem-visão fundamental, que já aparece no início do trabalho, como uma primeira resposta, ainda enevoada, ao encargo social. Não, eu falo das imagens auxiliares, que ajudam a formação deste essencial. A imagem é um dos recursos de sempre da poesia, e as correntes, como, por exemplo, o imagismo, que o transformavam em objetivo, condenavam-se na realidade à elaboração de apenas um dos aspectos técnicos da poesia.

São infinitos os meios de formação da imagem.

Um dos meios primitivos de criação da imagem são as comparações. Meus primeiros trabalhos, por exemplo "Uma Nuvem de Calças", foram construídos inteiramente sobre comparações: é um nunca acabar de "como, como e como". Não será este primitivismo que obriga os apreciadores tardios a considerar a "Nuvem" como o meu poema "culminante"? Nas minhas últimas coisas e, em meu "Iessiênin", este primitivismo naturalmente foi eliminado. Encontrei uma única comparação: "longos e lerdos, como Dorônin"[75].

Por que "como Dorônin" e não como a distância à lua? Em primeiro lugar, a comparação foi tirada da vida literária porque todo o tema é literário. E em segundo lugar, "O Arador de Ferro" (não é assim o título?)[76] é mais longo que o caminho à lua, porque este caminho é irreal, enquanto "O Arador de Ferro" é infelizmente real. Ademais, o caminho à lua pareceria mais curto por causa da novidade, ao passo que as quatro mil linhas de Dorônin surpreendem com a uniformidade da paisagem vocabular e rimática, vista dezesseis mil vezes. E além disso, a própria imagem deve ser tendenciosa, isto é, ao desenvolver um grande tema, é preciso aproveitar também as imagenzinhas isoladas, que se encontram pelo caminho, para a luta, para a agitação literária.

Outro meio muito difundido de criação de imagens é a metaforização, isto é, a transferência de definições, que eram até agora inerentes apenas a alguns objetos, para outras palavras, objetos, fenômenos e conceitos.

Por exemplo, ocorre metaforização nas linhas:

> E já vão empilhando no jazigo
> dedicatórias e ex-votos: excremento.

Sabemos que se podem empilhar chapas de ferro, caixas de bombons etc. Mas como definir a tralha poética, o resíduo que não encontrou aplicação depois de outros trabalhos poéticos? Naturalmente, é excremento que se empilha. Mas não se pode escrever a frase "excremento que", pois então teremos a leitura de "toque", e esta deturpa, com o assim chamado deslocamento, todo o sentido do verso. Trata-se de um relaxamento muito frequente.

Por exemplo, num poema lírico de Útkin, publicado recentemente em *Projector*, aparecem os versos:

> E ele não veio *cá*
> *co*mo o cisne estival não virá para os lagos de inverno.[77]

Aparece, aí, certo "caco".

Efeito dos maiores, neste sentido, é dado pela primeira linha de um poema publicado por Briússov nos primeiros dias da guerra, na revista *Nosso Tempo*:

> Veteranos com música, gado na feira

O deslocamento se anula, e ao mesmo tempo se dá a definição mais simples e incisiva, graças a uma distribuição das palavras:

> E já vão empilhando no jazigo
> dedicatórias e ex-votos: excremento.[78]

Um dos meios de criação de imagens que eu mais tenho empregado ultimamente é a invenção dos acontecimentos mais fantásticos: fatos sublinhados por uma hipérbole:

> e Kógan atropelando fugisse,
> espetando os transeuntes nos bigodes.

Kógan se torna deste modo um substantivo coletivo, o que lhe dá a possibilidade de correr atropelando, e os bigodes se transformam em lanças, o que é reforçado pelo fato de que os transeuntes são espetados neles.

Os processos de construção das imagens variam (assim como os demais elementos da técnica do verso) na dependência de que o leitor esteja impregnado por esta ou aquela forma.

Talvez seja necessária a imagética inversa, isto é, tal que não só não amplie o expresso pela imaginação, mas, pelo contrário, procure enquadrar a impressão causada pelas palavras em molduras intencionalmente reduzidas. Exemplo do meu velho poema "A Guerra e o Mundo":

> No vagão que apodrece há quatrocentos homens
> e ao todo quatro pernas.

Muitos poemas de Selvínski[79] estão construídos sobre semelhante imagem numérica.

Segue-se o trabalho com a seleção do material vocabular. É preciso levar em conta o meio em que se desenvolve uma obra poética, para que não entre nela uma palavra alheia a esse meio.

Por exemplo, escrevi a linha:

> Você, *querido*, com esse talento

"Querido" é falso, em primeiro lugar, porque desmente com violência a severa elaboração acusatória do poema; em segundo, nunca usamos esta palavra em nosso ambiente poético. Em terceiro, é uma palavra miúda, que se emprega geralmente em conversas insignificantes, e utilizada mais para apagar o sentimento que para sublinhá-lo; em quarto, um homem que realmente afundou em desgosto geralmente se defende com uma palavra mais rude. Ademais, esta palavra não contribui para esclarecer o que o indivíduo em causa sabia fazer.

O que sabia fazer Iessiênin? Agora, seus versos líricos têm grande saída, eles atraem um olhar fixo e extasiado; mas a realização literária de Iessiênin avançava segundo a linha do assim chamado escândalo literário (o que não é ofensivo, mas altamente respeitável, e representava um eco, uma linha colateral dos famosos discursos futuristas), ou mais precisamente: esses escândalos foram em vida os marcos literários, as etapas de Iessiênin.

Quando em vida, não lhe iria o verso

> Você, cantando à alma com esse talento

Iessiênin não cantava (no fundamental, ele é naturalmente cigano-guitarrístico, mas a sua salvação poética está no fato de que, pelo menos em vida, ele não era aceito como tal, e em seus livros há pelo menos uma dezena de passagens poéticas novas). Iessiênin não cantava, ele xingava, ele dizia o impossível. Somente depois de longas reflexões, coloquei a palavra *zaguibát*, por mais que esta palavra fizesse torcer-se os educandos das casas de tolerância da literatura, que o dia inteiro ouvem impropérios (*zaguíbi*) sem conta, e sonham descansar espiritualmente na poesia, com lilases, semblantes, seios, trinados, acordes e madeixas. Sem qualquer comentário, vou copiar a elaboração gradual das palavras de uma linha[80]:

1. Para as alegrias nossos dias estão bastante imaturos.
2. Para a alegria nossos dias estão bastante imaturos.
3. Para a felicidade nossos dias estão bastante imaturos.
4. Para a alegria nossa vida está bastante imatura.
5. Para as alegrias nossa vida está bastante imatura.
6. Para a felicidade nossa vida está bastante imatura.
7. Para o alegre nosso planeta está bastante imaturo.
8. Para as alegrias nosso planeta está bastante imaturo.
9. Nosso planeta não está muito maduro para os júbilos.
10. Nosso planeta não está muito maduro para o júbilo.
11. Para os prazeres nosso planeta está bastante imaturo.

e finalmente

12. Para o júbilo o planeta está imaturo.

Eu poderia pronunciar todo um discurso em defesa da última destas linhas, mas agora me contentarei simplesmente em copiá-las do meu caderno de rascunho, para mostrar quanto trabalho é necessário para elaborar umas poucas palavras.

Relaciona-se também com a elaboração técnica a qualidade sonora de uma obra poética – a junção de uma palavra com outra. Esta "magia da palavra", o "talvez esta vida não seja senão material para um verso sonoro"[81], este aspecto sonoro também parece para muitos a própria finalidade da poesia, e isto é, mais uma vez, a redução da poesia ao mero trabalho técnico. O excesso de consonâncias, aliterações etc. cria, após os primeiros instantes de leitura, uma impressão de enfaramento.

Um exemplo de Balmont:

> Ao vento livre, veloz veleiro,
> vulto nas vagas... etc.[82]

É preciso dosar a aliteração com um máximo de cautela e, sempre que possível, evitar as repetições gritantes. Exemplo de uma aliteração clara em meu poema sobre Iessiênin é o verso:

> Onde o som do bronze ou o grave granito?

Recorro à aliteração como um meio de emoldurar uma palavra importante para mim e de sublinhá-la ainda mais. Pode-se recorrer à aliteração para um simples jogo de palavras, para um divertimento poético; os velhos poetas (velhos para nós) utilizavam a aliteração sobretudo para a melodia, a musicalidade da palavra, e por isso lançavam mão da aliteração que me é mais odiosa: a onomatopaica. Já falei desses meios de aliteração, quando me referi à rima.

Naturalmente, não é obrigatório ornar o poema com aliterações rebuscadas e rimá-lo do início ao fim de maneira inusitada. Lembrem-se constantemente de que o regime de economia na arte é sempre uma regra importantíssima para toda produção de valores estéticos. Por isso, realizado o trabalho fundamental de que falei no começo, é preciso apagar conscientemente muitos rebuscamentos estéticos em determinadas passagens, para que outras passagens ganhem mais brilho[83].

Pode-se, por exemplo, deixar duas linhas meio rimadas amarrarem um verbo que não quer entrar no ouvido, com outro verbo, a fim de obter em conjunto uma rima brilhante e atroadora.

Com isto fica mais uma vez sublinhada a relatividade de todas as regras para se escreverem versos.

O aspecto entonacional do trabalho poético está igualmente relacionado com o trabalho técnico.

Não se pode trabalhar uma obra para que funcione no vácuo ou, como ocorre frequentemente com a poesia, num espaço demasiado aéreo.

É preciso ter sempre diante dos olhos o auditório para o qual o poema se dirige. Isso adquire particular importância agora, quando o meio principal de comunicação com a massa é o palco, a voz, o discurso direto.

Conforme o auditório, é preciso utilizar uma entonação convincente ou solicitante, imperativa ou interrogativa.

A maior parte dos meus trabalhos está construída segundo uma entonação coloquial. Mas, embora sejam trabalhos muito pensados, estas entonações não são coisa rigorosamente estabelecida, e o tratamento com muita frequência é modificado por mim no ato da leitura, conforme a composição do auditório. Por exemplo, o texto impresso diz com certa indiferença, calculado que foi para um leitor qualificado:

É preciso arrancar alegria ao futuro.
As vezes, em leitura no palco, eu reforço esta linha até o grito:

Lema:

> arrancai alegria ao futuro!

Por isso, não será para admirar se alguém der, mesmo em forma impressa, um poema acompanhado de seu arranjo para alguns estados de ânimo diferentes, com expressões peculiares para cada caso em pauta.

Feito um poema que se destina à impressão, é preciso levar em conta como será aceito o impresso, e precisamente como impresso. Deve-se considerar o leitor médio, e de todos os modos aproximar a assimilação pelo leitor daquela forma que o seu autor quis atribuir à linha poética. A nossa pontuação habitual, com pontos, vírgulas, sinais de interrogação e de exclamação, é demasiado pobre e pouco expressiva, em comparação com os matizes de emoção, que hoje em dia o homem tornado mais complexo põe numa obra poética.

A medida e o ritmo da obra são mais significativos que a pontuação, e eles a submetem a si, quando ela se toma segundo o velho clichê.

Todos leem os versos de Aleksiéi Tolstói:

> Chibanov calava. Sua perna ferida
> Vertia mais sangue em torrente...[84]

como:

> Chibanov calava sua perna ferida...

Outro exemplo:

> Chega, de vergonha para mim
> Basta-me este amor por uma altiva.

lê-se geralmente como um dramazinho de província[85]:

> Chega de vergonha para mim!

Para que se leia o trecho como Púschkin o pensou, é preciso dividir o verso como eu faço:

> Chega!
>   De vergonha
>   para mim

Com semelhante divisão em semilinhas, não haverá nenhuma confusão, quer de ritmo, quer de sentido. A divisão das linhas é ditada às vezes também pela necessidade de estabelecer o ritmo sem possibilidade de erro, pois a nossa construção do verso, condensada e econômica, obriga frequentemente a eliminar palavras e sílabas intermediárias, e se depois dessas sílabas não se fizer uma pausa, com frequência maior que aquela que se faz entre os versos, o ritmo ficará rompido.

Aí está por que escrevo:

> Vácuo...
>   Você sobe,
>   entremeado às estrelas.

"Vácuo" está isolado, como palavra única e que caracteriza a paisagem celeste. "Você sobe" fica separado para não se ter a ligeira confusão de sentido: "Você sobe entremeado"; este particípio deve ligar-se à expressão "às estrelas".

Um dos momentos sérios do poema, momento particularmente tendencioso e declamatório, é o final. Neste final, geralmente se colocam as linhas mais realizadas de um poema. Às vezes você refaz todo o poema, apenas para justificar um deslocamento com este fim.

No poema sobre Iessiênin, esse final é constituído, naturalmente, pela paráfrase das linhas derradeiras de Iessiênin.

Elas soam assim:
As de Iessiênin:

> Se morrer, nesta vida, não é novo,
> Tampouco há novidade em estar vivo.

As minhas:

> Nesta vida morrer não é difícil.
> O difícil é a vida e seu ofício.

No decorrer de todo o meu trabalho com o poema, não cessei de pensar nestas linhas. Trabalhando com outros versos, a todo momento voltava a estes, consciente ou inconscientemente.

É impossível esquecer que se deve fazer justamente isso, foi a razão por que não anotei estas linhas, eu as compusera mentalmente (como antes eu fazia todos os meus versos, e agora a maioria dos poemas de efeito).

Parece-me por isso impossível estabelecer o número de variantes que fiz; em todo caso, em relação a estas duas linhas, houve pelo menos cinquenta, sessenta.

Os meios de elaboração técnica da palavra são infinitamente variados, é inútil falar deles, pois a base do trabalho poético, conforme já disse aqui mais de uma vez, consiste justamente na invenção de processos para esta elaboração, estes processos é que fazem do escritor um profissional. Os talmudistas da poesia vão provavelmente franzir o cenho a propósito deste meu livro, eles gostam de fornecer receitas poéticas prontas. Tomar determinado conteúdo, vesti-lo com uma forma poética, iambo ou troqueu, rimar as pontas, introduzir uma aliteração, rechear de imagens – e está pronto o poema.

Mas esta simples prenda doméstica é sempre atirada, e sempre o será (e ainda bem), às cestas de lixo de todas as redações.

Meu livro é desnecessário a quem tenha tomado a pena pela primeira vez, e quer escrever versos dentro de uma semana.

Meu livro é necessário para quem queira, não obstante quaisquer obstáculos, ser poeta, a quem, sabendo que a poesia é uma das formas de produção mais difíceis, quer compreender, para si mesmo e com o propósito de transmitir aos demais, alguns meios para esta produção, aparentemente misteriosos.

À guisa de conclusões:

1. A poesia é uma forma de produção. Dificílima, complexíssima, porém produção.

2. O ensino do trabalho poético não consiste no estudo da preparação de um tipo definido e limitado de objetos poéticos, mas o estudo dos métodos de todo trabalho poético, o estudo das práticas seguidas que ajudam a criar novos objetos.

3. A novidade do material e do processo é indispensável em qualquer obra poética.

4. O trabalho de um produtor de versos deve efetuar-se diariamente, para aperfeiçoamento no ofício e acúmulo das preparações poéticas.

5. Um bom caderno de notas e a capacidade de usá-lo são mais importantes que a capacidade de escrever sem erro, segundo metros defuntos.

6. Não se deve colocar em movimento uma grande usina poética, para fabricar isqueiros poéticos. É preciso virar o rosto a tão irracional miuçalha. Deve-se pegar da pena somente quando não existe outro meio de dizer o que se quer, a não ser o verso. Devem-se elaborar objetos acabados somente quando se sente um encargo social bem claro.

7. Para compreender corretamente o encargo social, o poeta deve estar no centro dos acontecimentos e trabalhos. O conhecimento da teoria econômica, o conhecimento da vida real, a penetração na História da Ciência, são mais necessários para o poeta – na parte essencial de seu trabalho – que os manuais escolásticos de catedráticos idealistas, que rezam às velharias.

8. Para o cumprimento mais adequado do encargo social, é preciso estar na dianteira de sua classe e com esta conduzir uma luta em todas as frentes. É preciso liquidar de vez com a balela da arte apolítica. Este velho conto de fadas surge agora numa forma nova, sob a cobertura da tagarelice sobre as "vastas telas épicas" (a princípio épico, depois objetivo e, finalmente, apartidário), sobre o grande estilo

(a princípio grande, depois elevado e, finalmente, celestial) etc. etc.[86]

9. Somente uma relação de produção com a arte eliminará a casualidade, a falta de princípios nos gostos, o individualismo das apreciações. Somente uma relação de produção colocará lado a lado diferentes formas de trabalho literário: o poema e a notícia do correspondente de usina. Em lugar das reflexões místicas sobre um tema poético, ela dará a possibilidade de aproximação exata do problema já amadurecido da qualificação e tarifação poéticas.

10. Não se pode atribuir à assim chamada elaboração técnica um valor em si. Mas é justamente essa elaboração que torna uma obra poética própria para uso. Somente a diferença destes métodos de elaboração determina a diferença entre os poetas, somente o conhecimento, a melhoria, o acúmulo e a variação dos processos poéticos transformam uma pessoa em escritor profissional.

11. O ambiente cotidiano exerce sobre a criação de uma obra verdadeira a mesma influência que todos os demais fatores. A palavra "boêmia" passou a designar todo meio artístico estreito e vulgar. Infelizmente, ao atacarem-na, a luta era conduzida frequentemente contra a palavra, e unicamente contra ela. Estamos realmente face a face com a atmosfera do velho carreirismo literário individual, dos miúdos e malévolos interesses de igrejinha, dos ataques subterrâneos recíprocos, da substituição da noção de "poético" pela de "relaxado", "bebido", "farrista" etc. Até o traje do poeta, até sua conversa doméstica com a mulher, devem ser outros, determinados por toda a sua produção poética.

12. Nós, *lefianos,* nunca dizemos que somos os únicos possuidores dos segredos da criação poética. Mas nós somos os únicos que não queremos rodear especulativamente a obra de uma veneração artístico-religiosa.

A minha tentativa é uma fraca tentativa individual, de alguém que somente se utiliza dos trabalhos teóricos dos seus companheiros linguistas.

É preciso que estes linguistas transfiram suas tarefas para material contemporâneo e auxiliem o ulterior trabalho poético[87].

Mas isto é pouco.

É preciso que os órgãos de educação das massas deem uma boa sacudidela no ensino das velharias estéticas.

1926

A SIERGUÉI IESSIÊNIN

Você partiu,
   como se diz,
      para o outro mundo.
Vácuo...
   Você sobe,
      entremeado às estrelas.
Nem álcool,
   nem moedas.
      Sóbrio.
Voo sem fundo.
Não, Iessiênin,
   não posso
      fazer troça, –
Na boca
   uma lasca amarga,
      não a mofa.
Olho –
   sangue nas mãos frouxas,
você sacode

o invólucro
    dos ossos.
Pare,
    basta!
        Você perdeu o senso?
Deixar
    que a cal
        mortal
            lhe cubra o rosto?
Você,
    com todo esse talento
para o impossível,
    hábil
        como poucos.
Por quê,
    Para quê?
        Perplexidade.
– É o vinho!
    – a crítica esbraveja.
Tese:
    refratário à sociedade.
Corolário:
    muito vinho e cerveja.
Sim,
    se você trocasse
        a boêmia
            pela classe,
A classe agiria em você,
    e lhe daria um norte.
E a classe
    por acaso
        mata a sede com xarope?
Ela sabe beber –
    nada tem de abstêmia.
Sim,
    se você tivesse
        um patrono no "Posto"[1] –
ganharia
    um conteúdo
        bem diverso:
todo dia
    uma quota

            de cem versos,
longos
    e lerdos,
        como Dorônin².
Remédio?
    Para mim,
        despautério:
mais cedo ainda
    você estaria nessa corda.
Melhor
    morrer de vodca
que de tédio!
Não revelam
    as razões
        desse impulso
nem o nó,
    nem a navalha abert
Talvez,
    se houvesse tinta
        no "Inglaterra"³,
Você
    não cortaria
        os pulsos.
Os plagiários felizes
    pedem: bis!
Já todo
    um pelotão
        em autoexecução
Para que
    aumentar
        o rol de suicidas
Antes
    aumentar
    a produção de tinta!
Agora
    para sempre
        tua boca
            está cerrada.
Difícil
    e inútil
        excogitar enigma
O povo,

                o inventa-línguas,
perdeu
        o canoro
                contramestre de noitadas.
E levam
        versos velhos
                ao velório,
sucata
        de extintas exéquias.
Rimas gastas
        empalam
                os despojos, –
é assim
        que se honra
                um poeta?
Não
        te ergueram ainda um monumento –
onde
        o som do bronze
                ou o grave granito? –
E já vão
        empilhando
                no jazigo
dedicatórias e ex-votos:
                excremento.
Teu nome
                escorrido no muco,
teus versos,
                Sóbinov os babuja,
voz quérula
        sob bétulas murchas –
"Nem palavra, amigo,
        nem so-o-luço".
Ah,
        que eu saberia dar um fim
a esse
        Leonid Loengrim![4]
Saltaria
        – escândalo estridente:
– Chega
        de tremores de voz!
Assobios

                    nos ouvidos
                            dessa gente,
ao diabo
        com suas mães e avós!
Para que toda
        essa corja explodisse
inflando
        os escuros
                redingotes,
e Kógan
        atropelado
                fugisse,
espetando
        os transeuntes
                nos bigodes.
Por enquanto
        há escória
                de sobra.
O tempo é escasso –
                mãos à obra.
Primeiro
        é preciso
                transformar a vida,
para cantá-la –
                em seguida.
Os tempos estão duros
        para o artista:
Mas,
        dizei-me,
                anêmicos e anões,
os grandes,
        onde,
        em que ocasião,
escolheram
        uma estrada
                batida?
General
        da força humana
                – Verbo –
marche!
        Que o tempo
                cuspa balas

                    ra trás,
e o vento
        no pa   o
                   desfaça
um maço d   belos.
Para o júbil
    o plar
        es   naturo.
É preciso
    arran   legria
               futuro.

Nesta vida
    morre   o é difícil.
O difícil
    é a vi   seu ofício.

(Tradução de H. de Car   )

NOSSO TRABALHO VOCABULAR[1]

Os antigos dividiam a literatura em poesia e prosa.
Uma e outra tinham seus cânones linguísticos.

A poesia – seus metros açucarados (jambos e troqueus ou o vinagrete do "verso livre"), um vocabulário "poético" peculiar (corcel e não cavalo, infante e não moleque, e demais "flores-amores", "rosas-formosas") e seus temazinhos "poéticos" (antes: noite, amor; hoje: chamas, ferreiros).

A prosa – heróis peculiarmente postiços (ele + ela + o amante – romancistas psicológicos; o intelectual + a jovem + o guarda-civil – romancistas de costumes; alguém de cinza + a dama desconhecida + Cristo – simbolistas)[2] e seu estilo literário-artístico peculiar (1. "o sol se punha atrás do morro" + amaram ou mataram = "os choupos farfalham lá fora"; 2. "vou dizer isto a você, Vaniazinho" + "o juiz da vara dos órfãos tomava da branquinha" = ainda veremos o céu coberto de diamantes; 3. "como é estranho, Adelaída Ivánovna" + ampliava-se o mistério assustador = coroado de rosas brancas)[3].

A poesia e a prosa dos antigos estavam igualmente afastadas da fala prática, do jargão das ruas, da linguagem exata da ciência.

Nós dissipamos a velha poeira vocabular, aproveitando apenas a tralha de ferro das velharias.

Não queremos saber de nenhuma diferença entre a poesia, a prosa e a linguagem prática.

Nós conhecemos um único material da palavra e aplicamos a ele a elaboração de hoje em dia.

Trabalhamos com a organização dos sons da língua, a polifonia do ritmo, a simplificação das construções vocabulares, a precisão da expressividade linguística, a elaboração de novos processos temáticos.

Todo este trabalho não é para nós um fim em si estético, mas um laboratório para a melhor expressão dos fatos da atualidade.

Não somos criadores-sacerdotes, e sim mestres de ofício que realizam uma encomenda social.

Os resultados práticos publicados na *Lef* não constituem "confissões artísticas absolutas", são apenas amostras de nosso trabalho corrente.

Assiéiev. Experimento de voo vocabular em direção ao futuro.

Kamiênski. Jogo com a palavra em toda a sua sonoridade.

Krutchônikh. Experimento de utilização da fonética do jargão, para a expressão de temas antirreligiosos e políticos.

Pasternak. Utilização de uma sintaxe dinâmica na execução da encomenda revolucionária.

Trietiakóv. Experimento de uma construção em forma de marcha, que organiza o tumultuar revolucionário.

Khlébnikov. O máximo de expressividade, atingido pela linguagem coloquial, livre de todo o poético anterior.

Maiakóvski. Experimento de ritmo polifônico em poema de vasto âmbito social[4].

Brik. Experimento de prosa lacônica sobre tema atual[5].

Wittfohel[6]. Experimento de cenazinha comunista de agitação, sem o habitual misticismo revolucionário kaisertolleriano[7].

1923

EM QUEM FINCA SEUS DENTES A LEF?[1]

A revolução transportou para outro campo o palco das nossas ações críticas.
Temos de reexaminar nossa tática.
"Jogar Púschkin, Dostoiévski e Tolstói de bordo do navio da modernidade" era nosso lema de 1912 (pref. à "Bofetada no Gosto Público")[2].
Os clássicos eram nacionalizados.
Os clássicos se veneravam como a leitura única.
Os clássicos eram considerados arte intangível, absoluta.
Os clássicos pesavam sobre o que era novo, com o bronze dos monumentos e a tradição das escolas.
Agora, para *150.000.000* um clássico não é mais que habitual livro de estudo.
Bem, agora podemos até saudar esses livros, como livros nem melhores nem piores que outros, e ajudar os analfabetos a aprender por eles a leitura; apenas, devemos, em nossos juízos, estabelecer a perspectiva histórica exata.

Mas *nós havemos de lutar*, com todas as nossas forças, *contra a transferência para a arte de hoje dos métodos de trabalho dos defuntos*. Havemos de lutar contra a especulação com a pseudoclareza e proximidade dos venerandos, contra a apresentação, nos livros dos jovenzinhos e dos que se fazem jovens, das empoeiradas verdades clássicas.

Antes, lutamos contra o elogio dos críticos e estetas burgueses. "Afastávamos indignados de nossa fronte o laurel da glória barata, feita de vassourinhas de banho".[3]

Será com alegria que aceitaremos agora a glória nada barata da atualidade de após-Outubro.

Mas *havemos de bater* em ambos os flancos:

aqueles que, premeditando uma restauração no campo das ideias, atribuem à velharia acadêmica um papel atuante no dia de hoje,

aqueles que pregam uma arte acima das classes, uma arte de toda a humanidade[4],

aqueles que colocam, em lugar da dialética do trabalho artístico, a metafísica da profecia e do sacerdócio.

Vamos bater num só flanco, no flanco estético:

aqueles que, por desconhecimento, em virtude de sua especialização estritamente política, apresentam as tradições herdadas das bisavós como vontade do povo,

aqueles que veem no dificílimo trabalho da arte apenas seu descanso nas férias,

aqueles que substituem a inevitável ditadura do gosto pelo lema constitucionalizante[5] da compreensibilidade elementar e universal,

aqueles que conservam a válvula da arte para as expansões idealísticas sobre alma e eternidade.

Nosso lema anterior: "Permanecer sobre a rocha da palavra nós, em meio ao mar das vaias e da indignação."

Agora, esperamos apenas o reconhecimento da retidão de nosso trabalho estético, para diluir com alegria o minúsculo "nós" da arte no imenso "nós" do comunismo.

Mas, *havemos de purificar nosso velho "nós"*:

de todos os que *tentam transformar a revolução da arte*, parte de toda a vontade de Outubro, num oscarwildeano *autogozo da estética pela estética*, da revolta pela revolta; daqueles que tomam da revolução estética apenas o superficial dos métodos ocasionais de luta,

daqueles que promovem determinadas etapas de nossa luta em novo cânone e clichê,

daqueles que, diluindo nossos lemas de ontem, procuram açucarar-se como guardiães de um vanguardismo encanecido e encontraram para os seus Pégasos tranquilizados o aconchego das baias dos cafés,

daqueles que se arrastam na cauda, permanentemente atrasados de cinco anos, colhendo as frutinhas secas do academismo remoçado, a partir das flores que jogamos fora.

Já lutamos com o velho cotidiano.

Vamos lutar agora com os vestígios desse cotidiano no dia de hoje.

Com aqueles que substituíram a poesia da casa própria pela poesia do comitê de casa próprio.

Antes, lutamos com os touros da burguesia. Espantamos o burguês com as blusas amarelas e os rostos coloridos[6].

Lutaremos agora com as vítimas desses touros em nosso sistema soviético.

Nossas armas são o exemplo, a agitação, a propaganda.

1923

"OPERÁ[...]OS E CAMPONESES NÃO COMPREENDE[...] O QUE VOCÊ DIZ"[1]

Eu nunca vi alguém vangloriar-s[e ass]im:
  "Como sou inteligente – não c[om]preendo a aritmética, nem o francês, nem a gramática!'
  Mas o grito alegre:
  "Eu não compreendo os futu[rista]s" – ressoa há quinze anos, extingue-se para em seguida [rena]scer novamente, mais excitado e jubiloso do que nunca.
  Com esse grito, houve gente [que] fez carreira, recolheu fundos e assumiu a liderança de c[orr]entes literárias.
  Se toda a assim chamada a[rte d]e esquerda se construísse com o simples cálculo de [não] ser compreensível a ninguém (exorcismos, números e[tc.]), não seria difícil compreendê-la e colocá-la no devido l[uga]r histórico e literário.
  Bastaria compreender que [...] procurava chegar à incompreensão, colar um rótulo [e es]quecer o caso.
  Mas o simples "Não compreend[o!" / "...]s!" não é um veredicto.

Seria veredicto: "Compreendemos que é uma bobagem tremenda!", seguido de dezenas de exemplos sonoros, aprendidos de cor e cantados.

Mas não é o que se vê.

O que se encontra é demagogia e especulação com o que não se compreendeu.

São múltiplos os processos dessa demagogia, que se mascara de seriedade.

Vejamos alguns.

"Não precisamos da arte para uns poucos e do livro para uns poucos!"

"Sim ou não?"

Sim e não, ao mesmo tempo.

Se um livro se destina a uns poucos, e não tem outra função, ele é desnecessário.

Exemplo: os sonetos de Abraão Efros[2], uma monografia a respeito de Sóbinov[3] etc.

Mas se um livro é endereçado a uns poucos como a energia de Volkhovstrói se dirige a umas poucas estações transmissoras, para que essas subestações distribuam pelas lâmpadas elétricas a energia reelaborada, semelhante livro é necessário.

Tais livros são endereçados a uns poucos, mas não consumidores, e sim produtores.

São sementes e esqueletos da arte de massas.

Exemplo: os versos de V. Khlébnikov. Compreensíveis a princípio apenas a sete companheiros futuristas, durante dez anos eles forneceram carga a numerosos poetas, e agora a própria academia quer sepultá-los com uma edição, na qualidade de modelo de verso clássico[4].

"A arte autêntica, soviética, proletária, deve ser compreensível a vastas massas."

"Sim ou não?"

Sim e não, ao mesmo tempo.

Sim, mas com a correção introduzida pelo tempo e pela propaganda. A arte não nasce arte de massas, ela se torna tal, em resultado de grande soma de esforços: análise crítica para se estabelecer seu valor e utilidade, divulgação organizada pelos aparelhos do Partido e do Estado, desde que se constate a referida utilidade, oportunidade da penetração do livro entre as massas, correspondência entre a questão colocada pelo livro e a maturação dos mesmos problemas nas massas. Mas quanto melhor é o livro, tanto mais ele se antecipa aos acontecimentos.

Por exemplo, um poema contra a guerra, graças ao qual você poderia ser, em 1914, dilacerado pelas massas estupidificadas por "patriotas", reboava em 1916 como uma revolução. E vice-versa.

Os versos de Briússov:

> Estais realmente próximos,
> Sonhos da juventude?
> Às margens do Bósforo,
> Onde dormitam tristes odaliscas,
> Há de ressoar o passo dos soldados da Europa...[5]

que já suscitaram lágrimas de ternura sargentesca, tornaram-se em 1917 um escárnio.

Será que o caráter de massa que tinha outrora o "Padre Nosso" justificava o seu direito à existência?

O caráter de massa deve ser o coroamento de nossa luta, e não a camisa com a qual nascem os felizes livros de algum gênio literário.

É preciso saber organizar a compreensibilidade de um livro.

"Os clássicos, como Púschkin e Tolstói, são compreensíveis às massas."

"Sim ou não?"

Sim e não, ao mesmo tempo.

Púschkin era compreensível na íntegra somente à sua classe, à sociedade em cuja língua falava, à sociedade com cujos conceitos e emoções operava[6].

Eram cinquenta a cem mil românticos suspirosos, oficiais da guarda amantes da liberdade, professores de ginásio, senhoritas de palacete, poetas, críticos etc., isto é, aqueles que constituíam a massa ledora daquele tempo.

Não se sabe se a massa camponesa compreendia Púschkin em seu tempo, por causa de uma circunstância: ela não sabia ler.

Estamos liquidando este obstáculo, mas até em nosso meio os jornalistas se queixam de que um camponês alfabetizado ainda não compreende frases em que, por exemplo, há duas negações: "Não vou nunca dizer que..."

Como poderia então compreender, e mesmo como pode ele compreender hoje em dia, os longuíssimos períodos estrangeirados do *Ievguiêni Oniéguin*:

> Negava Teócrito e Homero,
> Mas sempre lia Adam Smith...

Agora, são compreensíveis a todos apenas os singelíssimos e cacetíssimos contos sobre os Saltan e os pescadores e peixinhos[7].

Todos os operários e camponeses hão de compreender todo Púschkin (isto não exige muito); e hão de compreendê-lo da maneira como o compreendemos nós da *Lef*: o mais belo e genial, o maior na expressão de seu tempo através da poesia[8].

E depois de compreendê-lo, deixarão de o ler, para entregá-lo à história da literatura. E hão de estudar e conhecer Púschkin somente aqueles que se interessam por ele como especialistas, de acordo com um plano geral de estudo.

Os clássicos não serão leitura das massas soviéticas. Hão de sê-la os poetas de hoje e de amanhã.

Num inquérito sobre Tolstói (*Ogoniók*)[9], N.C. Krúpskaia[10] reproduz palavras de um rapaz da *Comsomol*[11], que devolveu caceteado *Guerra e Paz*:

"A gente só pode ler essas coisas refestelado num divã".

Os primeiros leitores de Púschkin diziam:

"Não se pode ler esse Púschkin, ele faz doer as maças do rosto".[12]

A compreensibilidade geral de Púschkin seria o coroamento de uma repetição de cor, durante cem anos.

As palavras sobre a compreensibilidade geral de Púschkin são um recurso polêmico, dirigindo contra nós, são infelizmente um elogio desnecessário tanto a nós como a Púschkin. São palavras sem sentido, de uma certa reza puschkiniana peculiar.

"Se você é compreensível, onde estão suas tiragens?"

É uma pergunta repetida por todos, ela mede pelo número de exemplares vendidos a proximidade e a necessidade de um livro para o operário e o camponês.

Não se vendeu? Para que mais conversa?! Tome o exemplo de *Nóvi Mir* e de Zóschenko[13].

O problema da difusão dos nossos livros é o problema do poder aquisitivo daqueles grupos aos quais o livro se destina.

Nossos leitores são a mocidade universitária, os *comsomolianos* operários e camponeses, o correspondente de usina e o escritor principiante, que pela própria natureza de seu trabalho têm de acompanhar os numerosos agrupamentos de nossa cultura.

E este é o leitor menos aquinhoado.

Recebi recentemente carta de um universitário de Novotcherkask. Carta acompanhada de um envelope feito com um número de *Lef*, que se utilizara para embrulhar pepinos salgados.

O estudante escrevia: "Passei dois anos sonhando com uma assinatura da *Lef*: ela está acima das nossas posses. Finalmente, recebi de graça."

Aí está por que não nos alegramos com as tiragens de volumes ao preço de dois rublos. Seu comprador nos é suspeito.

Solução provisória: aquisição pelas bibliotecas.

Mas, no caso, é necessária a divulgação organizada do livro, pelas instituições correspondentes, que tenham compreendido a necessidade desse livro.

Mas nosso problema ainda está em discussão. O caminho nos é barrado pelos Polônski e Vorônski[14], baseados na autoridade das tiragens a dois rublos.

"Mas por que vocês não são lidos nas bibliotecas?"
"Vocês serão comprados, se as massas quiserem."
É o que dizem os bibliotecários.

Em Leningrado, li o meu "Que Bom!", num clube da usina de Putilov. Depois da leitura, discussão.

Uma das bibliotecárias gritava alegre, de seu lugar, reforçando assim o seu ódio à nossa literatura:

– Aí está, aí está! Ninguém lê o senhor, ninguém o pede! Aí está!

Uma vozinha melancólica, de baixo, lhe respondeu de outra fileira:

– Se comprassem, leriam.

Pergunto à bibliotecária:

– Mas a senhora recomenda o livro ao leitor? Explica a necessidade de sua leitura, dá o primeiro empurrão para se chegar ao afeto do leitor?

A bibliotecária respondeu com dignidade, mas ofendida.

– Claro que não. Em minha biblioteca, os leitores apanham à vontade qualquer livro.

O mesmo baixo protestou contra a professora:

– É mentira! Ela recomenda que se leia Kaviérin[15].

Creio que nos são desnecessários semelhantes bibliotecários, que não passam de registradores indiferentes de livros entrados e saídos.

Nenhum operário poderá orientar-se hoje em dia em relação aos seis ou sete mil escritores registrados na Federação[16].

Um bibliotecário deve ser agitador e propagandista do livro comunista, revolucionário, indispensável.

Em Baku, eu vi uma bibliotecária agitadora. Ela trabalhava com os leitores de segundo grau. Os estudantes recusavam terminantemente levar os meus versos. A bibliotecária fez com diversos poemas uma montagem literária de Outubro, e estudou-a com os leitores quase à força.

Realizado o primeiro esforço, passaram a ter prazer na leitura. E depois desta, começaram a recusar os versos elementares.

"A leitura de trabalhos difíceis – diz a bibliotecária – não só deu prazer, mas também elevou o nível cultural".

Em nosso meio, costumam vangloriar-se: a literatura floresceu, é um jardim.

É preciso que ela não se transforme numa rua dos Jardins e Fontes Naturais.

É preciso introduzir em nossos cursos d'água o gosto, e introduzi-lo sem desvios para quaisquer Becos dos Cachorros. Quanto menos fontes naturais, melhor[17].

O gosto do receptor (e também do bibliotecário) deve estar submetido a um plano.

I.M. Stieklóv[18] franzia frequentemente o ombro, quando eu levava meus versos ao *Izviéstia*:

– Não sei por que, não gosto deles.

Creio que eu respondia corretamente:

– Ainda bem que não escrevo para você, e sim para a juventude operária, que lê o *Izviéstia*.

O mais difícil dos poemas, depois de comentado com duas ou três frases introdutórias (para que está aí cada verso), torna-se compreensível e interessante.

Em virtude do meu trabalho itinerante de leitor, encontro-me frequentemente face a face com o consumidor.

O exemplo das conferências públicas pagas é também significativo: ficam vazios os primeiros lugares, mais caros, e repletos a galeria e os lugares sem cadeira.

Lembremo-nos de que as brigas por causa de lugares, nos espetáculos de nossos populares Helzer[19], Sóbinov e outros, começam quando se trata dos primeiros lugares: vê-se melhor a expressão da alma.

Se acontece numa das minhas leituras alguém ocupar um lugar de frente, é justamente ele quem grita:

– Operários e camponeses não compreendem o que diz!

Fiz leitura a camponeses no palácio de Livádia. Este mês, li meus versos nas docas de Baku, na Usina Schmidt, também de Baku, no Clube Chaumian, no clube operário de Tíflis, li montado num torno, no intervalo do almoço, sob o rodar abafado das máquinas.

Vou copiar um dos muitos informes de comitê de usina:

"A presente é dada pelo comitê da Usina Metalúrgica Transcaucásica Tenente Schmidt ao camarada Vladímir Vladímirovitch Maiakóvski, atestando que no dia de hoje ele compareceu perante um auditório de operários, a fim de ler suas obras:

> Concluída a leitura, o camarada Maiakóvski dirigiu-se aos presentes com um pedido para que dessem as suas impressões e indicassem o grau de assimilação do texto, procedendo-se então a uma votação com este fim, a qual mostrou compreensão integral, pois votaram "sim" todos os presentes, com exceção de um, o qual declarou, no entanto, que, ouvindo o autor em pessoa, passava a compreender suas obras melhor que durante a leitura individual.

Compareceram à reunião 800 pessoas.

Aquele um era o guarda-livros da usina.

Pode-se passar muito bem sem os informes, mas o burocratismo é também literatura. E ainda mais difundida que a nossa.

1928

INTERVENÇÃO NUM DEBATE SOBRE OS MÉTODOS FORMAL E SOCIOLÓGICO[1]

13 de março de 1925.

O partido colocou em pauta o problema da arte, e este debate é particularmente oportuno.

O problema do método formal não pode ser resolvido academicamente. Trata-se do problema da arte em geral, da *Lef*.

Os problemas da arte estão colocados atualmente no campo da execução prática, e a eles se liga a questão do método formal. O método formal e o método sociológico são a mesma coisa, e fora disso não existe nenhum método formal.

Não se pode contrapor o método sociológico ao formal, porque não são dois métodos, mas um só: o método formal continua o sociológico. Onde acaba a pergunta "por quê?" e surge o "como?", termina a tarefa do método sociológico e em seu lugar surge o método formal, com todas as suas armas.

É assim em qualquer ramo da produção. Se a moda para este ou aquele modelo de calçado pode ser explicada por razões sociais, para cosê-los é preciso habilidade, mestria, o conhecimento de determinados processos. É preciso conhecer o método de elaboração do material, o método de sua utilização. Tal conhecimento é indispensável também em arte, que é antes de mais nada um ofício, e é justamente para estudar este ofício que o método formal nos é necessário.

O poeta orienta sozinho os seus canhões. No trabalho poético, o social e o formal estão unidos.

O companheiro marxista, que se dedica à arte, deve ter obrigatoriamente conhecimentos formais. Por outro lado, o companheiro formalista, que estuda o aspecto formal da arte, deve conhecer firmemente e ter em vista os fatores sociais.

Pecam ambas as partes, quando separam um do outro. O juízo correto aparece unicamente quando se compreende sua relação mútua.

Eu tenho sempre prontas minhas objeções contra esta antítese continuamente formulada.

Uma obra não se torna revolucionária unicamente pela sua novidade formal. Uma série de fatos, o estudo de seu fundamento social, lhe imprime força. Mas, a par do estudo sociológico, existe o estudo do aspecto formal.

Isto não contradiz o marxismo, mas sim a vulgarização do marxismo, e contra esta nós lutamos e continuaremos a lutar.

Notas

OS DOIS TCHÉKHOV

1. O artigo apareceu na revista *Nóvaia Jizn* (Vida Nova), jun. 1914, por ocasião do décimo aniversário da morte de Tchékhov, acompanhado de uma nota da redação: "Publicando o artigo do sr. V. Maiakóvski, a redação julga indispensável explicar que não partilha algumas de suas asserções".

Ao publicá-lo, Maiakóvski já dirigira críticas mordazes a algumas obras de Tchékhov (ver, infra, "Teatro, Cinematógrafo, Futurismo", p. 321) e continuaria a fazê-las. No entanto, este ataque a determinados aspectos da obra tchekhoviana e, sobretudo, à maneira como era compreendida, a qual contribuía para o psicologismo dominante no teatro, para o eterno cavoucar nas "profundezas d'alma", não era incongruente com a exaltação vigorosa de Tchékhov, que há neste artigo.

Jakobson explicou bem estas aparentes contradições de Maiakóvski: "A obra poética de Maiakóvski é una e indivisível, desde os primeiros versos, na 'Bofetada no Gosto Particular' [provavelmente um erro de imprensa: onde se lê "particular", leia-se "público"], até as últimas linhas. O desenvolvimento dialético de um único tema. Uma unidade inusitada do simbolismo. Um símbolo lançado apenas por alusão é depois desenvolvido num novo símbolo. Às vezes, o poeta sublinha diretamente, em verso, esta relação, e manda ver seus trabalhos anteriores (por exemplo, no poema 'Sobre Isto', remete o leitor a 'O Homem', e neste, a seus primeiros poemas líricos). Uma imagem pensada a primeira vez humoristicamente é dada, depois, fora desta motivação ou, pelo contrário, um motivo desenvolvido poeticamente repetido em seus aspectos parodísticos. Não se trata de escárnio em relação à fé anterior, são dois planos do mesmo simbolismo – o trágico e o cômico, como no teatro medieval. Os símbolos são governados pela mesma orientação para um fim". Ver O Pokoliênii Rastrátivchem Svoikh Poetov, p. 10, 11.

2. Um dos postos do complexo escalonamento hierárquico, no funcionalismo tsarista. Correspondia, em relação às forças armadas, ao posto de capitão.

3. Korniéi Tchukóvski relaciona em "Tchékhov" uma versalhada medíocre sobre o escritor, e que foi muito abundante nos últimos anos do século XIX e no início do século XX, ver *Sovríemiêniki*, p. 91-95. Segundo Tchukóvski, esses versos medíocres testemunham incisivamente uma grande mudança na opinião pública, em relação ao escritor, ver ibidem, p. 90-95.

Na década de 1880 e início dos anos 90, a crítica dominante nas revistas "sérias", imbuída quase sempre do espírito do "populismo" russo, tratava Tchékhov geralmente com muita desconfiança e às vezes até com hostilidade. Ele era atacado pela "ausência de ideias" e pela "indiferença moral". Aceito a princípio como autor engraçado, que se publicava em revistinhas humorísticas, sua penetração na literatura foi um processo doloroso. Tinha leitores, mas não o reconhecimento público.

Por volta dos fins da década de 90, porém, os críticos mais velhos tinham em parte morrido, em parte perdido a influência. E a nova geração de leitores reagiu a Tchékhov de maneira diametralmente oposta: com um entusiasmo sem limites.

Todavia, este entusiasmo, por sua vez, nascia de um equívoco: o público liberal e inoperante na vida pública exaltava um Tchékhov feito a sua imagem e semelhança – o "cantor do crepúsculo", "cantor solitário da alma solitária", do "tédio da vida" etc.

Os grandes admiradores do poeta sentimental S.I. Nadson acabavam atribuindo a Tchékhov as características de seu autor predileto.

Ivan Búnin recorda, a propósito, a reação do próprio Tchékhov a semelhantes clichês:

"De uma feita, em companhia de umas poucas pessoas chegadas, foi a Alupka, almoçou num restaurante, estava alegre e gracejava muito. De repente, um senhor de copo na mão ergueu-se da mesa vizinha.

– Senhores! Proponho um brinde a Antón Pávlovitch, aqui presente, orgulho de nossa literatura, o cantor dos estados de ânimo crepusculares...

"Empalidecendo, ele se levantou e saiu da sala". Ver I.A. Búnin, "Tchékhov", *A.P. Tchékhov v Vospominániakh Sovriemiênikov*, p. 522.

Os versos citados por Maiakóvski e transcritos no ensaio de Tchukóvski, são de Skitáletz (pseudônimo de S.G. Pietróv, escritor bastante conhecido na época).

Reproduzindo o mesmo poema, I.A. Búnin escreve:

"Com estes versos se inicia uma coletânea dedicada à memória de Tchékhov, organizada pela editora O Saber.

"Como pôde Górki publicá-los?"

Ver I.A. Búnin, *O Tchékhovie*, p. 238-239.

4. Ver supra p. 141, n. 60.

5. Alusão às peças *Três Irmãs* e *O Jardim das Cerejeiras* de Tchékhov.

6. Firs é personagem da peça *O Jardim das Cerejeiras*. "Homem num Estojo" é o título de um conto famoso de Tchékhov. A ânsia de ir para Moscou era característica das três irmãs, na peça já referida.

7. O poeta N.A. Niekrassov (1821-1878), certamente o representante máximo da poesia cívica russa de seu tempo.

8. Calçado de casca de tília que os camponeses russos usam no verão.

9. Personagem do conto de Górki "A Velha Izerguil", uma das expressões máximas do Górki de ânimo romântico e fantasioso.

10. Personagens do romance em versos *Ievguiêni Oniéguin*, de Púschkin.

11. Da introdução ao poema "O Cavaleiro de Bronze".

12. Do poema de Púschkin sem título, que se inicia com o verso "Ergui para mim mesmo um monumento incriado".

13. A seguir, vêm diversas asserções que seriam desenvolvidas tetricamente pelos críticos do formalismo russo. É também de 1914, ano do aparecimento deste artigo de Maiakóvski, "A Ressurreição da Palavra", de

Víctor Schklóvski, o qual constitui um dos pontos de partida do movimento. No inverno de 1914-1915, haveria de se formar o Círculo Linguístico de Moscou, junto à Universidade de Moscou, e que seria, juntamente com a OPOIAZ, o centro de difusão da corrente.

14. Alusão ao conto "Cirurgia".

15. Do conto de Tchékhov "Os Parasitas".

16. Do conto "O Triunfo do Vencedor".

17. Os Bolkônski de *Guerra e Paz* têm este nome por causa da aristocrática família dos Volkônski.

18. Adaptação do texto russo.

19. Alusão ao conto "A Dama do Cachorrinho".

20. Alusão ao desfecho de *O Jardim das Cerejeiras*.

21. A sociedade russa caracterizou-se durante séculos por uma acentuada estratificação e pela pouca mobilidade entre as diferentes camadas. A partir dos fins do século XVIII, foi-se formando, porém, uma nova camada: a dos que, oriundos das classes inferiores, tinham conseguido obter instrução, que fora privilégio dos nobres. Receberam o nome de *raznotchíntzi* (singular *raznotchínietz*). Durante o século XIX, os *raznotchíntzki* desempenharam importante papel como a camada mais receptiva às tendências revolucionárias, a menos ligada a uma tradição de estabilidade política e social.

22. Título de um poema em prosa, de Turguiêniev, que se inspirou num poema famoso de S.P. Miátliev.

23. Semelhante concepção de Tchékhov foi testemunhada por diversos de seus contemporâneos, mas encontra-se particularmente bem exposta nas reminiscências de L.A. Avílova, que Maiakóvski não poderia ter conhecido, pois foram publicadas pela primeira vez em 1954, no cinquentenário da morte de Tchékhov, com alguns pequenos cortes, e em forma provavelmente integral em 1960, no centenário do nascimento, e o círculo de relações de Avílova não tinha nada em comum com o de Maiakóvski.

Na edição de 1960, aparece o trecho em que Avílova conta como fora apresentada a Tchékhov. Um conhecido de ambos disse ao escritor consagrado que a mocinha por ele apresentada também escrevia e que em seus contos havia algo, em cada conto aparecia pelo menos um pouco de pensamento.

"Tchékhov voltou-se para mim e sorriu.

"Nada de pensamento! – disse ele – Eu lhe imploro, nada de pensamento. Para quê?

"É preciso escrever aquilo que se vê, aquilo que se sente, com sinceridade e de modo verdadeiro. Perguntam-me com frequência o que eu pretendia dizer com este ou aquele conto. Nunca respondo a essas perguntas. Eu não pretendo dizer nada. Minha tarefa é escrever, e não ensinar! E eu posso escrever a respeito de tudo o que quiserem – acrescentou sorrindo. – Mandem-me que escreva sobre esta garrafa, e sairá um conto intitulado

'Uma Garrafa'. Nada de pensamento. As imagens vivas e verdadeiras criam pensamento, e um pensamento jamais criará uma imagem.

"E ouvindo a réplica lisongeira de uma das visitas, franziu um pouco o cenho e recostou-se no espaldar da cadeira.

– Sim – disse ele – um escritor não é pássaro que gorjeia. Mas quem lhe diz que eu quero que ele gorjeie? Se eu vivo, penso, luto, sofro, tudo isto se reflete naquilo que escrevo. Para que preciso das palavras: ideia, ideal? Se eu sou um escritor talentoso, isto não quer dizer que seja professor, pregador ou propagandista. Vou descrever-lhes a vida com veracidade, isto é, artisticamente, e vocês verão nela aquilo que não viram nem observaram antes, seu afastamento da norma, suas contradições", ver L.A. Avílova, "A.P. Tchékhov" v Moiéi Jízni, em *Tchékhov v Vospominániakh Svoikh Sovriemiênikov*, p. 203, 204.

24. I. Ambrogio lembra: o linguista russo Aleksandr Potiebniá já escrevia em seus *Apontamentos sobre a Gramática Russa*, 2 v., 1874, que a palavra, "com todo o seu conteúdo, é diferente do conceito e não pode ser o seu equivalente ou a sua expressão, pois, no desenvolver do pensamento, ela precede o conceito". Ver I. Ambrogio, *Formalismo e avanguardia in Russia*, p. 90.

25. Na bibliografia sobre Tchékhov, não são raras as páginas em que seus contemporâneos falam de certa frieza interior. Relacionando tais juízos, mas ao mesmo tempo indicando a complexa personalidade do escritor, em quem um toque de frieza aliava-se a manifestações de interesse pelos seus semelhantes, ou melhor, mais que interesse, às vezes até uma busca ativa de partipações, Sophie Laffitte afirma, antes de transcrever trechos de cartas e apontamentos do escritor:

"Acaso ele amava seu próximo? Parece que os demais, os desconhecidos, foram para ele antes de tudo uma categoria estética.

"Se os homens são belos ou se integram numa bela paisagem, ele os vê com bons olhos. Caso contrário, seu julgamento espontâneo é rude ou, pelo menos, desfavorável." Ver S. Laffitte, *Tchékhov par lui-même*, p. 160.

Em sua vida, nas cartas e apontamentos que deixou, encontram-se os dois aspectos: o distanciamento e a participação. Por exemplo, em 1890 inicia uma viagem penosíssima à ilha da Sacalina, não obstante a saúde abalada e o mau estado das estradas russas. Na ilha, faria um recenseamento de todos os seus habitantes, na maioria degredados (para depois escrever um estudo), e trabalharia de madrugada até tarde da noite. Mas, pouco antes de partir, anotava: "Realmente, vou à ilha de Sacalina, e não apenas por causa dos reclusos, mas à toa. Quero riscar de minha vida um ano e meio." Ver I. Búnin, op. cit., p. 304.

26. Do Ato IV de *Tio Vânia*. Na realidade, esta maneira tchekhoviana, esta linguagem tchekhoviana no palco, só aparece a partir de *A Gaivota* (1896). Tchékhov começara a publicar contos aos vinte anos e em pouco tempo encontrara no conto sua realização pessoal e inconfundível. Sua plena realização teatral, porém, data do últimos anos de vida.

27. Nas edições mais completas das obras de Tchékhov, encontram-se versos de ocasião que permitem incluí-lo na categoria dos "poetas

bissextos" de que fala Manuel Bandeira, ver *Antologia de Poetas Bissextos Contemporâneos*.

28. Poder-se-ia citar, no entanto, como exemplo de frases curtas e simples, entre os "velhos" a que se refere Maiakóvski, a prosa de Púschkin, bem como a de Lérmontov.

29. Provável alusão ao conto "Sonho de um Homem Ridículo" de Dostoiévski.

30. Ripellino aproxima esta tirada de Maiakóvski de outra de N.N. Ievriéinov (em *O Teatro como Tal*), que se voltava diretamente contra a representação das peças de Tchékhov pela escola de Stanislávski e dirigia-se às personagens tchekhovianas: "Vamos todos ao teatro! Reanimar-se-ão! Tornar-se-ão outros! Abrir-se-ão novas possibilidades, novas esferas, novos horizontes..." A.M. Ripellino, *Maiakóvski e o Teatro de Vanguarda*, p. 232.

V.V. KHLÉBNIKOV

1. Este artigo foi publicado na revista *Krásnaia Nov* (Terra Virgem Vermelha), Livro 4, jul.-ago. 1922.

2. Este era o nome de Khlébnikov, segundo o registro civil. Em sua obra poética, preferiu o nome sérvio Vielimir (os russos preferem a pronúncia Vielímir).

3. Esta asserção continua verdadeira, não obstante a tendência que se tem verificado, ultimamente, de valorizar a contribuição de Khlébnikov à poesia moderna, pois essa tendência está restrita a uma camada muito reduzida de leitores.

As suas obras têm sido muito pouco divulgadas mesmo na Rússia. Em vida, saíram apenas brochuras esparsas, contendo parte de sua produção. Em 1928-1933, a Editora dos Escritores, de Leningrado, publicou suas *Sobránie Sotchiniêni*, em cinco volumes. Em 1940, saiu uma antologia de seus poemas, pela editora Escritor Soviético, de Leningrado. No mesmo ano, a Goslitzdát (Editora Literária do Estado) publicou um volume de suas obras inéditas. Foram, porém, iniciativas de momento e, de modo geral, não houve uma divulgação apreciável de sua obra. Esta era sistematicamente omitida em enciclopédias e histórias da literatura, e ele era ignorado pela grande maioria dos leitores russos de poesia.

No período de desafogo que se seguiu à morte de Stálin, seu nome foi muitas vezes lembrado pelos jovens poetas e pelos escritores empenhados numa retomada do experimentalismo poético das décadas de 1910 e 20. Sua obra passou a figurar aqui e ali em antologias, mas de modo muito discreto e quase sempre com as passagens menos arrojadas, mais aceitáveis por um leitor acostumado à poesia tradicional. É o que se pode constatar, por exemplo, na grande coletânea em dois volumes, *Antologia da Poesia Russa Soviética*, 1917-1957, comemorativa do quadragésimo aniversário da Revolução. O espaço que lhe é reservado ali é bem menor, por exemplo, que o dedicado a Iessiênin e Ana Akhmátova, isto para não se falar de poetas que só podem ser colocados num plano muito inferior, como Aleksiéi Surkov e Mikhail Issakóvski. Mas, apesar de tudo, era um progresso em relação aos anos precedentes. Pouco depois, editou-se até uma boa antologia de sua obra, *Poesias e Poemas*, Leningrado, 1960.

No Ocidente, seu nome tem aparecido ora aqui, ora ali, em estudos sobre a literatura russa, bem como em traduções. Por exemplo, em 1948, quando ele virtualmente não aparecia na Rússia em forma impressa, a não ser como alusão a alguém ocupado com truques de linguagem absolutamente condenáveis, C.M. Bowra reservava-lhe espaço considerável em seu *Segundo Livro do Verso Russo*, com a tradução de vários dos seus poemas. O mesmo fazia A.M. Ripellino na Itália, em seu *Poesia russa del novecento*, publicado em 1954. Seu nome era também insistentemente citado nos estudos linguísticos e de poética de Jakobson, como o de alguém cuja obra e cujas concepções são de importância fundamental para a linguística moderna. Particularmente, a tese de Jakobson sobre a necessidade de uma revisão do conceito saussureano da arbitrariedade do signo linguístico apóia-se frequentemente em Khlébnikov, que via uma ligação obrigatória entre som e sentido. Ver sobretudo R. Jakobson, Retrospecto, *Fonema e Fonologia*; e A Procura da Essência da Linguagem, *Linguística e Comunicação*. Neste último, ele chega a afirmar que Khlébikov foi "o poeta mais original deste século", p. 117.

Esta insistência crítica e teórica em torno do nome de Khlébnikov parece estar dando os seus resultados, do ponto de vista de sua divulgação no Ocidente, pois têm surgido nos últimos anos obras especialmente dedicadas a sua poesia e volumes de traduções. O livro *Ka* de B. Goriéli contém um estudo introdutório e uma antologia em francês. L. Schnitzer publicou também um volume no gênero. E. Triolet dedica a Khlébnikov bastante espaço em sua antologia bilíngue: *La Poésie russe*. Segundo notícias recentes, está para sair uma nova antologia de Khlébnikov em francês, organizada por Triolet. T. Todorov escreveu sobre os ensaios teóricos de Khlébnikov um estudo com o título: "O Nome, A Letra, A Palavra", e que deverá servir de introdução a uma coletânea desses ensaios, a ser lançada pelas Éditions du Seuil (publicados em parte na revista *Poétique*). Nos Estados Unidos, apareceu o livro *The Longer Poems of Velimir Khlebnikov*, de V. Markov. Na Itália, A.M. Ripellino, que já vinha dedicando bastante atenção a Khlébnikov publicou *Poesie di Chlébnikov*, com um longo estudo introdutório, coletânea de poemas traduzidos por ele e um apêndice informativo. Um passo decisivo para a divulgação de sua obra, que era tão difícil de encontrar no original, foi dado pela Wilhelm Fink Verlag, de Munique, que está publicando o original russo, em 3 volumes, de tudo o que se conhece de Khlébnikov.

Por vezes, os próprios divulgadores dão mostras de alguma perplexidade ante o caráter arrojado de sua poesia. Por exemplo, o livro de V. Markov defende com insistência a tese de que o melhor Khlébnikov é o dos poemas longos e não dos curtos, que são muito mais conhecidos. Este seria mais experimental e "modernista", enquanto nas obras mais longas ele se enquadraria na autêntica tradição do verso russo. Ora, semelhante observação é complementarmente absurda, pois se aqui e ali Khlébnikov usa metros tradicionais (às vezes com intenção parodística) e escreve histórias de argumento bem delimitado, com início, meio e fim muito evidentes, alguns de seus poemas longos são o que ele produziu de mais arrojado, de mais inovador e estranho, como é o caso de "Rázin" (dedicado a Stiepan Rázin, chefe da grande revolta cossaca do século XVII), poema bastante longo escrito em *piérievierti*, isto é, palíndromos, e de *Zanguézi*, nas *Sobránie Sotchiniêni*, v. 3, p. 317-368, onde a criação de palavras novas, peculiar a Khlébnikov, atinge o máximo e onde, segundo anotação do próprio poeta, foram utilizadas por ele as seguintes modalidades de linguagem poética: 1. "audiografia" – a língua dos pássaros; 2. a língua dos deuses; 3. a língua estelar; 4. a língua transmental – "o plano do pensamento"; 5. decomposição da palavra; 6. audiografia, 7. a língua amental (correntemente, em russo a palavra utilizada significa "língua louca", mas não parece este o sentido desejado por Khlébnikov).

A pesquisa e o estudo realizados no Ocidente chegam a proporcionar uma compreensão verdadeira e melhor de Khlébnikov. É o caso de muitas páginas de K. Pomorska, *Formalismo e Futurismo*.

Também no Brasil, nos últimos anos, tem havido considerável interesse em torno de Khlébnikov. Apareceram sobre ele diversos artigos. Em *Poesia Russa Moderna*, de Augusto e Haroldo de Campos e Boris Schnaiderman, é dos autores que figuram com maior destaque, estando ali publicados vinte de seus poemas.

4. A OPOIAZ trabalhou em estreita colaboração com o Círculo Linguístico de Moscou, fundado no inverno de 1914-1915, passando ambos a constituir o núcleo inicial do movimento que se denominou formalismo russo. Ver também supra, p. 94-95, n. 62.

5. No presente caso, representei, ao contrário do que faço habitualmente, por y a vogal gutural russa que pode ser expressa pela pronúncia lusitana de i na palavra "tia".

A concepção de Khlébnikov sobre a palavra foi exposta por ele numa série de estudos: "Professor e Aluno", "Conversa entre Olég e Casimir", "Os Artistas do Mundo", "Sobre a Poesia Moderna", "A Decomposição da Palavra", "A Nossa Base" e outros, incluídos nas *Sobránie Sotchiniêni*.

6. Tradução de H. de Campos. No texto de Maiakóvski, há uma citação incorreta do artigo de Khlébnikov, "Professor e Aluno".

7. Tradução livre do verso de Balmont citado por Maiakóvski e que faz parte do poema "O Bote da Languidez".

8. Esta analogia com o "sistema periódico dos elementos" se patenteia sobretudo no artigo de Khlébnikov "Amostragem de Inovações de Palavras na Língua", conforme se observa no apêndice às O.C. de Maiakóvski (1, 546).

9. Segundo se constata pelas *Sobránie Sotchiniêni* de Khlébnikov, v. 3, p. 386, *Zanguézi* não é o último escrito de Khlébnikov.

10. Tradução de H. de Campos de um dos dois versos citados por Maiakóvski no artigo, do poema "Rázin", de Khlébnikov.

11. Torna-se necessário discordar, na base de elementos de que se dispõe hoje em dia, deste juízo expresso por Maiakóvski.

Por exemplo, V. Schklóvski encontrou no Cazaquistão bardos locais, *akíni*, que passavam horas seguidas compondo em desafio canções sobre os assuntos mais diversos, todas em versos palíndromos, canções como "somente Khlébnikov, dentre os poetas russos, saberia compor", ver V. Schklóvski, *Vstriétchi*, p. 20. Aliás, já me referi a esta passagem de Schklóvski no Prefácio à *Poesia Russa Moderna*, p. 23. Em sucessivos estudos, mas particularmente em "Linguística e Poética", Jakobson tem mostrado como o jogo de palavras, o sentido novo que surge de um novo agrupamento sonoro, tem papel essencial em poesia.

Ademais, o processo de elaboração verbal, a que Maiakóvski atribui tanta importância no artigo, foi que levou Khlébnikov à utilização de *piérievierti*. E o mesmo processo, em sua forma bem radical, mas absolutamente necessária, de acordo com o projeto criativo de Khlébnikov. Projeto este, diga-se de passagem, que deixou sua marca no próprio Maiakóvski, que utilizou o mesmo processo dos palíndromos, embora de passagem e com um fim expressivo claramente delineado, como se pode constatar, por exemplo, no poema "De Rua em Rua", traduzido por A. de Campos, com minha colaboração, e incluído em *Maiakóvski: Poemas*, p. 62-63. É verdade que se trata dos versos de mocidade. Na fase madura de criação, Maiakóvski não escreveu palíndromos propriamente ditos, mas continuou utilizando jogos de palavras que se aproximam dos *piérievierti*.

12. O poema foi publicado em 1910 e não 1909, conforme está no artigo. Ademais, Maiakóvski cita Khlébnikov com algumas incorreções. No caso, transcrevi o trecho correspondente da tradução brasileira de H. de Campos, ver *Poesia Russa Moderna*, p. 113-119.

13. Houve adaptação, o tipo de análise utilizado por Maiakóvski foi aplicado ao texto brasileiro.

14. Início do poema "Louvai".

15. Trata-se provavelmente de um texto que figura nas *Sobránie Sotchiniêni*, v. 4, p. 317, 318.

16. Mais uma vez, a citação de Maiakóvski é incorreta. Transcrevi a tradução de A. de Campos, em colaboração comigo, ver *Poesia Russa Moderna*, p. 120.

17. No artigo, a citação está errada. O trecho que figura em minha transposição para o português é uma tradução de H. de Campos, ver *Poesia Russa Moderna*, p. 124-126.

A tradução baseou-se no texto de *Poesias e Poemas*, p. 79-81, que difere um pouco do incluído em *Sobránie Sotchiniêni*, v. 2, p. 111-113. O mesmo texto em que nos baseamos foi utilizado por K. Pomorska em *Russian Formalist Theory and Its Poetic Ambience*, p. 101-106. Ali há uma análise muito pertinente do poema, que é interpretado como uma paródia de "O Demônio" de M.I. Lérmontov, cuja personagem e cujo tema aparecem ambíguos e deformados, de acordo com a "tendência futurista de jogar com as imagens e motivos tradicionais, apresentando-os de maneira nova" (p. 103), obtida em grande parte com uma utilização da metonímia

à feição cubista: "Os objetos que representam seus possuidores são distorcidos ou colocados fora do lugar." (p. 138-139)
Nas *Sobránie Sotchiniêni*, o poema aparece sem título. Segundo M. Stiepanov (Prefácio a *Poesias e Poemas* de Khlébnikov), este título foi dado por David Burliuk, para a primeira publicação do texto. O cavalo de Prjeválski, segundo informação da *Enciclopédia Britânica*, é a única espécie conhecida de cavalo selvagem; foi descoberta por M.M. Prjeválski, explorador russo da Ásia Central.

18. Ver *Poesia Russa Moderna*, p. 130, tradução de A. de Campos. Esta quadra foi publicada pela primeira vez por Maiakóvski em seu artigo: "E Agora, Rumo às Américas!", em 1914, e não entrou em nenhuma das brochuras publicadas em vida de Khlébnikov.

19. Alusão ao livro *Noviéichaia Rúskaia Poésia*.

20. Khlébnikov esteve na Pérsia com o Exército Vermelho, no verão de 1921. A ocupação de parte da Pérsia foi decorrência de uma situação resultante do tratado anglo-russo de 1907, que dividiu o país em três porções: zona de influência russa no Norte; zona de influência inglesa no Sudeste; penetração em conjunto no território restante. Os tratados da Pérsia com os soviéticos em 1919 e 1921 asseguraram a ulterior não intervenção russa e a rescisão do tratado de 1907.

21. Na realidade, Khlébnikov escreveu diversos poemas sobre a fome na Rússia.

22. Ver supra, p. 149, n. 85.

23. Em 5 de julho de 1922, saiu no *Izviéstia* um necrológio de Khlébnikov, assinado pelo poeta Sierguéi Gorodiétzki.

24. Ver tradução supra, p. 34.

25. Almanaque do grupo cubofuturista russo.

26. Alusão à "ração acadêmica", atribuída na época a cientistas, escritores e artistas. Como houvesse grande escassez de alimentos, o governo estabeleceu o racionamento e, de acordo com as normas que se fixaram, os intelectuais reconhecidos pelas instituições acadêmicas oficiais recebiam ração privilegiada.

CARTA SOBRE O FUTURISMO

1. Em nota às O.C., XIII, 314, está especificado que o texto foi publicado, pela primeira vez, no Volume 65 da série "Herança Literária" (editada pela Academia de Ciências da URSS). Não há qualquer indicação sobre o destinatário. Segundo B. Goriély, *Le Avanguardie letterarie in Europa*, p. 49, ela foi encontrada entre os numerosos documentos póstumos de Maiakóvski.

2. Ver supra, p. 89-90, n. 14.

3. Além dos nomes relacionados por Maiakóvski na "Carta", assinaram os primeiros manifestos dos cubofuturistas: Ieliena Guro, Nicolai Burliuk, Iecatierina Nizen, Benedikt Lifschitz.

4. Havia, evidentemente, alguns escritos polêmicos com certa teorização, conforme se pode constatar pelos próprios textos de Maiakóvski, da época referida, incluídos neste livro.

5. Este manifesto foi a primeira declaração pública e coletiva do grupo cubofuturista. A. Krutchônikh escreveu em suas reminiscências, transcritas em o.c., XIII, 418: "Ficamos escrevendo muito tempo e discutimos cada frase, palavra e letra." Apesar do que Maiakóvski afirma na "Carta", tiveram também caráter de manifesto os seguintes escritos do grupo cubofuturista: um folheto igualmente com o título de "Bofetada no Gosto Público", 1913; um escrito declaratório no almanaque *Armadilha Para Juízes* (n. 2), que os cubofuturistas editaram em 1913 (o n. 1, de 1910, não tivera este caráter, embora já incluísse os escritos do grupo); "Vão para o Diabo!", da coletânea *Parnaso Que Ruge* (Petrogrado, 1916), que foi destruída pela censura.

6. Ver tradução supra, p. 34.

7. Alusão ao cronista Niéstor, monge em Kiev e provável autor da "Crônica dos Anos", documento sobre os primeiros anos de existência do Estado russo, escrito no início do século XII.

COMO FAZER VERSOS?

1. O presente ensaio constitui o trabalho teórico mais longo de Maiakóvski e é certamente a sistematização de sua concepção poética. Ele surgiu em decorrência da proliferação, na época, de compêndios de versificação e de outros manuais que pretendiam ensinar a escrever em prosa e verso. Diversas asserções contidas no ensaio apareceram em outras obras de Maiakóvski, ora em verso, ora em artigos de jornal.

Foi escrito provavelmente de março a maio de 1926. Trechos do estudo apareceram em diversos jornais, e o texto integral nas revistas *Krásnaia Nov* (Terra Virgem Vermelha), junho de 1926 (primeira parte), e *Nóvi Mir* (Novo Mundo), ago.-set. de 1926 (segunda parte). A segunda revista publicou o trabalho, acompanhado da seguinte nota: "A redação não partilha algumas das opiniões e avaliações do camarada Maiakóvski. Mas, reconhecendo o grande interesse deste artigo, dá-lhe lugar nas páginas de *Nóvi Mir*, tanto mais que o grupo literário em nome do qual fala o camarada Maiakóvski não dispõe atualmente de um órgão de imprensa." (Alusão à revista *Lef*, cujo último número, o sétimo, saíra no primeiro semestre de 1925).

2. Maiakóvski usa como se fossem substantivos comuns siglas de agremiações literárias então existentes. RAPP era a sigla de Rossíiskaia Assotziátzia Proletúrskikh Pissátieliei (Associação Russa dos Escritores Proletários), e VAPP, de Vsiessoiúznaia Assotziátzia Proletárskikh Pissátieliei (Associação Pansoviética dos Escritores Proletários). As referidas agremiações foram extintas em 1932, por determinação do Comitê Central do Partido Comunista (b) da URSS, quando se criou Soiúz Soviétskikh Pissátieliei (União dos Escritores Soviéticos).

3. Alusão a um estudo de Eichenbaum sobre Púschkin, onde se afirma que o Púschkin, contra quem os futuristas se haviam encarniçado, era

uma ridícula figurinha de gesso, que fora transformada em ídolo. No entanto, "Púschkin se torna a nossa tradição autêntica, indiscutível, quase única. Até hoje, ele nos era próximo, como um objeto habitual que, por isto mesmo, não se enxerga. O afastamento que sentimos em relação a Púschkin, depois de ter passado pelo simbolismo e de nos termos achado, com o futurismo, no caos da revolução, é aquele mesmo afastamento necessário para a verdadeira compreensão. Assim, o pintor se afasta de seu próprio quadro para vê-lo melhor.

De uma estatueta de gesso, Púschkin se transforma em monumento majestoso. Suas dimensões exigem que o olhemos de longe". Ver B. Eichenbaum, *Skvoz Litieratúru*, p. 170.

4. Personagens do *Ievguiêni Oniéguin* de Púschkin.

5. "Ciência cantada por Naso", "Lorgnon desiludido" e "Meu tio guiavase pela honradez" são versos do *Ievguiéni Oniéguin*. Naso, no verso puschkiniano, é Ovídio (Públio Ovídio Naso).

6. Isto é, regras de G.A. Chenguéli, poeta, tradutor e autor de uma série de manuais: *Versificação Prática; Como Escrever Artigos, Versos e Contos; Maiakóvski em Verdadeira Grandeza*, com ataques violentos ao poeta; *Escola do Escritor, Fundamentos de Técnica Literária* etc. Esses manuais tiveram ampla divulgação. *Como Escrever Artigos, Versos e Contos* teve três edições em 1926 e nos anos seguintes, mais quatro. Segundo A. Kondratov, *Matemática e Poesia*, p. 18, textos de Chenguéli foram reeditados em 1960, com o título *A Técnica do Verso*.

7. Título de um livro de ensaios de N. Assiéiev: *Para Que e Para Quem a Poesia É Necessária*, título esse talvez inspirado pela frase de Maiakóvski.

8. Maiakóvski refere-se aos livros: *Guia de Versificação* de M. Brodóvski; diversos de G.A. Chenguéli, ver supra, n. 6; *Manual de Literatura Russa ou Trechos Escolhidos de Escritores Russos; Em Prosa e Verso; Acrescidos das Regras de Retórica e Poética e de um Panorama da História da Literatura Russa, Parte III: Regras Sumárias de Poética*, de N.T. Gretch; *Dicionário Completo das Rimas Russas*, de N. Abramov.

9. Em "Conversa Sobre Poesia com o Fiscal de Rendas", poema publicado em agosto de 1926, i.e., pouco após o aparecimento de "Como Fazer Versos?", há uma exposição dos trabalhos do poeta.

"A poesia
   – toda –
      é uma viagem ao desconhecido.
A poesia
   é como a lavra
do rádio,
   um ano para cada grama.
Para extrair
   uma palavra,
milhões de toneladas de palavra-prima."

Ver *Maiakóvski: Poemas*, tradução de A. de Campos, p. 117.

10. R. Jakobson havia abordado o problema do desgaste da linguagem poética através do tempo e da necessidade de revitalizá-la periodicamente, por meio da linguagem popular.

"Parte considerável das obras de Khlébnikov está escrita numa linguagem cujo ponto de partida foi a linguagem coloquial. Malarmé, por exemplo, dizia que ele oferecia ao burguês as mesmas palavras que este lia diariamente em seu jornal, mas que as oferecia numa combinação perturbadora.

"É somente sobre o fundo do conhecido que se alcança o desconhecido e que este nos espanta. Chega um momento em que a linguagem poética tradicional se congela, deixa de ser sentida e passa a ser vivida como um ritual, como um texto sagrado, no qual os próprios lapsos se interpretam como sagrados. A linguagem da poesia se cobre de óleo votivo e quer os tropos, quer as liberdades poéticas, não dizem mais nada à consciência.

"Assim, no tempo de Púschkin, provavelmente não se percebia mais o tropo ousado de Lomonossov:

As margens do Nievá batem palmas,
Tremem as margens do Báltico.

"A forma apodera-se do material, o material se cobre inteiramente pela forma, a forma transforma-se em clichê e morre. É indispensável então um afluxo de material novo, de elementos frescos da linguagem prática, para que as construções poéticas irracionais tornem a alegrar, a assustar, a ferir o que é vivo.

"Desde Simeon Polótzki, através de Lomonossov, Dierjávin, Púschkin, e depois Niekrassov, Maiakóvski, a poesia russa avança pelo caminho da assimilação de novos elementos da linguagem viva". Ver R. Jakobson, *Noviéichaia Rúskaia Poésia*, p. 30, 4, 5, 31 e 44.

No texto, há referência aos poetas S. Polótzki (1629-1680), M.V. Lomonossov (1711-1765), G.R. Dierjávin (1743-1816), A.S. Púschkin (1799-1837) e N.A. Niekrassov (1821-1877), além do próprio Maiakóvski. Foi a partir dos fins do século XVII que se introduziu na Rússia a versificação silabo-tônica e os poetas passaram a usar o russo como língua literária embora a sua consagração como tal date de meados do século XVIII, sendo de 1755 (publicada em 1757) a primeira gramática da língua russa, de autoria de M.V. Lomonossov, o grande sábio russo do século. Anteriormente a esse período, havia uma poesia popular, transmitida por tradição oral, e uma poesia culta escrita em eslavo eclesiástico, a língua nobre dos russos de então, a única à qual se reconhecia dignidade literária.

A argumentação de Maiakóvski, no sentido da importância da renovação da linguagem poética, que sua geração estava efetuando na época, é confirmada ainda por outro escrito de R. Jakobson, Notes préliminaires sur les voies de la poésie russe, em E. Triolet, *La Poésie russe*, onde se estabelece que os dois grandes momentos da poesia russa, após a consagração do russo como língua literária, foram o início do século XIX, com a geração de Púschkin, e o início do século XX, com os grandes simbolistas como Blok e Biéli e a geração de Khlébnikov, Maiakóvski e Pasternak.

11. A poetisa Zinaída Hippius após a Revolução de Outubro emigrou para o Ocidente com seu marido, o escritor Dmítri Mierejkóvski. Dirigiu ataques ferrenhos ao regime soviético.

Vikjel é sigla de Vsierossíiski ispolnítielni comitiét soiuza jelieznodorójnikov (Comitê executivo Panrusso da União dos Ferroviários), que existiu de agosto de 1917 a julho de 1920.

A citação de Maiakóvski é incorreta (informação de uma nota às o.c.). A quadra em questão, do poema "Agora", dá o seguinte, em tradução livre como a da própria quadra citada:

Tornando-nos cães na sarjeta,
A fuga está interditada.
Com sua mão suja, sua mão preta,
Vikjel nos corta a retirada...

12. É a designação corrente na versificação russa para o metro da quadra (conservado na tradução).

13. O poeta V.T. Kirilov conta o seguinte em suas reminiscências, sobre a reação de Maiakóvski ao poema "Aos Marinheiros", do qual aparece no ensaio a primeira quadra: "Estive de visita a Maiakóvski na primavera de 1918. Ele me leu sua 'Ordem ao Exército das Artes', marcando o ritmo com o pé. Leio-lhe o meu 'Marinheiros', Maiakóvski me critica violentamente: 'Deixe de lado a velha forma, senão daqui a um ano ninguém vai ler os seus versos, agora o 'Messias de Ferro', este sim, é bom!' E me lê à sua maneira as linhas desse poema."

Não seria difícil encontrar exemplos brasileiros para ilustrar a mesma crítica de Maiakóvski, sobre os poetas da Revolução que seguem, os velhos padrões livrescos. No período que se seguiu a Outubro, houve poetas brasileiros que saudaram os acontecimentos revolucionários, em sonoros alexandrinos e decassílabos, ver exemplos em A.T. Andrade; M. Bandeira; C. Melo, *O Ano Vermelho*, p. 253, 254. No Brasil, porém, o fato era bem menos grave: aqui predominava a retumbância parnasiana, e o poeta que se recusasse a seguir as velhas normas, teria de criar as suas próprias, num ambiente que lhe seria completamente hostil. Em suma: teria de ser um gênio da poesia, enquanto na Rússia o velho cânone já fora rompido pela geração de Klhébnikov e Maiakóvski.

14. Do poema de A. Blok, Os Doze, ver *Poesia Russa Moderna*, p. 66, tradução de A. de Campos.

15. A primeira linha de "Marcha de Esquerda" de Maiakóvski.

16. A. Blok, op. cit., p. 66.

17. Do poema Come Ananás, ver *Maiakóvski: Poemas*, tradução de A. de Campos, p 82. Nessa tradução, a disposição espacial é a que figura nas o.c., mas que foi modificada pelo poeta antes da publicação de "Como Fazer Versos?".

Na introdução ao mesmo volume de poemas traduzidos, escrevi: "'Come Ananás' é um exemplo de poesia de luta. Jornais dos dias da Revolução de Outubro noticiaram que os marinheiros revoltados investiam contra o Palácio de Inverno cantando estes versos. É fácil de compreender sua popularidade: o dístico incisivo, de ritmo tão martelado, à feição dos provérbios russos, fixava-se naturalmente na memória e convidava ao grito, ao canto", ver ibidem, p. 19.

18. Citação incorreta do *Manual de Literatura Russa* de N. Gretch, onde se lê: "Esses versos não possuem pés nem igualdade no número de sílabas, e não conhecem consonância nem regularidade de rimas". Apud o.c., XII, 564. A *tchastúschka* é um tipo de canção popular em quadras.

19. O ponto de vista expresso por Maiakóvski concorda plenamente com os dados que seriam desenvolvidos bem mais tarde pela moderna teoria da informação. Existe bibliografia vastíssima sobre o assunto. Uma exposição muito adequada do problema pode ser encontrada em U. Eco, no tópico "Significado e Informação na Mensagem Poética", *Obra Aberta*, p. 107-110.

20. Na crítica soviética da década de 1920, o termo "companheiros de jornada" (*popútchiki*) designava os escritores que apoiavam a Revolução de Outubro, embora sem se identificar completamente com sua ideologia. A designação foi aplicada ora a um, ora a outro grupo. Consideravam-se *popútchiki* sobretudo os "Irmãos de Serapião" (nome tirado de uma obra de E.T.A. Hoffmann), que desejavam uma arte desvinculada das exigências ideológicas e que foram depois atacados como inimigos em potencial; o agrupamento *Pierieval* (Desfiladeiro, Passagem), que afirmava a sinceridade e intuitivismo da criação literária autêntica; e alguns escritores que não pertenciam a qualquer dos agrupamentos existentes. No entanto, a acepção do termo foi-se ampliando, a ponto de frequentemente serem apontados como *popútchiki* mesmo escritores como Górki e o próprio Maiakóvski, que aparece assim designado na *Litieratúrnaia Entziklopiédia*, v. 9, p. 147. em 1935. Não é de se estranhar, portanto, que o poeta surja também como um "companheiro de viagem" em português, na tradução de E. Carrera Guerra, em V. Maiakóvski, *Antologia Poética*, p. 53.

21. Início de um poema do romântico M.I. Lérmontov.

22. É interessante a coincidência com o que diz O. de Andrade, referindo-se às suas tentativas juvenis de escrever versos "certos": "Eu nunca conseguira versejar. A métrica sempre fora para mim uma couraça entorpecente. Fizera esforços grotescos para traduzir as 'perfeições' de Herédia", ver O. de Andrade, *Um Homem sem Profissão*, 1, p. 134.

23. Trata-se de um assunto discutidíssimo na Rússia. A poesia surgida a partir dos fins da década de 1900, com a sua organização absolutamente diferente da poesia tradicional, intrigou profundamente os estudiosos russos de literatura. Os próprios simbolistas dedicaram-se a esse tema, pois neles já aparece a noção de que a poesia estava assumindo novas formas, que não poderiam ser julgadas pelos padrões consagrados. Isto se evidencia particularmente numa série de escritos teóricos de A. Biéli: *O Simbolismo*; *A Poesia da Palavra*; *Glossolália* etc., em que a pesquisa desses elementos novos da poesia aparece apoiada inclusive em processos estatísticos. Esta busca de um método objetivo de análise alia-se em Biéli a uma terminologia impregnada de misticismo, típica do simbolismo russo. Ver a respeito, a citação do artigo de Biéli sobre A. Blok, supra, p. 81.

Uma indagação importante sobre a natureza do verso russo, em sua variação e diferença em relação à linguagem de função meramente comunicativa, foi efetuada pelo amigo de Maiakóvski, Óssip Brik, em diversos artigos publicados em *Lef* e *Nóvi Lef*.

Foi sobretudo a poesia de Maiakóvski e Khlébnikov que despertou a atenção dos teóricos da literatura, na busca de uma definição das características da nova poesia, a par dos ensaios em que os próprios poetas procuravam descrever os seus processos criativos.

O primeiro livro de R. Jakobson, *Noviéichaia Rúskaia Poésia*, constitui uma indagação teórica sobre esse tema. Já em *Do Verso Tcheco, Sobretudo em Comparação com o Russo*, apud V. Zhirmunski, The Versification of Majakovski, *Poetics, Poetyka, Poética*, p. 224, ele afirma que na poesia de Maiakóvski, "como no verso popular russo, a unidade rítmica é a palavra ou um grupo de palavras unidas por um único acento dinâmico".

Em *Rúski Stikh*, no livro *Zatchém i Komu Nujná Poésia*, N. Assiéiev, que foi amigo e companheiro de Maiakóvski, esboça uma teoria do verso russo que parece bastante adequada para explicar a construção poética dos cubofuturistas. Segundo ele, a introdução do verso silabo-tônico na Rússia, assimilado da poética francesa em fins do século XVII, e em parte da polonesa e alemã, constituiu uma violência: era difícil para os poetas desligarem-se do ritmo tradicional russo, expresso na canção popular e nos cantos litúrgicos, e que se baseava, segundo Assiéiev, no ritmo da respiração mais que em qualquer contagem de sílabas ou de pés. Em apoio à sua tese, cita (p. 96) versos do setecentista Antiokh Kantiêmir em que este se queixa das exigências estreitas da época ("Oh, como é pobre a minha musa! / O que nos deu Horácio, ela tomou de França"), mas, num assomo de orgulho, acrescenta pouco depois: "Paguei em russo o que tomei em galo". O caráter artificial e forçado de semelhante empréstimo é sublinhado pelos tratados de versificação da época, como o de Karion Istômin (cit. por Assiéiev, p. 95, 96), onde se diz claramente que a verificação é um problema de "cânone e se recomenda que, ao escrever versos se faça a contagem correspondente com os dedos e com a marcação pelo pé. Segundo Assiéiev, o afastamento da métrica tradicional, efetuado pelas novas escolas poéticas, foi na realidade um regresso à tradição russa mais autêntica. Para outros dados sobre o referido livro de Assiéiev, ver meu artigo Reflexões de um Poeta, *O Estado de S. Paulo*, 15 fev. 1964.

Todavia, na crítica russa menos rigorosa, não são raras as tentativas de enquadrar a própria poesia de Maiakóvski no verso tradicional. Por exemplo, V. Nazárenko, Sobre um Equívoco muito Difundido, apud V. Jirmúnski, op. cit., p. 215, 216, afirma que Maiakóvski ora usa simplesmente o verso silábico-tônico, ora utiliza esse metro com omissão ou adição de uma sílaba, contração e outras manipulações artificiais, mas que os seus versos sempre podem ser enquadrados na ordenação clássica, isto é em iambos, troqueus anapestos etc. Outros autores fazem asserções semelhantes, escolhendo aqui e ali determinados versos de Maiakóvski, mas contrariando com uns poucos exemplos o que afirmou o próprio poeta e sem se preocuparem com uma argumentação baseada em análise mais objetiva.

Foram certamente asserções desse jaez que levaram o teórico da literatura B.V. Tomachévski, apud A. Kondratov, op. cit., p. 35, a afirmar que "o verso de Maiakóvski ainda aguarda o seu pesquisador". Todavia, o próprio Tomachévski dedicou a Maiakóvski um curso universitário, que foi publicado postumamente e ao qual V. Jirmúnski, op. cit., p. 219, atribui importância fundamental.

Segundo A. Kondratov, op. cit., p. 35, 36, o primeiro trabalho em que o verso de Maiakóvski foi analisado de acordo com critérios mais objetivos e concretos foi o estudo de V.A. Nikonov, "A Rítmica de Maiakóvski", onde se aplicou o método estatístico, mas não se levou em conta a estrutura das partes heterogêneas. Foi para suprir esta falha, afirma Kondratov, que se iniciou um estudo estrutural da obra de Maiakóvski, por A.N. Kolmogorov, Viatcheslav V. Ivanov e pelo próprio Kondratov (Obras resultantes: A.N. Kolmogorov, "Contribuição ao Estudo da Rítmica de Maiakóvski", "A Rítmica dos Poemas de Maiakóvski", este com A.M. Kondratov, *Sobre o Dólnik da Poesia Russa Contemporânea*, com A.V. Prokhorov; A.M. Kondratov, "A Evolução da Rítmica de Maiakóvski", *Matemática e Poesia*; Viatcheslav V. Ivanov, "O Ritmo do Poema 'O Homem', de Maiakóvski").

Vamos resumir agora o que afirma A.M. Kondratov, op. cit., p. 36-41, a propósito desse estudo.

Há quatro tipos fundamentais de organização rítmica do verso em Maiakóvski:

1. Os "metros clássicos" russos;

2. O verso puramente tônico, no qual há regularidade no número de acentos tônicos, mas completa liberdade quanto ao número de sílabas não acentuadas;

3. O verso a que os russos chamam *dólnik*, que é também tônico, mas em que o número de sílabas não acentuadas, embora não tenha regularidade absoluta, segue certa norma (em outros autores russos, a conceituação deste tipo de verso é um pouco diferente);

4. O verso que segue ora a norma do tônico, ora do clássico, e que na prática se aproxima do verso livre, quanto a sílabas e tônicas, ficando sujeito, em Maiakóvski, às normas exigentes de seu rimário.

As pesquisas de minúcia com textos de Maiakóvski, efetuadas pelos três estudiosos, com aplicação da estatística e da teoria da probabilidade, levaram-nos a uma descrição evolutiva da obra maiakovskiana.

Segundo eles, os poemas da primeira fase são escritos de acordo com as normas do verso clássico, apenas disfarçado pela rima inusitada e pela disposição gráfica. A partir de 1914-1915, o poeta introduz a nota de aspereza que lhe é típica, com a utilização do verso tônico. Foi com este novo tipo de verso que escreveu os poemas "Uma Nuvem de Calças", "A Flauta-Vértebra", "A Guerra e o Mundo" e "O Homem". No entanto, neste último poema, o verso tônico é entremeado de quadras inteiramente metrificadas em octassílabo de tônicas pares (o tetrâmetro iâmbico, nomenclatura da versificação russa). O ápice do verso tônico é o poema *150.000.000*, a partir do qual se inicia uma nova etapa nos ritmos maiakovskianos: uma síntese entre o verso clássico e o verso novo, mais livre. Assim, no poema "A Sierguéi Iessiênin", haveria quase 90% de troqueus, não obstante a asserção em contrário do próprio autor. Muitos capítulos do poema "Que Bom!", o poema "Jubileu", o início do poema "Vladímir Ilitch Lênin" e a introdução ao poema "A Plenos Pulmões" também estariam escritos segundo iambos e troqueus clássicos, embora Kondratov observe que devam ser antes classificados no quarto grupo e não no primeiro, pois eles seguem o verso tônico, não na alternância de sílabas tônicas e sílabas não acentuadas, e sim na maneira peculiar do verso oratório de Maiakóvski, em que há distinção entre tônicas mais fracas e mais fortes, de acordo com as necessidades da elocução. O terceiro tipo, ou *dólnik*, foi utilizado por Maiakóvski numa série de poemas. Graças à ocorrência de maior número de sílabas não acentuadas, perto do final de cada poema, há maior lentidão, o que dá ao verso certa solenidade, certa palpabilidade, e o diferencia de um *dólnik* de Eduard Bagrítzki, Iessiênin ou Ana Akhmátova. O *dólnik* ora serve a Maiakóvski de metro fundamental para escrever poemas inteiros, ora para longos trechos; ele tem função importante no poema "Sobre Isto" e, particularmente, em "Vladímir Ilitch Lênin", onde contrasta com eficácia outros metros: via de regra, os versos em que se fala de Lênin são troqueus livres, o *dólnik* marca a narração, e o verso tônico foi empregado para os temas de comício, de marcha e de palavra de ordem.

A.M. Kondratov cita uma exemplificação de Kolmogorov sobre a acuidade com que a intuição poética de Maiakóvski harmonizava o ritmo e as necessidades semânticas. Num dos capítulos do poema "Que Bom!", parodia-se a famosa conversa de Tatiana com a babá, no *Ievguiêni Oniéguin* de Púschkin. Kolmogorov dedicou-se à tarefa de verificar estatisticamente se Maiakóvski utilizou simplesmente o tetrâmetro iâmbico para a paródia ou se praticou o tetrâmetro tipicamente puschkiniano. Para este fim, comparou o texto do *Ievguiéni Oniéguin*, a paródia de Maiakóvski, a poesia de I.A. Baratínski (contemporâneo de Púschkin), a do simbolista Andréi Biéli, a de Eduard Bagrítzki (contemporâneo de Maiakóvski) e o "iambo casual", isto é, que aparece na linguagem cotidiana. Tratando-se do verso octassílabo com tônicas pares, designaremos com P as sílabas pares em que recai o acento e com I as pares não acentuadas.

Segundo Kolmogorov, tem-se o seguinte quadro:

Poeta, obra	PPPP	IPPP	PIPP	PPIP	IPIP	PIIP
Ievguiêni Oniéguin	26,8	6,8	9,7	47,2	7,0	0,4
Maiakóvski	34,0	8,0	2,0	48,0	8,0	0,0
Baratínski	28,1	9,4	1,7	51,3	9,4	0,1
Bagrítzki	18,2	5,5	16,4	39,5	12,7	6,4
Biéli	12,8	8,1	36,6	28,1	10,8	3,7
"Iambo casual"	17,7	8,0	26,4	26,9	14,0	6,9

Constata-se, pois, à saciedade, que Maiakóvski não utilizou o "iambo em geral", mas sim a forma que mais se aproxima da puschkiniana. O seu pouco apreço pela terceira forma de iambo se revelou maior que em Púschkin, mas nisto ele acompanhou a tendência geral dos poetas de tradição puschkiniana.

O livro de Kondratov com os exemplos citados é uma brochura de divulgação, da qual não se pode exigir o rigor de uma publicação científica (foi utilizada por mim por ser trabalho de conjunto, isto é, menos particularizado que outros disponíveis). No entanto, mesmo através dessa brochura, podem ser constatadas algumas características do trabalho efetuado pelos três cientistas russos (quando Kolmogorov se dedicou ao estudo matemático dos versos de Maiakóvski, seu nome já era mundialmente famoso pelos trabalhos sobre teoria da probabilidade, teoria das funções, topologia, geometria e lógica matemática).

Evidentemente, uma análise tão minuciosa, baseada em processos matemáticos, abre novas possibilidades de comprovação, desde que as premissas para semelhante estudo sejam colocadas adequadamente. A busca de fundamentação teórica e mesmo classificatória para os versos surgidos com as novas escolas poéticas tornou-se uma constante nos estudos russos de poética, a partir da década de 1920. Ela permite a compreensão de uma série de fenômenos poéticos. A noção de verso tônico parece definir melhor certos ritmos tradicionais russos – como os das antigas canções épicas denominadas *bilíni* – que a formulação de Assiéiev sobre o "ritmo da respiração", aparecida num ensaio sob muitos títulos admirável. Aliás, Ó. Brik já escrevera, em 1927, sobre a falácia de se tentar demonstrar que o ritmo das obras artísticas é uma consequência do ritmo natural: batidas do coração, movimento das pernas na marcha etc., ver T. Todorov, *Théorie de la littérature*, p. 143-144.

Quanto à utilidade do conceito de verso tônico, pode-se acrescentar que ele permite explicar não só os ritmos russos mais antigos que deixaram intrigados muitos pesquisadores do século xix, os quais não conseguiam enquadrá-los nos metros canônicos e, ao mesmo tempo, não podiam deixar de reconhecer determinada regularidade rítmica. Jirmúnski chega a criticar os teóricos alemães do verso, mesmo os modernos, como Wolfgang Kayser, que não se referem a este tipo de verso, embora ele tenha constituído, desde épocas antigas, uma forma tradicional de versificação entre os povos de línguas germânicas. Da canção popular, especialmente da balada, este tipo de verso passou para as obras literárias alemãs, inglesas e escandinavas no tempo de Goethe e do romantismo. E ele continuou a existir através dos séculos xix e xx, não obstante o silêncio dos tratadistas de versificação. Somente a *Estilística da Língua Alemã*, de E. Riesel, que se baseia em estudos soviéticos, aborda o tema do verso "puramente tônico", ver V. Jirmúnski, op. cit., p 212.

Ainda segundo Jirmúnski, no campo do verso popular, a moderna conceituação russa sobre o verso tônico teve como precursor A.C. Vostokov, que abordou o assunto em *Ensaio Sobre a Versificação Russa*, no início do século xix, dando precisamente o nome de "tônico" ao verso popular russo (p. 134).

Quanto à análise de alguns casos particulares da obra maiakovskiana, há evidentes acertos no que expõe Kondratov, como o do exemplo citado por Kolmogorov, sobre a paródia contida em "Que Bom!". Outros resultados, porém, são mais discutíveis, pelo menos na formulação contida na obra citada.

Em primeiro lugar, há uma evidente má vontade com os versos maiakovskianos da primeira fase, que aparecem com a qualificação de "famigerados (*prieslovútie*) versos futuristas" (p. 37). Acho mais justo o profundo entusiasmo que expressaram por eles B. Pasternak, *Avtobiografítcheski Otcherk*, *Sotchiniênia*, v. 2, p. 40, 41; e R. Jakobson, O Pokoliênii Rastrátivchem Svoikh Poetov, em *Smiert Vladímira Maiakóvkovo*, p. 21, 27, 44.

Os versos de juventude de Maiakóvski constituem certamente uma das obras poéticas mais ricas de toda a vanguarda europeia, e pouquíssimas vezes a civilização urbana do século xx encontrou sua expressão com tamanho vigor em literatura.

Foi por pensar assim que empreendi com Augusto e Haroldo de Campos a tradução de vários desses poemas.

Vejamos agora a asserção de que os poemas em questão foram escritos segundo as normas do verso clássico, disfarçado pela disposição gráfica e pela rima incomum. As o.c., i, de Maiakóvski, a fonte mais autorizada no caso, contêm três poemas referentes ao ano de 1912 e dezessete a 1913. Fiz uma análise da estrutura métrica desses vinte poemas: cinco seguem esquema métrico propriamente dito; dois apresentam ligeira variação em relação a ele: onze apresentam variação considerável (por exemplo, no poema "Nós" e em outros aparece um ritmo que se aproxima do tetrâmetro anfibráquico, mas com quebras consideráveis, que atenuam o caráter embalador daquele metro); dois não seguem esquema métrico determinado.

Esta última asserção pode parecer exagero. Mas aí está o esquema silábico e tônico do poema "Eles não Compreendem Nada", de 1913:

∪ — ∪ ∪ — ∪ ∪ ∪ — ∪ — ∪(∪)
— ∪ ∪ — ∪ ∪ — ∪ ∪ — (∪)
— ∪ ∪ ∪ — ∪ — ∪ — — (∪)
∪ — — ∪ ∪ ∪ — — ∪
∪ ∪ — (∪)
— (∪)

∪ — — ∪ ∪ —
— ∪ ∪ — ∪ ∪ — ∪ ∪ — (∪)
∪ — ∪ ∪ ∪ ∪
∪ — ∪ ∪ — ∪ ∪ ∪ —
∪ — ∪ ∪ ∪ ∪ ∪ — — — — ∪ ∪ ∪ — (∪)

Na minha opinião, não se pode ver nenhum padrão métrico em semelhante esquema. É verdade que, em russo, a distribuição das tônicas pode variar bastante, de acordo com a entonação desejada, conforme o significado (é o que os russos denominam "entonação lógica"), mas, qualquer que seja o tipo de leitura, o poema em questão não apresenta regularidade métrica.

É exata, no entanto, a asserção de Kondratov sobre a intercalação de quadras metrificadas em poemas construídos sem esta norma.

Quanto ao poema "A Sierguéi Iessiênin", a afirmação de Kondratov sobre os 90% de troqueus é muito discutível. Essa ocorrência só pode ser admitida em tão alta percentagem mediante um artifício de interpretação.

Parece muito mais correta a análise do poema por Jirmúnski, teórico da linguagem poética que conta entre suas obras muitos trabalhos de versificação. Segundo ele, a partir de 1920, o verso silabo-tônico só ocorre na obra de Maiakóvski com uma função estilística específica: em numerosas citações, paródias e estilizações, ver V. Jirmúnski, op. cit., p. 235. O poema em questão foi escrito em resposta ao deixado por Iessiênin antes de se suicidar. "Maiakóvski conservou o metro trocaico de Iessiênin, mas inseriu as linhas regulares deste, de cinco pés, modificando-as, entre seus versos de resposta, que são irregulares em número de pés e em rima. Em virtude disso, no poema de Maiakóvski imediatamente se revela o metro trocaico 'livre', tão comum em sua obra." (p. 238-239)

Jirmúnski não dá a seu trabalho o caráter de uma resposta às publicações dos três cientistas, mas torna-se evidente o propósito de explicar melhor alguns dos temas abordados por eles.

A meu ver, o problema fica bastante esclarecido quando se aplica a certo tipo de verso de Maiakóvski o que A. Houaiss escreveu sobre um processo algo semelhante utilizado por Carlos Drummond de Andrade, não obstante as grandes diferenças entre Maiakóvski e Drummond. Segundo o crítico brasileiro, o poeta usa um "isometrismo lasso", sua medida aproxima-se do metro consagrado, mas não se enquadra nele: é um *cantabile* pilhérico, sarcástico, irônico, piedoso, o que for, *cantabile*, entretanto, que sempre procura uma dicção coloquial", ver A. Houaiss, "Carlos Drummond de Andrade III", *Minas Gerais*, 28, jun. 1969, p. 3; (no caso de Maiakóvski, não se tem um *cantabile*, isto é, "cantável", mas um "dizível").

Creio que, feito o balanço das opiniões divergentes, chega-se à conclusão de que o poeta é que tinha razão em seu ensaio. Na base de um artifício de contagem, Kondratov, a par de algumas observações pertinentes, chega à conclusão: "Maiakóvski errou." Mas, examinando-se melhor a questão, fica ressaltada a sabedoria do artista criador, em seu anseio de nos dar uma poesia desvinculada da "pátina do passado".

24. O general N.N. Iudiênitch comandou o exército "branco" do Noroeste, durante a Guerra Civil, em 1918-1920. Suas tropas chegaram a ameaçar seriamente a cidade de Petrogrado, mas foram completamente desbaratadas em dezembro de 1919.

25. Tradução de H. de Campos.

26. Este tipo de linguagem aparece parodiado na peça *A Quadratura do Círculo* de Valentin Katáiev, que foi montada em São Paulo pelo Teatro Oficina, em 1963, com o nome de *Quatro num Quarto*. Eis um monólogo da peça:

"ABRAÃO (sozinho): O que é necessário para um casamento firme? Semelhança de gênios, compreensão mútua, condição de classe comum, objetivos políticos idênticos, contato operacional. Semelhança de gênios? Existe. Compreensão mútua? Basta meia palavra. Condição de classe?

Temos. Objetivos políticos? Como não! Contato operacional? E como!",
ver V. Katáiev, *Ízbranie Sotchiniênia*, v. 5, p. 339.

Na novela *Inveja*, de Iúri Oliecha, Volódia Makarov, que personifica a nova geração, tecnológica, esportiva, construtivista, com os seus exageros, se expressa num estilo semelhante.

27. Sigla de Náutchnaia Organizátzia Trudá (Organização Científica do Trabalho).

28. Tradução de H. de Campos.

29. Nas reminiscências da tradutora Rita Rait, "Há vinte anos", conta-se que Maiakóvski, depois de voltar dos Estados Unidos, pediu-lhe que traduzisse uma cançãozinha que "não o deixava em paz". "Eu não conseguia atinar com o que ela significava. E só bem recentemente, tendo lido essas linhas em inglês, ouvi no mesmo instante a voz minha conhecida, que marcava o compasso com o pé e depois caçoava de mim. 'Então, quer dizer que você não sabe níquel de americano!' Mas, como podia eu adivinhar que Maiakóvski, tendo provavelmente apanhado essas linhas de ouvido, executadas por algum jazz, repetia-as com sotaque tipicamente negro? Não é de estranhar que, nesta forma, eu não conseguisse reconhecer 'A Cruel Ana, Vampe de Savannah'." (Do livro *A Maiakóvski* apud *o.c.*, XII, 564).

30. Tradução de H. de Campos. No original, o primeiro dístico se lê:
    Gdié jiviót Nita Jo?
    Nita nije etajom.

31. O tema foi desenvolvido no poema "Mulherzinha Estrangeira", *o.c.*, X, 60-62.

32. O poema "A Parisiense" trata de uma mulher que toma conta do mictório de um restaurante de Paris, ver *o.c.*, X, 63-65.

33. As duas primeiras citações são dos poemas "De Rua em Rua" e "Manhã", ver *Maiakóvski: Poemas*, p. 62, 58, respectivamente, e a última de "Jubileu", ver idem, p. 102 e *Poesia Russa Moderna*, p. 276. A terceira é da tragédia "Vladímir Maiakóvski", *o.c.* I, 156, e a quarta, da "Marcha de Esquerda", *o.c.* XI, 24.

34. De A Nuvem de Calças, *o.c.*, I, 193, 194.

35. O anúncio apareceu realmente no jornal indicado, em 10 nov. 1925.

36. Semanário ilustrado que existiu em Moscou entre 1859 e 1915.

37. Tradução, por H. de Campos, de uma quadra de "Marburgo", poema de Boris Pasternak. A citação por Maiakóvski, no texto original, é ligeiramente incorreta.

38. O poema "A Sierguéi Iessiênin" vem transcrito no final do ensaio, tradução de H. de Campos; ver também *Maiakóvski: Poemas*, p. 109-114.

39. O texto apareceu pela primeira vez no jornal *Alvorada do Oriente*, de Tíflis, em 16 abr. 1926.

40. O poeta N.A. Kliúiev representou a assim chamada tendência camponesa na literatura soviética da década de 1920. Exerceu influência sobre Iessiênin.

41. Do poema "Réquiem".

42. Do poema "A Pomba do Jordão". Um fragmento em que aparece este verso consta de *Poesia Russa Moderna*, p. 301, tradução de A. de Campos.

43. Continuação do fragmento anteriormente citado.

44. Segundo uma nota às O.C., XII, 566, L.S. Sosnóvski foi economista, jornalista e critico literário. Fez parte da oposição trotskista e atacou Maiakóvski com bastante violência.

45. Nos anos que se seguiram à Revolução, Iessiênin esteve ligado ao grupo dos imagistas russos (A. Marienhoff, V. Chercheniévitch etc.).

46. Iessiênin partiu para o estrangeiro, em companhia de Isadora Duncan, viajando pela Europa Ocidental e pelos Estados Unidos em 1922 e no primeiro semestre de 1923. Fracassado o seu casamento com a dançarina americana, regressou à União Soviética.

47. Sobre a VAPP, ver supra, p. 272, n. 2. O início da década de 1920 marca o desligamento de Iessiênin do grupo imagista. Em artigos então publicados, chegou a explicar que pretendia criar imagens orgânicas, organizadas, enquanto os imagistas aglomeravam imagens numa profusão desordenada.

48. Ver supra, p. 149, n. 85.

49. Os versos em questão foram escritos com sangue, depois que Iessiênin cortou os pulsos, num quarto do Hotel Inglaterra, em Leningrado, onde em seguida se enforcaria, em 27 dez. 1925. O texto integral está em *Poesia Russa Moderna*, p. 316, tradução de A. de Campos.

50. Diminutivo de Sierguéi.

51. Os versos são realmente do poema de A. Járov, Na Grob Iessiênina, *Izviéstia*, 10 jan. 1926.

52. P.S. Kógan (1872-1932) foi crítico e historiador da literatura que se caracterizou por uma atitude bastante dogmática. Escreveu diversos artigos sobre a morte de Iessiênin, todos em tom de panegírico, segundo nota às O.C., XII, 567.

53. Palavras ligeiramente alteradas da personagem Lucá da peça de Górki, *No Fundo*, que foi montada em São Paulo pelo Teatro Brasileiro de Comédia, com o nome de *Ralé*.

54. O poeta A. Krutchônikh (1886-1968), a quem Maiakóvski se referiu com apreço em diversas ocasiões, publicou em 1926 algumas brochuras sobre Iessiênin. Uma nota às O.C., XII, 567 relaciona seis títulos. Quando foi escrito o ensaio de Maiakóvski, haviam sido publicadas três dessas brochuras.

55. Sigla de Nóvaia Economítchestkaia Política (Nova Política Econômica). Em diversas ocasiões, Maiakóvski expressou um sentimento penoso, suscitado pelos "contrastes" a que se refere no texto.

56. Iessiênin enforcara-se amarrando a corda no encanamento do quarto do hotel Inglaterra.

57. Daqui em diante, baseio-me, para os versos do poema, no texto da tradução de H. de Campos.

58. O romancista Iúri Libiedínski. Maiakóvski se voltou mais de uma vez contra a novelística de um realismo chão e fotográfico. Nesse sentido, por exemplo, atacou violentamente, em várias ocasiões, o conhecido romance de Fiódor Gladkóv, *Cimento*.

59. Trata-se realmente de versos escritos por um operário, o tipógrafo Grin, que os publicou na coletânea *Pétalas*, organizada pelos correspondentes de indústria agregados à usina de Khamóvniki, em Moscou.

60. Não obstante esta advertência de Maiakóvski, a literatura soviética dos anos subsequentes ficou marcada pelo desejo de criar justamente grandes "telas épicas", em forma de romances quilométricos e de altissonantes poemas, narrativos.

61. O poeta e pintor P.A. Radimov (1887-1967) escreveu muitos poemas em hexâmetros. A referência a "pentâmetros" no texto de Maiakóvski é mais uma evidência da pouca importância que atribuía ao cânone métrico. No caso, ocorre alusão ao poema "Rebanho de Porcos".

62. Ver supra, p. 275, n. 13.

63. Quando Maiakóvski escreveu seu trabalho, já se haviam realizado na Rússia estudos de ritmo poético, que não se limitavam ao simples recenseamento dos metros existentes. Chegou-se mesmo a destacar a tensão constante entre o desenho rítmico e o esquema métrico. Esta posição foi radicalizada por Andriéi Biéli, que afirmou em 1910, em seu *Simbolismo*, que o ritmo é "simetria na violação do metro". Ver I. Ambrogio, *Formalismo e avanguardia in Russia*, p. 88, 89.

64. Na base deste trecho de Maiakóvski, o livro de A.M. Kondratov, op. cit., tem um capítulo que se chama "A 'Zoada-Ritmo' e a Estatística Matemática", onde se estuda o ritmo de Maiakóvski (p. 35-39), assunto que já abordei supra, p. 276-282, n. 23.

Há uma curiosa coincidência entre o que diz Maiakóvski e o depoimento de P. Valéry sobre o mesmo problema (não obstante o apego de Valéry a uma medida bem mais tradicional que a do poeta russo): "Meu poema 'O Cemitério Marinho' começou em mim por um certo ritmo, que é o verso decassílabo francês, cortado em quatro e seis. Eu não tinha ainda nenhuma ideia que devesse preencher esta forma. Pouco a pouco, palavras flutuantes se fixaram aí, determinando passo a passo o assunto, e o trabalho (um trabalho muito prolongado) se impôs." Ver Poésie et pensée abstraite, *Oeuvres*, v. 1, p. 1338.

65. Palavras iniciais (em tradução livre) da "Marcha Fúnebre" dos revolucionários russos.

66. Canção revolucionária muito popular, escrita em meados da década de 1870 pelo sociólogo "populista" P.L. Lavróv.

67. Fiz uma adaptação, de acordo com a tradução de H. de Campos.

68. Para a exemplificação, tomei textos já existentes em português e não os mesmos do ensaio de Maiakóvski. O primeiro é de "O *Presente* Vozes e Cantos da Rua", de Khlébnikov e o segundo, de "*Stienka Rázin*", de Kamiênski, ver *Poesia Russa Moderna*, p. 145 e 104, respectivamente.

69. Tradução livre de três versos de Maiakóvski.

70. O trecho que termina aqui foi escrito após consulta a H. de Campos, que então reconstituiu oralmente o seu trabalho de tradutor.

71. Mais uma vez, Maiakóvski se expressa como se já conhecesse a teoria da informação. Ver supra, p. 276, n. 19.

72. Segundo recorda P. Lavut, o poeta disse numa de suas conferências: "Pouco após a morte de Iessiênin, houve no Teatro de Arte uma sessão em sua memória. Os oradores se sucediam com discursos 'muito sentidos', tendo por fundo uma betulazinha esquálida e quebrada. A seguir, Sóbinov cantou com voz fininha: 'Nem uma palavra, ó meu amigo, nem um suspiro, ficaremos calados os dois...', embora Iessiênin fosse o único a calar-se, e Sóbinov continuasse a cantar. Pois bem, todo aquele ambiente me causou impressão confrangedora." Ver Maiakóvski Viaja pela União, apud o.c. XII, 568.

O famoso cantor L.V. Sóbinov (1872-1930) interpretou, na referida sessão no Teatro de Arte de Moscou, em 18 jan. 1926, uma canção de Tchaikóvski.

73. Na época, estavam bastante em voga na União Soviética semelhantes esquemas, graças em parte aos trabalhos de V. Schklóvski sobre, em particular, L. Sterne, *The Life & Opinions of Tristram Shandy*.

74. Existem inúmeros trabalhos sobre o emprego da imagem por Maiakóvski. Teve considerável repercussão o livro de Z. Papiérni, *Poetítcheski Óbraz u Maiakóvskovo*. Aliás, a função da imagem na obra artística tem sido um dos temas prediletos dos estudos literários russos. Uma informação muito boa sobre o assunto, bem como sobre a relação dessas cogitações da crítica russa com o "pensamento por imagens" de Schlegel e Herder, pode ser encontrada em I. Ambrogio, op. cit., p. 45 s.

75. O poeta I.I. Dorônin (1900-1978).

76. O título verdadeiro é: "O Arador a Trator".

77. Do poema "A Colina", de I.P. Útkin.

78. Verso de uma tradução de Valéri Briússov (1873-1924) do poema "Peste" de Émile Verhaeren. A citação de Maiakóvski é um tanto incorreta, mas o cacófato que aparece no original realmente se encontra no texto.

79. Iliá Selvínski, que encabeçou o grupo dos poetas construtivistas e com quem Maiakóvski manteve encarniçadas polêmicas.

80. Na tradução ficou:
Você,
      com todo esse talento
para o impossível,
  hábil
      como poucos.

O plano semântico do original foi reproduzido. Apenas, em russo, o verbo *zaguibát* recorda *zaguíbi* (impropérios) e tem também o sentido de "entortar", "fazer uma dobra".

81. Segundo nota às o.c. (XII, 589), trata-se de uma citação do poema de Briússov, "Ao Poeta". Ponto de vista semelhante foi, porém, afirmado pelo próprio Maiakóvski no artigo "Schrapnell de Civil", já citado por mim, em Maiakóvski e o Formalismo, *O Estado de S. Paulo*, 31 mar. 1962, e que termina com as palavras: "Na qualidade de russo, é sagrado para mim cada esforço de um soldado para arrancar ao inimigo um pedaço de terra, mas, como homem de arte, devo pensar que talvez toda a guerra tenha sido inventada apenas para que alguém escreva um bom poema."

82. Do poema "Flores da Neve", de C.D. Balmont.

83. Esta norma foi seguida por Maiakóvski desde o início de sua produção poética, conforme tive oportunidade de mostrar, na base de comparação de textos, em "Maiakóvski: Evolução e Unidade", *Maiakóvski: Poemas*, p. 16 s.

84. Da balada "Vassíli Chibanov", de A.C. Tolstói.

85. Na tradução (com H. de Campos), alteramos um pouco os versos e, por isso, em vez de "conversinha de província", passamos a ter um "dramazinha de província", o que não modificou em nada a intenção do autor de mostrar o processo de divisão dos versos por ele seguido, e sua necessidade. A citação é da tragédia de Púschkin, *Boris Godunóv*.

86. Tal como no caso das "telas épicas", a advertência de Maiakóvski sobre a busca do estilo elevado não impediu, nos anos subsequentes, a proliferação de poemas altissonantes e palavrosos.

87. Na realidade, Maiakóvski estava pedindo que os críticos literários de orientação linguística fizessem mais estudos no gênero, se dedicassem mais a uma atividade que já estavam exercendo, pois uma das características da lucubração crítico-teórica russa da época foi justamente a de se dedicar em grande parte a trabalhos recentes. Aliás, Jakobson já em 1919 escrevia: "até hoje, a ciência trata unicamente de poetas que descansam em paz, e se às vezes trata de vivos, é apenas daqueles que já se apaziguaram e deixaram o cotidiano pelas edições consagradas. Aquilo que já se tornou um truísmo na ciência da linguagem prática é até hoje heresia na ciência da linguagem poética, que, de modo geral, arrasta-se na rabeira da linguística". Ver R. Jakobson, *Noviéichaia Rúskaia Poésia*, p. 5.

Mas, entre 1919 e 1926, a situação havia realmente mudado.

A SIERGUÉI IESSIÊNIN

1. Alusão à revista *Na Postu* (De Sentinela), órgão da RAPP (Associação Russa dos Escritores Proletários), cujos colaboradores se mostravam muito zelosos em atacar os escritores que lhes pareciam transgredir a moral proletária.

2. Referência ao poeta I.I. Dorônin. Ver supra, p. 227.

3. Ver supra, p. 284, n. 49.

4. O papel de Loengrin, da ópera deste nome, de Wagner, constituiu um dos grandes êxitos da carreira artística de Leonid Sóbinov.

1. O artigo foi escrito em colaboração com Óssip Brik e publicado no primeiro número da *Lef*, em março de 1923.

A revista tinha cinco secções principais: Programa, Prática, Teoria, O Livro, Os Fatos. O artigo era intróito à secção Prática.

2. "Alguém de cinza" é personagem de *Vida de um Homem*, peça de Leonid Andriéiev. "A Dama Desconhecida" é um poema famoso de Aleksandr Blok; Cristo é realmente figura muito comum no simbolismo russo, que tendeu para o misticismo ainda mais intensamente que o simbolismo de outros países; em Blok, Cristo aparece inesperadamente no final de Os Doze, ver *Poesia Russa Moderna*, p. 61-77, tradução de A. de Campos.

3. "Coroado de rosas brancas" é verso de Os Doze, de A. Blok, op. cit., p. 77.

4. Os poetas referidos, com exceção de S.M. Trietiakóv, figuram em *Poesia Russa Moderna*.

Nicolai Assiéiev (p. 177-180) alça aí seu "voo vocabular", graças a H. de Campos, no poema "Quando a preguiça dobra o que é terreno..." Já o segundo poema, "Coração Batendo Sem Que se Ouça", que é de uma fase posterior, não se enquadra na fórmula de Brik e Maiakóvski. Vassíli Kamiênski (p. 97-111), porém, é todo sonoridade em ambos os trechos traduzidos.

A sintaxe de Pasternak é algo a que Maiakóvski se refere com frequência. Realmente, ela é estranha, nova, uma subversão completa das normas tradicionais. Mais tarde, Pasternak procurou uma dicção mais tradicional, menos "subversiva", porém mesmo em seus versos dos últimos anos repontam aqui e ali traços da "rebeldia sintática" de seus trabalhos de mocidade. Creio que isto pode ser percebido apenas em certa medida nos poemas incluídos em *Poesia Russa Moderna*, mas evidencia-se de modo indubitável nas traduções que H. de Campos fez de quatro poemas de Pasternak (dois deles em colaboração comigo), ibidem, p. 184-190. O caráter estranho e profundo dos poemas em questão foi destacado particularmente na conferência de K. Pomorska sobre a poesia de Pasternak, na Faculdade de Filosofia, Ciências e Letras da Universidade de São Paulo, em setembro de 1968 (as traduções foram feitas para ilustrar a conferência).

A característica para a qual Maiakóvski e Brik apontam em Khlébnikov patenteia-se claramente na parte que lhe é dedicada em *Poesia Russa Moderna* e no poema "Eis-me levado em dorso elefantino...", idem, p. 128-129, tradução de H. de Campos.

Maiakóvski pode ser lido em português na antologia acima referida e no livro *Maiakóvski: Poemas*, ambos da Perspectiva.

5. A obra de Ó. Brik é pouco numerosa e está dispersa em revistas e coletâneas, embora sejam muito importantes os – seus estudos sobre o verso russo. Seus artigos "Zvukovie Povtóri" e "Ritm i Sintáksis" foram reeditados nos EUA com o título *Dois Ensaios sobre Linguagem Poética*.

O segundo desses artigos foi traduzido parcialmente para o francês por
T. Todorov, *Théorie de la littérature*, p. 143-153.

Quando apareceu "Nosso Trabalho Vocabular", a obra publicada
por Óssip Brik reduzia-se a pouquíssimos escritos teóricos.

6. O escritor alemão Karl Wittfohel.

7. Alusão aos dramaturgos alemães Georg Kaiser e Ernst Toller.

EM QUEM FINCA SEUS DENTES A LEF?

1. O artigo foi publicado no primeiro número da revista, em março
de 1923, com a assinatura *Lef*. Ver a autobiografia "Eu Mesmo", subtítulo
"1923", supra, p. 129.

2. Ver tradução supra, p. 34.

3. Ver supra, p. 89, n. 13. Onde já se tratou do costume russo dos
banhos a vapor e do sentido depreciativo da expressão.

4. Ver supra, p. 101-102, n. 9.

5. Alusão à assembleia constituinte, convocada pelo governo provisório após a queda do tsarismo, e que seria dissolvida pelos bolcheviques.
No caso, trata-se de uma alusão a um espírito liberal, no sentido pejorativo que se costumava atribuir à expressão, nos meios revolucionários.

6. Ver "Eu Mesmo" , subtítulo "A Blusa Amarela", supra, p. 122. Os rostos
coloridos foram também um dos recursos de que lançaram mão os futuristas
russos para chocar o público. V. Schklóvski relata como Le Dantu e o pintor e poeta Iliá Zdaniévitch apareceram numa conferência do escritor Korniéi Tchukóvski com o rosto "pintado com certa coqueteria. O comissário
de polícia os conduziu para fora da sala, delicadamente, deliciando-se com
a simpatia do público", ver V. Schklóvski, *O Maiakóvskom*, *Jíli-Bíli*, p. 303.

"OPERÁRIOS E CAMPONESES NÃO COMPREENDEM O QUE VOCÊ DIZ"

1. Este artigo, aparecido na revista *Nóvi Lef*, em janeiro de 1928, tem
evidente relação com o poema "Incompreensível Para as Massas", de 1927,
ver *Maiakóvski: Poemas*, p. 123-126, tradução de Haroldo de Campos.

2. O crítico de arte e literatura e tradutor A.M. Efros, que publicou
em 1922 a coletânea *Sonetos Eróticos*, com a tiragem de 260 exemplares.

3. O cantor L.V. Sóbinov. Maiakóvski atacou-o após sua participação
numa sessão em memória de Iessiênin, ver supra, p. 286, n. 72.

4. Ver supra, p. 267, n. 3.

5. Do poema "O Bombardeio dos Dardanelos", de V. Briússov.

6. A noção de um Púschkin "cristalino", "transparente", estava sendo
abalada na época, por causa da ação da escola formalista russa, diversos
de cujos críticos procuraram demonstrar que aquela "transparência" era
devida a uma repetição de clichês pelos antologistas e pelos compêndios

escolares, sempre na base de uns poucos trechos seletos. É particularmente elucidativo o que diz neste sentido R. Jakobson, *Noviéichaia Rúskaia Poésia*, p. 4, 5.

7. Púschkin escreveu em verso uma série de "Contos Populares Russos", entre os quais a "História do Pescado e do Peixinho" e a "História do Tsar Saltan, de Seu Filho, o Paladino e Príncipe, Glorioso e Potente, Gvidon Saltânovitch, e da Formosa Tsarevna Cisne" (*tsarevna* é filha de tsar).

8. A posição defendida neste artigo, em relação a Púschkin, não contradiz os ataques de Maiakóvski a determinadas partes da obra puschkiniana, que fez em diferentes ocasiões, mostrando-lhes a inatualidade, a inaceitabilidade pelo leitor moderno, e ao mesmo tempo é complementar à atitude de franco reconhecimento do gênio puschkiniano, que aparece no poema Jubileu, *Maiakóvski: Poemas*, p. 95-103, tradução de H. de Campos.

A geração de Maiakóvski procurou eliminar a imagem do Púschkin-modelo-de-composição-escolar e também não aceitava o Púschkin-profeta apresentado por Dostoiévski no famoso discurso da inauguração do monumento a Púschkin em Moscou.

9. Revista ilustrada; o nome significa "Foguinho" ou "Luzinha".

10. Pedagoga, jornalista e revolucionária, esposa de Lênin. A enquete em questão realizou-se por ocasião do centenário de nascimento de Tolstói.

11. A Juventude Comunista.

12. Na realidade, segundo o testemunho de Púschkin, as maçãs do rosto doíam ao general Iermolóv, quando este lia versos de Griboiedov, apud R. Jakobson, op. cit., p. 5.

13. A revista *Novo Mundo* e o escritor humorístico M.M. Zóschenko.

14. Os críticos V.P. Polônski e A.C. Vorônski. O segundo dirigia a revista *Krásnaia Nov* (Terra Virgem Vermelha).

15. O romancista V.A. Kaviérin.

16. A FOSP, Fiederátzia Obiediniânii Soviétskikh Pissátieliei (Federação das Associações de Escritores Soviéticos), que existiu entre 1927 e 1932.

17. No trecho, há um trocadilho com o nome da Rua Sadovo-Samotiétchnaia (aproximação: Rua dos Jardins e Fontes Naturais) e com o título de um romance de L.N. Gumilévski: *Beco dos Cachorros*. Este fora publicado em 1926 e causara grande sensação, em virtude de uma abordagem bastante livre dos problemas sexuais na União Soviética. Maiakóvski evidentemente critica, no caso, o caráter naturalista das descrições. O livro foi também traduzido para o português e editado no Brasil, com o título de *O Amor em Liberdade*.

18. O crítico e jornalista I.M. Stieklóv (1873-1941).

19. A bailarina I.V. Helzer (1876-1962).

INTERVENÇÃO NUM DEBATE SOBRE OS MÉTODOS FORMAL E SOCIOLÓGICO

1. O debate ocorreu na Sala das Colunas da Casa dos Sindicatos, em Moscou, e a intervenção de Maiakóvski foi anotada por M.M. Koriêniev, sendo publicada pela primeira vez no volume 65 da série "Herança Literária" e republicada nas o.c., de onde a traduzi.

Estava em preparo então uma resolução do Comitê Central do Partido Comunista (b) da URSS sobre a Literatura. Dez dias antes do debate, Maiakóvski participara de uma sessão da comissão literária do mesmo Comitê Central. Semelhantes discussões públicas, antes de uma resolução oficial do Partido, eram comuns no período que precedeu a implantação do stalinismo.

O período em questão quando se preparava a resolução citada, foi de grandes discussões sobre a política do Partido em relação à arte e à literatura. Ver, por exemplo, I. Deutscher, *Trotski: O Profeta Desarmado*, p. 215-217.

A POÉTICA DO TEATRO

INTERVENÇÃO NO DEBATE "O PINTOR NO TEATRO DE HOJE"[1]

3 de janeiro de 1921.

Companheiros, em primeiro lugar direi algumas palavras de resposta ao orador que me precedeu[2]. Companheiro, você que diz claramente não ser um artista, acerca-se de nós como qualquer pequeno burguês e não como revolucionário. Diz: onde está o sonho? Onde está a arte? E a poesia? A beleza? E o que é bonito, na sua opinião? São bonitas as palavras de Balmont... (*Cita uma quadra.*)

Em outros termos, tudo é bonito. Depende de como se encara. Na realidade, "A Viúva Alegre" também é uma coisinha bonita – vamos então aceitá-la? Avançando mais nesse caminho escorregadio, você declara que o problema do teatro moderno é a luta com o mal social. Mas não se pode dizer semelhante besteira no século xx! (*Aplausos.*) Façam o favor de não aplaudir, vaiem apenas. A pneumonia e a tuberculose também são males. E a especulação também. Mas ela pouco se incomoda com o teatro de vocês. O teatro tem seus problemas, e não se deve abordá-los de um salto, acobertando-se com o espírito revolucionário.

Vocês estão lembrados, todos vocês que se dizem operários afirmavam que o teatro deveria ser algo que se erguesse acima do cotidiano, algo criado por pessoas que não pensassem num pedaço de pão. Mas estes são "burgueses", segundo a nossa terminologia. (*Ruídos*. O presidente: "Peço cessar os gritos!") Nós conhecemos milhões de pessoas cujas obras se realizaram como decorrência da luta mais cruel por um pedaço de pão. Conhecemos *A Fome* de Knut Hamsun, criado à custa dos sofrimentos mais penosos, realmente inumanos, e da luta por um pedaço de pão. Podemos citar ainda muitos exemplos. Como é que vocês acusam então pintores e atores porque eles fazem algo por um pedaço de pão? Fazemos o mesmo que vocês, que trabalham nas usinas e nas repartições soviéticas por um pedaço de pão. (*Ruídos*.) Companheiros, não me interrompam e não se exercitem em vão na fraseologia. Falo apenas de que... (*ruídos*) ainda há pouco o teatro moderno era criticado por se vender por um pedaço de pão. Será que todos eles se ocupam nas respectivas especialidades não por esta razão, e sim em prol de não sei que empreendimentos aéreos? Nós agora descemos à terra, onde todos os viventes lutam por um pedaço de pão, e não a deixaremos por nenhum quinhão aéreo. (*Ruídos, gritos*.) Companheiros, se vocês têm nomes e não apenas vozes, podem inscrever-se para falar.

Detenho-me na intervenção do orador precedente, para mostrar a que ponto não interessa a ninguém aquilo que se opõe à arte nova. Vocês vieram hoje aqui para ver estas cordas e estas manchas vermelhas[3], e não nos ameacem com as suas bengalas. Quando Vassíli Kamiênski e eu, em Odessa, penduramos pelos pés três pianos, na entrada do teatro, o público ameaçou aniquilar-nos, se não tirássemos dali aquele enfeite[4]. E agora toda uma série de oradores grita não sobre o fato de que isto não é arte, mas empreende discussões teóricas gerais sobre a necessidade da participação dos pintores, e vocês não se indignam e veem com clareza que isto pode ser criticado apenas como um pormenor, mas que são incapazes de discutir o problema em essência. Está certo?

Agora, não nos retrucam, porque não há o que nos dizer, pois toda a ideologia em que poderiam apoiar-se, toda a velha arte, constitui ideologia burguesa, uma cobertura corpórea que despimos em Outubro. E ninguém viria com ela a este teatro. O caso está em que, por trás deste acordo silencioso conosco, existem milhares de pessoas que se ligaram ao velho pensamentozinho burguês, e este arregala os olhinhos para esta nova arte, e em certa parte do Beco Kamierguérski[5], realiza a sua velha arte. Mas que divergência existe entre este e aquele teatro? Peguem qualquer peça. Como se aborda o problema de sua encenação? Peguem *O Jardim das Cerejeiras* – como é abordado? Muito simplesmente: vamos, decorador, você viu como um cerejal floresce na primavera? Pois toca em frente, dá-nos um cerejal. E eles tocam em frente, não levando em conta nem as exigências do palco, nem o que já foi inventado pelos ofícios de hoje, particularmente o ofício de pintor. Isto porque as cinco ou dez mil pessoas que vieram aqui pedem em primeiro lugar um espetáculo, e não aquilo que Tchékhov nos dá. Aqui exigem do decorador uma ilustração. Aqui procuram fazer com que estas dezenas de milhares de pessoas venham e não se indignem com uma peça ordinária. Mas não é esta a preocupação do diretor moderno. Ele se preocupa em incluir a vocês todos na ação, para que não sejam espectadores inertes, mas vocês mesmos se lancem a representar comédia ou tragédia. O que vinha fazer aqui o velho autor? Procurava dar a vocês determinada moral, arrastar vocês para a luta com a tuberculose ou os males do fumo[6], que ele apresentava neste palco.

A revolução nos chamou para longe das velhas obrigações e nos deu a possibilidade de procurar ver em que consiste a base de nosso ofício, de nosso trabalho teatral.

E nesta revolução encontramos as verdades indiscutíveis, segundo as quais se desenvolve cada arte particular. Encontramos dados exatos para a pintura. Sabemos que o volume, o objeto, seu colorido e construção de linhas, constituem a alma e o coração da arte pictórica. Concluímos que na apresentação teatral de *Tio Vânia* e de *O Jardim das Cerejeiras* não havia verdade. Neste caso, o diretor apanha vocês, rapace, como uns tolos que não têm contato com outras pessoas que caminham ao lado, pega esta gente que se acostumou a correr unicamente em direções determinadas, tratando de seus negócios ou fazendo compras, e encaminha vocês em colunas bem formadas e proporciona-lhes o contato com uma pessoa que está ao lado, no caso o ator.

Peguem um poeta de verdade: não se trata de alguém que dite moral, não é este o sentido da palavra, ele capta o essencial, em meio ao multívoco das palavras e ruídos – como se modificavam as palavras, e que novos lemas e construções de discurso encontrou a revolução. Não é mais a velha linguagem de Ostróvski[7]. Ele quer que às réplicas ditas no palco, vocês respondam com réplicas vindas da sala e vivam a mesma vida do poeta.

Outubro cria na arte uma série de componentes. Este Outubro começou pela pintura por muitos motivos, talvez por ser uma das artes mais antigas, talvez porque a pintura aplicada era mais necessária para a revolução e a estrutura artesanal da indústria[8]. Mas esta revolução há de passar por determinada relação com a pintura. Creio que, defendendo aqui a frente comum de meus companheiros "futuristas", seria unilateral falar da utilização da pintura no teatro. Isto é praticamente impossível. Deem a qualquer decorador teatral a tarefa de encenar *O Mistério-Bufo*, e ele não o fará. Ele a encenará admiravelmente quanto às cores, mas não dará vida àqueles milhões que devem acudir da sala, em ajuda ao ator. Por conseguinte, é indispensável que o pintor seja completado pelo diretor e instruído por este. E se vocês soltarem, para fantasiar no palco, uma multidão heterogênea e muda, resultará, no melhor dos casos, um péssimo balé.

Se vocês não derem aos atores uma construção vocabular, o teatro estará morto. Um tom magnífico, no que tange aos cenários, encontrado pelos pintores, foi destruído por uma peça inapelavelmente ordinária e cacete, como é *As Auroras*. Mas a frente revolucionária se esclarece e se regulariza, e depois que as pessoas tenham visto *As Auroras*, talvez até mal dirigidas, ao voltarem ao lugar de origem, hão de carregar consigo este projetor, e não precisarão mais dos "Matinhos" de Ostróvski[9]. Eles iniciarão nesses lugares a construção de um novo teatro. E esta multidão não será mais regulada pela voz fraca e rouquenha de Meierhold, mas pelo rugir da sirene, e isso não se dará numa única manifestação, da qual participem milhares e dezenas de milhares de pessoas.

Companheiros, não se pode representar a tomada do Palácio de Inverno com *A Floresta* de Ostróvski. Isto é uma quimera. Outubro não chegou porque foi levada uma peça em que um artista deu livre curso a suas ideias. Não. Todo o vulcão, todas as explosões, que trouxe consigo a revolução de Outubro, exige novas formas também em arte. Temos que dizer a todo momento, em nosso trabalho de agitação: mas onde estão as formas artísticas? Estamos vendo os lemas segundo os quais todos os 150 milhões da população da Rússia devem avançar para a eletrificação. E precisamos de um impulso para o trabalho, não por medo, mas em nome do futuro. E será que isto é dado pela *Floresta* de Ostróvski ou por *Tio Vânia*? Não: isto é dado pela instrumentação de toda a multidão de povo, segundo o sentido pregado por nós outros, futuristas. Viva Outubro na arte, que avançou sob a bandeira comum do futurismo, e prosseguirá sob a bandeira do comunismo!

INTERVENÇÃO NO DEBATE SOBRE A ENCENAÇÃO DE O INSPETOR GERAL NO TEATRO ESTATAL V. MEIERHOLD[1]

3 de janeiro de 1927.

(*Risos.*) Por que estão rinchando, companheiros? Esperem um pouco[2].

Já perdi o êxtase primário, na abordagem das obras de arte, e estou muito contente com isto. Só me resta um modo de olhar as obras de arte – o do homem que se ocupa pessoalmente dessa tarefa, mas no caso presente quero deixar de lado este não direi academismo, mas certo sangue-frio, porque tenho vontade de sair em defesa do espetáculo e em defesa de Vsiévolod Emílievitch Meierhold, como seu executor.

Fui ver o *Inspetor* com espírito preconcebido, fui atacar o *Inspetor*, pois tanto a imprensa como os meus conhecidos o atacavam, e visto que eu não tinha nenhum assunto particular ligado ao *Inspetor*, o mais simples era confirmar a opinião da imprensa e de meus conhecidos. Era mais simples, também para não criar certas divergências no cotidiano caseiro. Mas, vindo ao espetáculo e decorridos dois atos, modifiquei radicalmente meu ponto de vista, ou melhor, o ponto de vista alheio sobre este espetáculo. Subsistem as objeções – e deixaremos de lado momentos particulares do espetáculo –, subsistem as objeções formuladas na imprensa, no debate de hoje e nas discussões domésticas.

A primeira objeção é de natureza acadêmica. Estou muito satisfeito porque o respeitável catedrático de Rostóv colocou aí o seu selo doutoral. (*Aplausos.*) É a objeção sobre os "acréscimos". O homem examina o caso como se redigisse uma ata: a frase a emitir estava numerada, e Deus nos livre de modificá-la. Ele tem consigo o original, consulta-o a todo momento e já o sabe de cor. Sua tarefa consiste em conferir o original com aquilo que sucede no palco. Se tudo se fez corretamente, as coisas vão bem e ele volta satisfeito para casa: segundo seus textos e sua cátedra, não há transgressões, e ele pode prosseguir sua vida tranquila, uma vida equilibrada de professor-catedrático.

Para mim, como lefiano e futurista, semelhante correspondência entre o texto e aquilo que acontece no palco não é uma qualidade, mas um defeito colossal, seria o fracasso do espetáculo.

Temos pouquíssimas obras de arte realmente grandes. Indiscutivelmente, *O Inspetor Geral*, quanto ao texto e ao projeto de seu autor, faz parte destas pouquíssimas obras que temos. Mas, para nosso mais profundo desgosto, as maiores obras de arte morrem com o decorrer do tempo, apodrecem e não podem destacar-se como fariam quando vivas. E o maior mérito do homem que, por esta ou aquela razão, se vê forçado a reanimar os defuntos e encenar esta peça, consiste em fazer com que o falecido dê umas dez voltas no caixão, de prazer ou desgosto. Eu afirmo que Gógol, com toda a sua genialidade, não chegará ao nosso ouvido em sua versão primitiva, porque este espetáculo...[3] Quando se diz: estafetas, estafetas, trinta e cinco mil estafetas, eu não vou rir com isto nem um instante, e o que resultará em mim não será o riso gogoliano, mas o riso do catedrático de Rostóv-do-Don. E, quanto a mim, todo o valor do espetáculo está na habilidade do diretor ao modificar o autor, em sua ânsia de avivar desta ou daquela maneira o espetáculo e oferecê-lo em forma de sátira agudíssima, com aquele mesmo caráter direto e mordaz, com aquela grandeza perturbadora com que o fez Gógol.

A primeira pergunta: Meierhold matou o riso gogoliano? – deve ser formulada de outro modo: este riso existe? Isto não é uma pergunta, mas uma comparação da encenação com o original. Resulta uma outra pergunta, uma comparação das modificações: será que Meierhold refez suficientemente este *Inspetor*? Aí se passa ao problema da avaliação lúcida destas ou aquelas passagens. Há passagens admiravelmente refeitas, isto é, não propriamente refeitas, mas admiravelmente introduzidas, conforme se expressou Vsiévolod Emílievitch em seu texto de direção. Por exemplo, a passagem sobre as defuntas que vêm à superfície no Nievá, quando Khlestakóv começa a se vangloriar que por sua causa mulheres se suicidam e as defuntas vêm à superfície[4]. Mas há uma passagem ruim, onde se diz que uma codorna custa setecentos rublos[5]. Isto não me impressiona, pois pouco antes uma melancia também custava setecentos rublos. É claro que isto foi dado por Gógol para efeito de contraste, que a codorna, apesar de tudo, custa mais caro. Trinta anos atrás, quinze estafetas era pior que 35 mil[6], mas hoje é o contrário. Não se pode deixar esses estafetas como estão no texto. Portanto, todas as minhas objeções contra este espetáculo, na linha primeira, "professoral", consistem em que o texto gogoliano foi insuficientemente alterado. Foram deixados Bóbtchinski e Dóbtchinski. Mas serão eles figuras do passado remoto, não temos agora outros pares de tais Bóbtchinski e Dóbtchinski? Guerássimov não anda sempre com Kirilov, e Járov com Útkin[7] não formam obrigatoriamente um par? São os Bóbtchinski e Dóbtchinski de hoje. E se ele pusesse no palco Járov e Útkin, eu aplaudiria ainda mais. E não me espantaria, pois Gógol não os adivinhou quanto ao sobrenome, mas quanto ao gênio. Aí está por que eles atuam e falam como gente viva.

A segunda objeção é quanto à encenação de Gógol em geral: será preciso encenar *O Inspetor*? Nossa resposta de lefianos é, naturalmente, negativa. Não se deve encenar *O Inspetor*. Mas de quem é a culpa se o encenam? Será apenas de Meierhold? E Maiakóvski não é culpado, se recebeu um adiantamento, mas não escreveu a peça?[8] Sou também culpado. E Anatóli Vassílievitch Lunatchárski não é culpado quando diz: "Voltemos a Ostróvski"?[9] É culpado, sim. E quando se fala em vanguardismo e se reconhece como defeito a impossibilidade de montar espetáculos dos quais todos vão embora no início? Talvez o fato de todos terem ido embora seja justamente o critério para se afirmar que o espetáculo é bom? Deixamos demasiado pouco espaço para o vanguardismo. Não digo que todos os espetáculos devam ser inovadores, não digo que se devam montar espetáculos que afugentem o público. Mas quando há uma boa direção e boa execução profissional, o abandono da sala não caracteriza a encenação, e sim aqueles que se retiram. Sobre o que se deve escrever? Não sobre o fato de que Fulano se retirou, mas que os coitados Beltrano e Cicrano se retiraram. (*Aplausos*.)

Agora, quanto à direção. Há muitas coisas que me desagradam e muitas passagens admiráveis. Entre estas, devo citar obrigatoriamente a cena do Labardan[10]. É uma cena que completa Gógol em 5% e não pode deixar de o completar, porque esta palavra foi transformada em ação. Há uma passagem muito fraca: a cena da propina. Não a aceito de modo nenhum, porque aí deve haver um crescendo contínuo: Khlestakóv pega de um cem, de outro duzentos, de um terceiro arrebanha com as patas tudo o que ele tem. Mas aqui as pessoas saem de diferentes portas, e a cena se confunde. Trata-se porém, de um problema do próprio vanguardismo, um problema de equilíbrio do espetáculo[11].

E quando me dizem que Meierhold realizou agora um espetáculo inadequado, me dá vontade de voltar à biografia de Meierhold e à sua posição no mundo teatral de hoje. Eu não entregarei Meierhold a vocês, para que seja lançado às feras. Vocês nos impingem os "Eugráfios, buscadores de aventuras" e o "Amor sob os Olmos"[12] em lugar de Meierhold. É preciso levar em conta, com lucidez, a realidade teatral da República soviética. Temos poucos homens de talento e muitos coveiros. Em nosso meio, gosta-se de ir a casamentos alheios, desde que haja distribuição de sanduíches. Mas é com gosto também que se fará um enterro[13]. Há muito tempo se deveriam arquivar tanto estes enterros como casamentos, para que cedessem lugar a um lúcido balanço.

O terceiro tema das objeções refere-se a um assunto em que eu não gostaria de tocar, mas que é preciso abordar, pois conversas desse tipo corroem nossa vida teatral mais que dezenas de críticas. Dizem: Zinaída Raikh. Foi posta em primeiro lugar. Por quê? Por ser a mulher do diretor. É preciso formular a questão de outra maneira: uma dama determinada é posta em primeiro lugar não pelo fato de ser sua mulher, mas o diretor se casou com ela por ser boa atriz. (*Aplausos.*) No caso, as objeções para mim não se reduzem a uma questão burocrática: marido e mulher não devem trabalhar na mesma repartição; e também não se reduzem ao fato de que se a mulher trabalha bem, deve-se retirá-la porque trabalha bem, mas sim ao seguinte: se ela trabalha mal, deve-se influenciá-lo para que se divorciem. Eis o que eu exijo obrigatoriamente de nossos críticos: não promover vaias por causa de uma família inexistente ou mesmo existente. Em particular, para dizer de minha impressão do papel de Raikh nesta peça, devo dizer que é o melhor papel de todo o seu repertório. Eu assisti a *Bubus*[14] e me indignava em silêncio, mas agora, podendo fazer a comparação no sentido positivo, devo dizer: um papel brilhantemente interpretado. E quanto ao fato de se ter orientado o principal da ação para essa personagem e não para a filha do prefeito, por que não nos basearmos no final da carta de Khlestakóv? "Não sei a quem devo arrastar a asa – à mãe ou à filha." E é claro que para ele, que viera passar ali pouco tempo e jamais voltaria, não era a filha que deveria ser objeto de concupiscência e sim a mãe, e foi muito certo que ela tenha crescido até dimensões hiperbólicas.

É muito correta a cena da mulher do prefeito e dos militares, que saem dos armários. Não há nisso nenhum misticismo. O que é isso? A realização da metáfora, a realização da ligeira alusão de Gógol à natureza sensual dessa dama: ela foi realizada num brilhante efeito teatral. Só posso objetar o seguinte: esses homens depois aparecem como personagens reais. Objeto contra isto, porém mais uma vez se trata de minúcia, de um pormenor, que não prejudica a construtividade geral e o sistema geral do espetáculo.

E agora tenho que tratar de uma vulgaridade. Infelizmente, meu amigo, o camarada Schklóvski, resolveu aludir aos que se retiravam: do primeiro ato, saíram tais e tais pessoas, do segundo, tais e tais outras[15]. Em nossa República soviética, não podemos fornecer papel para esses fuxicos. Não temos direito de publicar tais coisas. Não gosto quando alguém se retira de uma audição de meus versos; isso acontece raramente, mas acontece, e então eu sou implacável. E eis que uma vez eu xinguei uma camarada, e depois recebi uma carta histérica: pensa que eu seria capaz de abandonar a sua leitura? – fui dar comida às crianças. Não sei, talvez realmente fosse necessário comprar presuntos para as festas de fim de ano, talvez as lojas se fechem às onze e a pessoa não tenha tido tempo de comprar seus brioches. Não se pode passar tais observações para o nosso papel, sobretudo quando este não existe em abundância.

O camarada Meierhold percorreu o longo caminho do teatro revolucionário e lefiano. Se Meierhold não tivesse encenado as *Auroras*, se não tivesse encenado *O Mistério--Bufo* e *Ruge, China!*[16], não haveria em nosso território um diretor para se encarregar de um teatro moderno e revolucionário. E após as primeiras vacilações, o primeiro insucesso, talvez proveniente da imensidão do problema, não entregaremos Meierhold aos cães da vulgaridade! (*Aplausos.*)

INTERVENÇÃO NO DEBATE SOBRE *OS BANHOS*, REALIZADO NA CASA DA IMPRENSA, EM MOSCOU[1]

27 de março de 1930.

Companheiros, eu existo fisicamente há 35 anos e, há vinte anos, por assim dizer como criador, e durante toda a minha existência tenho afirmado meus pontos de vista, com a força de meus próprios pulmões, com o vigor e a firmeza de minha voz. E não me inquieto com o fato de que meu trabalho possa ser anulado. Nos últimos tempos, começou a formar-se a opinião de que eu era um talento reconhecido por todos, e estou contente porque *Os Banhos* desfazem esta opinião. Ao sair do teatro, eu enxugo, em sentido figurado, é claro, cusparadas de minha fronte vigorosa.

Depois da exibição de *Os Banhos*, as opiniões se dividiam em dois grupos: uns diziam: "É admirável, nunca me diverti assim"; e outros: "Que droga, um espetáculo horrível."

Para mim, seria muito fácil dizer que minha peça era admirável, mas que a estragaram na execução. Seria um caminho extremamente fácil, que eu recuso. Aceito inteiramente a responsabilidade pelos defeitos e qualidades da peça[2]. Mas existem também momentos de outra natureza. Não se pode, por exemplo, chegar e dizer: "Vejam, a repressão a uma passeata de comunistas, digamos em Nova York, decorreu melhor que a greve dos mineiros de carvão na Inglaterra." Semelhante avaliação não constitui a medida real das coisas. Em primeiro lugar, é preciso dizer em que medida esta ou aquela coisa é necessária em nosso tempo. Se é uma coisa nossa, deve-se dizer: "Que infelicidade que seja ruim." Se é nociva, temos de nos alegrar pelo fato de ser fraca.

O interesse básico deste espetáculo não consiste na psicomentira, mas na solução de problemas revolucionários. Considerando o teatro uma arena que expressa lemas políticos, tento encontrar a forma de realização que permita resolver tais problemas. Antes de mais nada, declaro que o teatro é uma arena, e em segundo lugar, que é um empreendimento de espetáculo, isto é, uma alegre arena publicística.

Alguém disse: "O fracasso de *Os Banhos*, o insucesso de *Os Banhos*". Em que consiste o insucesso, o fracasso? No fato de que certo homenzinho do *Komsomólskaia Pravda* piou uma frasezinha no sentido de que não achara graça[3], ou no fato de que alguém não gostou do desenho de um dos cartazes? Foi isso que eu procurei em meus vinte anos de trabalho? Não, eu me orientei no sentido de produzir material literário e dramático de real valor e aplicá-lo. Em que consiste para mim o valor desse material? Está em que ele é antes de mais nada propaganda, dada em forma de algo a ser dito, está em que foram resolvidos no próprio texto, do início ao fim, todos os traçados cômicos dos diálogos. Eu sei que cada palavra feita por mim, da primeira à última, foi feita com aquela consciência com que fiz as minhas melhores coisas poéticas. Procurando demonstrar que havia na peça momentos sem graça, Tcharov citou três frasezinhas enxertadas por atores.

Agora, quanto ao aspecto dramatúrgico. Resolvendo certos problemas de montagem, defrontamo-nos com a extensão insuficiente do palco. Derrubamos uma frisa, derrubamos paredes, se for preciso derrubaremos o teto: queremos transformar um ato teatral individual, que se desenvolve em seis ou sete quadros, numa cena de massa. Repito dez vezes: prevejo que terei de entrar em conflito, sobre este tema, com o velho teatro e com os espectadores. Eu sei, e creio que Meierhold sabe isso também, que se tivéssemos realizado a cena de acordo estritamente com as prescrições do autor, teríamos conseguido maior efeito teatral. Mas, em lugar de teatro psicológico, estamos apresentando teatro visual. Hoje, fui criticado por operários na *Vietchérniaia Moscvá* (Moscou Vespertina)[4]. Um diz: "Barracão de feira", e outro: "Fantoches"[5]. Pois bem, eu justamente queria dar barracão de feira e fantoches. Um terceiro diz: "Não é artístico." Isto me alegra: eu justamente não queria realizar artisticamente.

Nós nunca fomos vanguardistas sem base, mas também nunca fomos rabichos de ninguém. Sempre dissemos que as ideias defendidas pela União Soviética eram ideias avançadas. Somos o teatro de proa, no campo da dramaturgia. Neste caminho, cometemos dezenas, centenas de erros, mas estes erros são mais importantes para nós que os êxitos do velho teatro de adultério.

Notas

INTERVENÇÃO NO DEBATE "O PINTOR NO TEATRO DE HOJE"

1. A tradução baseou-se na anotação taquigráfica, incluída nas O.C. Segundo notas a estas, tais anotações são frequentemente de qualidade insatisfatória, o que aliás se comprova facilmente. No caso do texto em questão, não houve revisão pelo próprio poeta.

No debate sobre a encenação de *As Auroras* de Verhaeren, ocorrido em 22 de novembro de 1920, decidira-se promover, cada segunda-feira, debates teatrais (que passaram a denominar-se "As Segundas-feiras das Auroras"), no local onde se exibia a peça: O Teatro Número Um da RSFSR (República Soviética Federativa Socialista da Rússia). E uma dessas segundas-feiras, a de 3 de janeiro de 1921, foi dedicada ao tema: o pintor no teatro de hoje. Foi relator o crítico de arte I.A. Aksionov e correlator o pintor G.B. Iakulov; participaram dos debates V. Maiakóvski, V.E. Meierhold, o poeta V. Kamiênski, o pintor I.V. Ravdel, o diretor teatral V.V. Tikhonóvitch e outros. A ata da discussão foi publicada na revista *Noticiário Teatral*, n. 27, jan. 1927.

2. A ata não esclarece de quem se trata.

3. Alusão ao cenário de *As Auroras*.

4. Reminiscência sobre a década de 1910, quando o grupo cubofuturista realizou conferências em diferentes cidades, provocando com frequência a hostilidade do público. Ver "Eu Mesmo", subtítulo "Um Ano Alegre", supra, p. 122-123.

5. Local do Teatro de Arte de Moscou, hoje Passagem do Teatro de Arte.

6. *Os Males do Tabaco* é o título de uma peça curta de Tchékhov, que dá, no entanto, à expressão um sentido irônico.

7. O dramaturgo A.N. Ostróvski (1823-1886).

8. Expressando opinião um tanto diversa, A.M. Ripellino escreve que "os espetáculos mais significativos de então surgiram de fato no clima fantasioso e cintilante da nova pintura" e, depois de relacionar uma série de encenações da época, acrescenta: "Todos estes espetáculos eram como que imbuídos das tintas e dos ritmos do futurismo. Não se pode, aliás, imaginar a arte de Taírov sem as caprichosas formas espirais de Iakulov ou sem os figurinos de Ékster, que engaiolavam os atores numa espécie de armadura cúbica de linhas fixas com fios de ferro. Nem seríamos capazes de compreender os trabalhos de Aleksiéi Granóvski sem a pintura de Chagall. Como se sabe, Chagall ornamentou a sala do Teatro de Câmara hebraico de Moscou com afrescos que representavam um carnaval de máscaras hebraicas, e compôs as as cenas para os trabalhos de Scholem Aleikhem, que inaugurou o teatro em janeiro de 1921. Nos seus espetáculos excêntricos, que fundiam a arlequinada grotesca com o estilo de *music hall*, Granóvski transpunha os personagens, as cores e a mímica

das pinturas de Chagall". E segundo mostra Ripellino no mesmo livro, não se poderiam compreender, sem o construtivismo e seus pintores, as encenações de Meierhold no mesmo período. A.M. Ripellino, *Maiakóvski e o Teatro de Vanguarda*, p. 116-120.

9. Meierhold tinha dirigido, pouco antes, a peça *A Floresta* de Ostróvski.

INTERVENÇÃO NO DEBATE SOBRE A ENCENAÇÃO
DE *O INSPETOR GERAL* NO TEATRO ESTATAL V. MEIERHOLD

1. A tradução baseou-se na anotação taquigráfica incluída nas o.c. Segundo uma nota a estas, a anotação não foi revista pelo poeta (XII, 632).

A estreia de *O Inspetor Geral* de Gógol, sob a direção de V.E. Meierhold, tivera lugar no Teatro Estatal V. Meierhold, em 9 de dezembro de 1926. Na encenação, houve uma verdadeira composição das diversas variantes da peça e de passagens de outras obras de Gógol. Esta maneira de tratar o texto, a par do inusitado dos métodos de direção, suscitou acaloradas discussões e as opiniões mais contraditórias expressas na imprensa desde as muito positivas, como a de A.V. Lunatchárski, até os ataques mais violentos.

No debate público, em 3 de janeiro de 1927, participaram A.V. Lunatchárski, V. Maiakóvski, V.E. Meierhold e outros. Um resumo dos debates foi publicado em vários jornais.

2. A propósito destas palavras, há nas o.c. a transcrição de um trecho das reminiscências de A. Fevrálski sobre Maiakóvski, publicadas na revista *Estrela*, de Lenigrado, n. 4, 1945, p. 89: "Maiakóvski saiu para o proscênio, dando um passo por cima de uma cadeira. Aquele movimento abrupto frisou sua descomunal estatura e também a sua intenção de aniquilar o orador precedente, prof. Srietiênski, de Rostóv-do-Don, que expusera um ponto de vista com o qual Maiakóvski estava em completo desacordo. O matiz cômico, que Maiakóvski deu à sua entrada na discussão, provocou risos na sala. Daí sua réplica sobre o "rinchar", ver o.c., XIII, 633.

3. Falha na anotação.

4. Segundo explica uma nota às o.c., XII, 633, Meierhold introduziu no monólogo de Khlestakóv, em que este aparece bêbado e fanfarrão, uma réplica de Sobátchkin, do fragmento de Gógol "Um quarto em casa de Mária Aleksândrovna". O nome de Sobátchkin poderia ser traduzido por Cachórrin, pois os nomes próprios gogolianos são quase sempre significativos; o próprio nome de Khlestakóv provém de *khiestát*, açoitar, podendo ser traduzido por Açoitóv, Chicotóv, Flagelóv, Chibatóv; tratei do assunto com mais pormenores em Farândola de Nomes, *Tradução Ato Desmedido*, p. 151-156. A prática de traduzir nomes próprios russos, para obter efeito semelhante ao do original, foi utilizada por T. Belinky, em sua tradução do conto "Sobrenome Cavalam", *ver Histórias Imortais* de A.P. Tchékhov.

5. Segundo explicação nas O.C., XII, 633, houve pequeno equívoco de Maiakóvski. Trata-se do seguinte trecho, que Meierhold acrescentou ao texto, baseando-se na segunda redação de *O Inspetor Geral*: "Uma perdiz custa oitocentos rublos e uma codorna, mil."

6. Trata-se de um acréscimo, baseado na primeira redação cênica da peça, e que seria substituída por outra variante.

7. Os poetas M.P. Guerássimov, V.T. Kirilov, A.A. Járov e I.P. Útkin. No caso destes dois últimos, a adaptação exigiria algum jogo de palavras: Járov relaciona-se com *jará* (calor), *jar* (febre) e *járit* (fritar) e Útkin com *utka* – pata (ave). No entanto, o arranjo verbal deveria ser muito hábil, para corresponder a Dóbtchinski e Bóbtchinski de Gógol, nomes de um cômico irresistível em russo, o par de nomes se refere a dois baixotes barrigudos, e o simples enunciado deles já sugere algo redondo que rola.

8. Em 23 de março de 1926, Maiakóvski assinou um "termo de acordo" com o Teatro V. Meierhold, pelo qual se comprometia a entregar em duas semanas a sua *Comédia com Assassínio*, mas esta não chegou a ser escrita.

9. Alusão ao artigo de A.V. Lunatchárski, Sobre A.N. Ostróvski e a Propósito Dele, *Izviéstia*, 11-12 abr. 1923, em que fala da necessidade de se "voltar a Ostróvski" e aprender com ele "certos aspectos do ofício". Apud O.C., V, 449.

10. Segundo explica uma nota às O.C., XII, 633, Meierhold acrescentou à peça uma cena em que Khlestakóv pergunta aos funcionários: "Como se chama este peixe?" – e eles respondem em coro, algumas vezes: "Labardan" (nome inexistente), até que Ziemlianika (ou Morango) se destaca do coro e diz o mesmo nome, em solo.

11. Meierhold haveria de modificar a cena em questão.

12. Respectivamente, peças do russo A.M. Faikó e do norte-americano Eugene O'Neill. Ambas foram apresentadas em 1926, a primeira no Teatro de Arte de Moscou e a segunda no Teatro de Câmara (*Kâmierni*).

13. No caso, a linguagem alegórica de Maiakóvski se transformaria em profecia lúgubre, por causa do fim trágico de Meierhold: seu teatro foi fechado por decreto, em janeiro de 1938, sendo os considerandos do decreto verdadeira ata de acusação de formalismo, espírito cosmopolita e antissovietismo; pouco depois, era convidado por Stanislávski a colaborar com ele, mas a morte do grande diretor (com quem trabalhara e de quem se separara, por divergência de concepções cênicas, para ser novamente acolhido por ele) deixava Meierhold completamente abandonado, pois os que se tinham mostrado seus adeptos fervorosos apressavam-se a voltar-lhe as costas. Preso o diretor em junho de 1939, em 15 de julho aparecia assassinada sua mulher, Zinaída Raikh, e pouco depois o próprio Meierhold, em fuzilamento. Os últimos dias de Meierhold aparecem descritos com vibração no livro de A.M. Ripellino, *O Truque e a Alma*, p. 401-402.

14. A peça de A.M. Faikó, *O Professor Bubus*.

15. V. Schklóvski publicou no *Krásnaia Gazeta*, Leningrado, 22 dez. 1926, um artigo em que fazia objeções ao espetáculo de Meierhold.

16. Peça de S.M. Trietiakóv.

INTERVENÇÃO NO DEBATE SOBRE *OS BANHOS*, REALIZADO NA CASA DA IMPRENSA, EM MOSCOU

1. Trata-se de anotação taquigráfica, que não foi revista pelo autor. O debate ocorreu onze dias após a estreia da peça. Os jornais não publicaram resumos, e a intervenção de Maiakóvski apareceu pela primeira vez no jornal *Izviéstia*, 6 dez. 1935, com algumas modificações introduzidas pela redação, ver o.c. XII, 663, 664.

2. O espetáculo foi dirigido por V.E. Meierhold, mas o próprio Maiakóvski figurava como assistente de direção. Na realidade, a preparação do espetáculo decorreu em íntima colaboração entre autor e diretor. O primeiro chegou a modificar partes do texto de acordo com a realização cênica, e por vezes por sugestão de Meierhold. A íntima colaboração entre ambos pode ser atestada, por exemplo, pelo fato de que, no caderno de direção, uma das réplicas figura com a primeira palavra escrita por Meierhold e as restantes por Maiakóvski. Todavia, as modificações introduzidas no decorrer do espetáculo quase não se refletiram no texto impresso, pois este já fora encaminhado por Maiakóvski para edição, quando se deu o trabalho preparatório do espetáculo. Em virtude do suicídio do poeta, as alterações introduzidas só foram encontradas em rascunho, sendo difícil estabelecer a forma definitiva desejada por ele. Nas fotografias do espetáculo, existem cenas que não figuram no texto publicado e um personagem, o fotógrafo, introduzido por Meierhold. Algumas das modificações existentes em rascunho decorreram da necessidade em que se viu Maiakóvski de suavizar certas passagens fortemente satíricas. Ele o fez a contragosto, conforme atestam um epigrama violento que escreveu sobre o Presidente do Comitê dos Repertórios, K.D. Gandúrin, ver o.c., X, 170, e a quadra no mesmo sentido (o.c. XI, 352) que figurava entre os versos satíricos afixados pelo poeta, por ocasião do espetáculo, no palco e na sala de espetáculo. Aliás, entre as frases violentas que retirou dos cartazes havia um ataque contra o crítico V. Iermilov, e no bilhete que deixou aos "companheiros da VAPP", ao suicidar-se, figurava: "Digam ao Iermilov que lamento ter retirado a legenda – precisaríamos acabar de nos xingar", ver o.c., XIII, 138, 354.

3. No jornal *Comsomólskaia Pravda*, órgão da Juventude Comunista, e no qual colaborava o próprio Maiakóvski, aparecera um artigo de A. Tcharov em que se atacava violentamente a peça.

4. Em 27 de março de 1930, tivera lugar na redação do jornal *Vietchérniaia Moscvá* uma discussão da peça, na qual tomaram parte alguns operários. Não existe anotação taquigráfica do debate, em que participou Maiakóvski, mas o jornal publicou, em 31 de março, um resumo da intervenção deste.

5. No original está *pietrúschka*, teatro popular de bonecos, do qual se tem notícia desde o século XVII, e que é designado por este nome do personagem principal.

A POÉTICA DO CINEMA

TEATRO, CINEMATÓGRAFO, FUTURISMO[1]

Meus prezados senhores e senhoras!

A grande derrubada, iniciada por nós em todos os ramos do belo, em nome da arte do futuro – a arte dos futuristas, não há de se deter, nem pode deter-se, ante a porta do teatro.

O ódio à arte de ontem, à neurastenia cultivada pelo pincel, pelo verso e pela cena, pela necessidade, que nada justifica, da manifestação dos sofrimentos minúsculos de pessoas que se afastam da vida, obriga-me a apresentar, como demonstração do inevitável reconhecimento de nossas ideias, não o *páthos* lírico, mas a ciência exata, a pesquisa da relação mútua entre a arte e a vida.

Ademais, o desdém pelas existentes "revistas de arte", como *Apolón* e *Máski*, onde, sobre o fundo cinzento da falta de sentido, boiam, qual manchas de gordura, termos estrangeiros intrincados, faz com que experimente verdadeiro prazer com a publicação de meu discurso numa revista técnica cinematográfica especializada.

Hoje, formulo duas perguntas: 1. O teatro moderno é arte? 2. Será capaz o teatro moderno de suportar a concorrência do cinematógrafo?

Tendo provido as máquinas de milhares de cavalos-vapor, a cidade pela primeira vez possibilitou satisfazer o necessário ao mundo numas seis ou sete horas de trabalho diário, enquanto a intensidade, a tensão da vida moderna, suscitaram uma necessidade imensa do jogo das capacidades cognitivas, que é a arte.

Assim se explica o vigoroso interesse do homem de hoje pela arte.

Mas se a divisão do trabalho chamou à vida um grupo particularizado de operários do belo; se, por exemplo, o artista, tendo deixado de copiar as "belezas das amantes embriagadas", passa à grande arte democrática, ele deve responder à sociedade em que condições o seu trabalho passa de individualmente indispensável a socialmente útil.

Tendo proclamado a ditadura do olho, o pintor tem direito à existência. Tendo firmado a cor, a linha, a forma como grandezas autossuficientes, a pintura encontrou o caminho perene de seu desenvolvimento. Aqueles que acharam que a palavra, seu traçado, seu aspecto fônico, determinam o florescer da poesia, têm direito à existência. São os poetas que encontraram os caminhos para o florescer perene do verso.

Mas o teatro, que antes de nossa chegada servia apenas de disfarce artificial para todas as formas da arte, tem acaso direito à existência independente, sob o laurel de arte individualizada?

O teatro moderno é um teatro de cenários, mas seu cenário é produto do trabalho decorativo do pintor que simplesmente esqueceu sua liberdade e rebaixou-se até uma concepção utilitária da arte.

Por conseguinte, por este aspecto, o teatro pode aparecer apenas como um escravizador inculto da arte.

A segunda metade do teatro é a "Palavra". Mas também aqui, o sobrevir do momento estético não é condicionado pelo desenvolvimento interno da própria palavra, e sim por sua aplicação para expressar ideias morais ou políticas, casuais em relação à arte*.

Também aqui o teatro moderno se manifesta apenas como escravizador da palavra e do poeta.

Isso quer dizer que, antes de nossa chegada, o teatro como arte independente não existia. Mas pode-se acaso encontrar na história pelo menos alguns indícios da possibilidade de sua afirmação? Sim, sem dúvida.

O teatro shakespeareano não tinha cenário. A crítica ignorante explicou isto como desconhecimento da arte das decorações.

Mas aquela época não foi a de maior desenvolvimento do realismo pictórico? E lembre-se que o teatro de Oberammergau não agrilhoa as palavras com as correntes da linha escrita.

Todos esses fenômenos podem ser explicados unicamente como pressentimento de uma arte peculiar do ator, onde a entonação de uma palavra que nem possui significação determinada e os movimentos, inventados mas de ritmo livre, do corpo humano, expressem as maiores vivências internas.

Isso será a nova arte livre, do ator.

Mas, no presente, transmitindo uma representação fotográfica da vida, o teatro incorre na seguinte contradição:

A arte do ator, em essência dinâmica, é acorrentada pelo fundo morto do cenário – mas esta contradição aguda é eliminada pelo cinematógrafo, que fixa com elegância os movimentos do presente.

---

* Por exemplo, o pseudoflorescer do teatro nos últimos dez a quinze anos (Teatro de Arte) se explica simplesmente por um estado temporário de exaltação na sociedade (*No Fundo*, *Peer Gynt*)[2], pois as peças pobres de ideias morrem para o repertório, após algumas horas (N. do A.).

O teatro se conduziu sozinho ao aniquilamento e deve transmitir sua herança ao cinematógrafo. E o cinema, por sua vez, tendo transformado num ramo da indústria o realismo ingênuo, assim como todo o artístico de Tchékhov e Górki, há de abrir caminho para o teatro do futuro, para a arte não agrilhoada do ator[3].

1913

CINEMA E CINEMA[1]

Para vocês, o cinema é um espetáculo.
Para mim, é quase uma contemplação do mundo.
O cinema é o fator do movimento.
O cinema é o renovador das literaturas.
O cinema é o destruidor da estética.
O cinema é a ausência de medo.
O cinema é o esportista.
O cinema é o semeador de ideias.
Mas o cinema está doente. O capitalismo lhe enevoou com ouro os olhos[2]. Hábeis empresários conduzem-no pela mão, através de nossas cidades. Recolhem dinheiro, titilando o coração com assuntinhos chorosos[3].
Isto deve ter um fim.
O comunismo deve tirar o cinema desses amestradores interesseiros.
O futurismo deve evaporar a aguinha morta da lentidão e da moral dos filmes.

Sem isto, vamos ter a dançazinha importada da América ou um nunca acabar de "lágrimas nos olhos" dos Mozjúkhin[4].

A primeira já nos enjoou.

E o segundo ainda mais.

Cartaz de
Acorrentada pelo Filme

INTERVENÇÃO NO DEBATE "OS CAMINHOS E A POLÍTICA DA SOVKINO"[1]

15 de outubro de 1927.

1

Companheiros, infelizmente não ouvi o informe mais essencial do Camarada Bliákhin... (uma voz: "Não há o que lamentar...")

Estão atacando agora a Sovkino, segundo diferentes linhas. E preciso separar a linha burocrática, que no caso se reduz ao seguinte: o representante de um jornal procurou Schviédtchikov[2], mas este não o recebeu e mandou retirar-se. Não se deve esquecer que estamos tratando dos problemas do cinema, e não de fatos talvez inerentes a outras empresas também. Se o fato for atribuído à empresa de produção de papel, será igualmente indesculpável. Mas não se pode falar disso, quando se discute a cinematografia, pois nada disso tem sentido cinematográfico direto.

Aqui se fala de Tráinin, Bliákhin, Schviédtchikov... Mas é preciso ter pena das pessoas. Colocaram aí gente que nunca se ocupou desse assunto... (*Aplausos.*) Um desses companheiros, pelo visto, sofre da mania de grandeza artística, por ser o diretor de todas as empresas artísticas – é o camarada Tráinin, e ele faz tudo como sabe, como entende... (*Aplausos.*)

Se chegasse até a Sovkino toda a atenção pública que lhe é dedicada, se ela impregnasse o seu trabalho, nós teríamos trabalhadores qualificados. Não me recuso a pensar que no futuro o camarada Tráinin possa produzir bons filmes, mas, por enquanto, isto é um experimento. Mas, de que se trata?... Trata-se de um erro na estrutura da organização. Vemos uma organização financeira, um aparelho administrativo, que imprensam tudo o mais e começam a comerciar sem ter a mercadoria. E mercadoria não há nem haverá, porque não é asim que se resolve o problema da cultura cinematográfica. Imaginem que as coisas se passam de tal modo que, atualmente, na Ucrânia não se exibem filmes da Sovkino. E ainda bem... Mas agora concluíram um acordo, e então?... Devemos ter pena da Ucrânia. (*Aplausos.*) *A Viagem de Mister Lloyd*[3] prosseguirá ainda. Temos de lamentar... É verdade que a Ucrânia quita-se conosco. VUFKU nos enviará o seu *Tarás Triassilo*[4]. Não se trata apenas da Sovkino, e não há motivo para se destacá-la de todo o sistema do trabalho cinematográfico.

Produzi alguns roteiros, e eles começaram pela cauda, pelo pior, e ademais a realização foi tal que nem fui ver o filme. Não podia ir. Como se chama isto?... Você produz um roteiro, ele passa pelo Comitê Principal de Repertórios, que não entende nada de direção de filmes, o roteiro chega ao estúdio, ali o refundem, daí resulta um roteiro operativo, e depois todos lavam as mãos: saiu algo completamente diferente... E isso ocorre porque à testa da repartição estão pessoas que não entendem nada de cinema.

Em nosso meio tanto se elogiam como se xingam os filmes da Sovkino. Vejamos o filme *O Poeta e o Tsar*[5]. O filme tem agradado... Mas caso se reflita um pouco, que absurdo, que monstruosidade, este filme! Vejamos alguns exemplos. A princípio, do ponto de vista da realidade cotidiana... Apresenta-se a imagem do poeta mais admirável que a Rússia já teve, e ademais poeta com uma biografia admirável, isto é, um homem muito complexo. Perguntei a pessoas que escrevem versos como eles fazem isso... e constatei: de maneiras diferentes... Mas, com certeza, os cabelos tolamente arrepiados, a perna que se joga para o lado e o ato de se sentar à mesinha e num átimo escrever um brilhante poema:

Ergui para mim mesmo um monumento incriado...[6] constituem reforço para a representação mais vulgar sobre o poeta, que podem ter as pessoas mais vulgares... (*Aplausos*.)

Ou vejamos o seguinte. Púschkin foi, em relação a sua época, um revolucionário. E eis que Púschkin diz seus versos revolucionários em presença de Jukóvski[7], preceptor dos filhos do tsar, isto num meio social que está sob a vigilância do chefe dos gendarmes, e o mesmo Jukóvski o aplaude. Trata-se de um exagero que decepa pela raiz, ideologicamente, todo o sentido do filme. Bukhárin, em seus "Apontamentos Malvados", fala de esquemas[8]. Vocês aqui deram um esquema. Nós conhecemos um Púschkin mulherengo, alegre, farrista, beberrão... E o que nos dão? Uma governanta de calças... (*risos*) que leva crianças a passear. Aí está um esquema ressecado... Bela representação de Púschkin!... E qual o significado histórico?... Púschkin com o imperador, e no fundo um monumento esculpido por Antokólski há 35 anos[9]. Quem me contou isto foi Schklóvski... Aí está o valor histórico-artístico desse filme. Deixemos de bobagens. O filme é ruim de cabo a rabo e não podia ser diferente. E assim vai continuar, haja o que houver, se os filmes forem dirigidos por Gárdin.

Todos os filmes, toda a produção da Sovkino, serão reduzidos a nada, se não nos esforçarmos para elevar a cultura cinematográfica. A Sovkino é monopolista e continuará a sê-lo, e se a Sovkino não permitir o experimento cinematográfico, o trabalho se estiolará.

Costuma-se apontar para Eisenstein, para Chub[10]. Realmente, esses diretores são o orgulho de nosso cinema, mas eles se tornaram assim, apesar da Sovkino. *O Encouraçado Potiômkin* só foi autorizado para os cinemas de segunda, e ele só passou para os de primeira depois que a imprensa o elevou às nuvens, mas antes disso, aqueles mesmos jornalistas que foram postos para fora por Schviédtchikov, elogiaram o filme quando ele ainda era exibido nos cinemas de segunda.

Fala-se da vitória de Chub. Seu trabalho é artístico porque, como base da película cinematográfica, foi estabelecido um princípio completamente diverso. A montagem de cenas reais, sem nenhuma filmagem suplementar[11]. E o que faz a Sovkino?... Recusa a Chub os direitos autorais. Você filmou pedacinhos, também nós podemos fazer isto. (Tráinin: "Não é verdade...") Com sua assinatura foi dada ordem ao estúdio para que se pagasse um x de prêmio, mas foram recusados os direitos autorais. Eu respondo pelas minhas palavras, e se elas não corresponderem à realidade, pedirei desculpas. Mas vai também fazer isto... Eu me apoio em fatos de que pode falar qualquer jornalista. Digo de Chub aquilo que me contaram. Mas, ainda que tudo isso não seja verdade, a diretora Chub pode realizar este filme não por causa da existência de um roteiro, mas porque se baseou num princípio de montagem absolutamente novo, porém não se pode fazer outro filme no gênero, porque a Sovkino não tem feito cinejornais. (*Aplausos.*)

Isto a Sovkino não fez. Se ela se justificar em relação a uma das acusações, isto é, quanto a Chub, ela fracassará em outra linha: pelo fato de ter dispendido suas energias na produção de peças emocionantes, com bonitas damas, em lugar da feia crônica de nosso tempo.

Desculpem-me a necessidade de trazer um exemplo de meu contato pessoal com este problema, mas é na base da experiência pessoal que eu posso julgar. Escrevi um roteiro[12]; na reunião do conselho artístico, Bliákhin e Sólski disseram que era preciso aceitá-lo etc. Mas apenas eles foram à sessão do aparelho administrativo para lê-lo, não surgiu apenas o problema de que ele não prestava (não se tratava disso), mas todo o conselho artístico, ou melhor, Bliákhin, torceu o nariz... Mas, que cenário era aquele?... E o camarada Iefrêmenko, ou como isto se chama entre vocês, Iefremov[13], disse finalmente: "Não gosto dos truques futuristas." Aí está como o aparelho administrativo e financeiro trata um dos colaboradores que simplesmente queria falar de seu roteiro.

Companheiros, o aparelho administrativo-financeiro pesa sobre todo o trabalho da Sovkino. Sem que se preparem colaboradores qualificados, quadros jovens, sem a compreensão do que é cultura cinematográfica, não conseguiremos fazer avançar os problemas do cinema. (*Aplausos.*)

2

Companheiros, aprovo inteiramente o que disse o camarada Smirnóv, com a emenda de que nós já dissemos isso antes, e que ele se uniu a nós. E acrescento mais uma correção: para organizar a crônica do dia de hoje, é preciso deixar de lado o velho filme de arte, passar por cima dele. O problema da organização da crônica é de uma complexidade descomunal, um problema artístico, problema do criador artístico, do diretor, do técnico de montagem etc. É o mesmo problema da melhoria do filme artístico, de que já falei. (Uma voz: "É incompreensível...") Tudo o que lhe é incompreensível, vou explicar-lhe pessoalmente. No momento, estou falando com pessoas mais entendidas no assunto.

Passo à intervenção de Iácovlev. É uma intervenção vergonhosa... (*Aplausos.* Vozes: "Exato".) Cita-se uma série de fatos: isto e mais aquilo, aqui são 60 por cento, aqui 20, ali tanto e mais tanto etc. Iácovlev intervém e profetiza, é o profeta do burocratismo. Quem pode falar assim não é um homem, é um objeto, cujo pai é o *deve* e a mãe o *haver*. (*Aplausos, risos.*) Como pode um funcionário de responsabilidade chegar a dizer tamanha asneira, que foram dadas diretrizes a uma pessoa, e como se pode falar delas quando ainda estão funcionando? Quem tem razão é o camarada Tcharov, quando diz que as diretrizes funcionam, mas possivelmente a cabeça dele é que não funciona. Sem dúvida, foi dada à Sovkino a diretriz geral da elevação da cultura de hoje na República Soviética e da execução de uma linha política. Mas foi dada acaso à Sovkino a diretriz de agora, quando há seis meses estamos sob a ameaça de um ataque contra nós, quando presenciamos um brandir de armas do mundo inteiro, de não dar nenhum filme que eleve o entusiasmo pela defesa da República Soviética? (*Aplausos.*) Foi dada semelhante diretriz? Não.

Dizem mais: se você tem fatos a apontar, por que não se dirige à GPU?[14] Bem, se eles fizerem um filme em que se expresse a defesa do imperialismo inglês ou francês, eu realmente irei à GPU. Mas, quando se trata de que vocês são incapazes e não fazem nada, não dizemos isto na GPU, mas aqui, numa assembleia da opinião pública. Temos de nos acostumar a isto... Mas de que falar, quando funcionam as diretrizes?... Quero verificar se vocês compreendem certo as diretrizes. Dizemos em toda parte que, em matéria de diretrizes, vocês deformam tudo. O camarada Smirnóv chegou a dizer o absurdo de que se trata de fechar os cinemas comerciais... Besteira... Dizemos apenas que as massas, que pagam as coisinhas cinematográficas, não são a camada superior da NEP ou as demais camadas mais ou menos abastadas, e sim os muitos milhões daqueles têxteis e universitários que pagam dez copeques a entrada, e assim se arrecadam milhões. E por mais que vocês se esforcem, por mais que façam experiência, por mais que recebam rendas do público, procurando agradar a certos gostos, estão fazendo trabalho ignóbil e vil. E a correção do que vocês afirmam é desmentida pela produção de filmes revolucionários como *O Encouraçado Potiômkin*, que se justificam também comercialmente. (Uma voz: "Se entende do riscado, ensine a Sovkino, critique.") Obrigado pela permissão de criticar... A nossa cinematografia é toda arcaica. Vocês falseiam tudo. Com este Protazanov[15], arrastam-se até nós antiguidades seculares do cinema. O cinema ainda não existia, e já existia Protazanov com o seu... *(falha na anotação taquigráfica)* *(Risos.)* De todos os lados se esgueiram até nós vulgaridades estéticas seculares, que não têm nenhuma relação com a realidade soviética. Vocês dizem: venha e faça suas críticas. Mas que entrada de serviço vamos utilizar para penetrar na Sovkino, se ali não se recebem jornalistas e ninguém conversa com eles? Pois bem, estamos aqui para criticar, é agora que vamos encetar nossa conversa.

Dizem por aí: se Maiakóvski é poeta, que fique sentado em sua vendinha poética... Eu estou cuspindo para o fato de ser poeta. Não sou poeta, mas antes de mais nada, sou aquele que colocou sua pena a serviço, vejam bem, da hora atual, da realidade presente e de seu realizador: o Governo soviético e o Partido. *(Aplausos.)*

Quero tornar minha palavra um instrumento das ideias de hoje. Tendo a noção de que o cinema serve a milhões, quero introduzir no cinema as minhas capacidades poéticas, e visto que o ofício do roteirista e do poeta são essencialmente a mesma coisa, e eu compreendo este trabalho, hei de ensinar a vocês. Sim, hei de ensinar a vocês todos os problemas do roteiro.

Vou escrever sozinho duzentos roteiros... *(Aplausos.)*

Minha última observação é sobre a irresponsabilidade da crítica[16]. Nossa crítica é a mais responsável, porque ela aparece com o nosso nome nas resenhas dos jornais e também nos comentários do público sobre o que diz Maiakóvski e o que dizem os demais. E a crítica de vocês é irresponsável, porque é burocrática e não se sabe quem se esconde atrás dela. Não se esqueçam, companheiros, deste balançar de mão *(aponta para Orlínski)* de dois burocratas em conluio. Não será com um balançar de mão que vocês serão recebidos em qualquer reunião em que falem de cinema.

Nós nos afastamos da crônica cinematográfica. E o que temos nós para o décimo aniversário de Outubro?... A Sovkino, na pessoa de Eisenstein, vai mostrar-nos um Lênin falsificado, um certo Nicanorov ou Nicandrov... Prometo que no momento mais solene, e onde quer que seja, hei de vaiar e cobrir de ovos podres este Lênin falsificado. É uma indecência[17]. E a culpa disso recai sobre a Sovkino, que não soube levar em conta, na ocasião devida, a importância do cinejornal e não o leva em conta agora também. E depois compramos na América os nossos cinejornais, a peso de dólar. (*Aplausos.*)[18]

Notas

TEATRO, CINEMATÓGRAFO, FUTURISMO

1. O artigo, primeiro de uma série de três, foi publicado pela revista *Kino-jurnal*, Moscou, 27 jul. 1913. Apesar do cabeçalho, que sugere uma conferência pública, não há qualquer alusão ao fato no apêndice às o.c. Os demais artigos da série denominavam-se "A Destruição do Teatro pelo Cinema como Sinal de Renascimento da Arte Teatral" e "Relação do Teatro e do Cinema atuais com a Arte", e constituíam praticamente um desenvolvimento das mesmas ideias expostas no primeiro artigo. Os três foram escritos em virtude da discussão então travada pela imprensa, sobre a relação entre o cinema e o teatro.

P.E. Sales Gomes, O Cineasta Maiakóvski, O *Estado de S. Paulo*, 16 fev. 1961, frisou a importância de "Teatro, Cinematógrafo, Futurismo", que lera em *Kino: Uma História do Filme Russo e Soviético*, de Jay Leyda. O ensaísta brasileiro escreve: "Negando ao teatro do seu tempo uma existência autossuficiente como arte e apontando o filme como seu sucessor, Maiakóvski introduz um dos temas centrais do movimento de ideias que terá curso durante a década de 1920, notadamente na União Soviética, França e Alemanha, com o objetivo de constituir uma estética cinematográfica."

2. Peças de Górki e de Ibsen, respectivamente. A primeira é conhecida no Brasil pelo título de sua encenação pelo TBC: *Ralé*.

3. Esta ideia aparece mais desenvolvida nos artigos seguintes. O cinema serviria para fixar a realidade, e o teatro ficaria livre para os grandes voos artísticos. Portanto, o cinema exerceria papel semelhante ao da fotografia, que tornou desnecessários os retratos a óleo. Deste modo, o cinema, embora muito importante, aparecia ainda com um papel relativamente secundário. A participação direta de Maiakóvski na produção cinematográfica soviética faria com que encarasse o cinema já com a seriedade de alguém que o compreendia como arte de plena realização. Os roteiros que escreveu e as ideias que defendeu nos anos ulteriores mostram que então já via no cinema um veículo para aplicar sua imaginação criadora em todo o vigor e liberdade. Escrevi sobre esse tema em Maiakóvski e o Cinema, *O Estado de S. Paulo*, 18 mar. 1961.

CINEMA E CINEMA

1. O artigo foi publicado na revista *Kino-Fot*, Moscou, 5-12 out. 1922. Ele reflete posição de quem estava diretamente vinculado à produção cinematográfica, conforme se pode constatar pela autobiografia "Eu Mesmo", subtítulos "Janeiro" e "1927", supra, p. 126, 133 respectivamente e 142, n. 67, p. 149, n. 90, bem como pelos diversos materiais incluídos neste "A Poética do Cinema".

2. Durante alguns anos depois da Revolução de Outubro, a produção de filmes soviéticos ainda permaneceu em mãos de particulares.

335

3. Aqui há uma comparação com os ursos amestrados que ciganos costumavam conduzir pelas cidades russas.

4. Alusão aos filmes sentimentais de I.I. Mozjúkhin, ator que trabalhara no cinema russo antes da Revolução e continuava então, com sucesso, sua carreira no Ocidente.

Entre seus papéis anteriores a 1917, é bastante conhecido o desempenho em *Padre Sérgio*, filme baseado na novela de Tolstói, e que foi exibido no Festival Retrospectivo do Cinema Russo e Soviético, realizado em São Paulo em 1961-1962 pela Cinemateca Brasileira, em cooperação com o Ministério das Relações Exteriores do Brasil.

INTERVENÇÃO NO DEBATE "OS CAMINHOS E A POLÍTICA DA SOVKINO"

1. Anotação taquigráfica, que não foi revista pelo autor.

A intervenção de Maiakóvski foi uma de suas investidas polêmicas contra a direção da Sovkino. Sobre o mesmo assunto escreveu diversos artigos. A frustração trágica a que foi submetido pelos burocratas da empresa estatal já foi abordada no presente trabalho, ver supra, p. 142, n. 68 e p. 149, n. 90 e o meu artigo Maiakóvski e o Cinema, *O Estado de S. Paulo*, 18 mar. 1961.

Um texto incompleto da intervenção foi publicado na coletânea *Em Torno da Sovkino: Taquigrama de uma Discussão...*, Editora Teakinopietchát (sigla de "Teatro, cinema, imprensa"), Moscou, 1928. O texto integral apareceu só em 1958, no volume 65 da série "Herança Literária", editada pela Academia de Ciências da URSS, ver O.C., XII, 651.

A discussão tivera início em 8 de outubro de 1927 na Casa da Imprensa, em Moscou, promovida por diversas organizações. Iniciara-se com a leitura de um relatório de P.A. Bliákhin, seguindo-se debate que logo assumiu caráter violento, com críticas à orientação seguida até então pela Sovkino. A discussão não pôde ser concluída na mesma noite, sendo adiada a continuação para 15 de outubro, na Casa Central dos Operários das Artes. Nessa segunda noite, houve muitas intervenções, inclusive duas de Maiakóvski, que também fez alguns apartes. Diversos jornais publicaram resumos da discussão.

2. C.M. Schviédtchikov, então diretor da Sovkino.

3. Filme produzido pela Sovkino em 1927.

4. Filme produzido, também em 1927, pela VUFKU (sigla de Empresa Cinematográfica da Ucrânia).

5. Filme produzido em 1927, dirigido por V.R. Gárdin. Chegou a ser exibido no Brasil.

6. Primeiro verso de um poema sem título. No taquigrama, figuram dois versos do poema. Em russo, a expressão "monumento incriado" tem um toque sacrílego (o que é frequente na obra de Púschkin), pois alude às imagens "não criadas por mão humana", da tradição religiosa russa.

7. O poeta V.A. Jukóvski.

8. Alusão ao artigo de N. Bukhárin, "Apontamentos Malvados".

9. Trata-se da figura em bronze de Pedro I da Rússia, fundida em 1883, segundo modelo do escultor M.M. Antokólski, e erguida em Peterhoff.

10. Os diretores S.M. Eisenstein e E.I. Chub.

11. Trata-se do filme *A Queda da Dinastia dos Romanov*.

12. O roteiro *Como Vai?*, certamente o ápice da arte de Maiakóvski como roteirista. A história de sua leitura à diretoria da Sovkino foi relatada por ele também no artigo "Socorro!", publicado na *Lef*, fev. 1927.

13. Iefrêmenko é a forma ucraniana do nome.

14. A polícia política, na época.

15. O diretor I.A. Protazanov.

16. Depois da primeira intervenção de Maiakóvski, A.P. Orlínski dissera: "Quando vem Maiakóvski e critica o Comitê Principal de Repertórios, que é a oposição legal à Sovkino, eu considero isto uma crítica irresponsável, que não leva em conta as condições soviéticas."

17. Crítica ao filme *Outubro* de Eisenstein. Este era então atacado por ter feito um filme "formalista", mas a objeção de Maiakóvski é completamente diversa. Eis o que ele escreveria no artigo Sobre Cinema, *Kinó*, Leningrad, 7 nov. 1927:

"Aproveito o ensejo de uma conversa sobre cinema, a fim de protestar mais uma vez contra as encenações de Lênin, por meio de todos esses parecidos Nicandrov. Repugnante ver um homem assumir poses parecidas com as de Lênin e fazer movimentos parecidos com os dele, quando por trás de toda essa exterioridade sente-se o vazio total, uma total ausência de pensamento. Um companheiro disse muito corretamente que Nicandrov não se parece com Lênin, e sim com todas as estátuas dele.

"Não queremos ver na tela o desempenho de um ator, sobre o tema de Lênin, mas Lênin em pessoa, que nos espie do telão cinematográfico, ainda que por poucos momentos. É uma imagem valiosa de nosso cinema.

"Deem-nos jornais cinejornais!"

18. Pouco antes do debate, os jornais soviéticos anunciaram que a Sovkino comprara nos EUA cinejornais de 1918-1920 em que aparecia Lênin.

Apartes de Maiakóvski, que figuram no apêndice às O.C., XII, 653, 654:

Iácovlev: [...] Para abastecer todas as nossas telas, precisamos de duzentos filmes por ano [...] Poderá alguém nos dizer que temos número suficiente de roteiristas, incluindo Schklóvski e outros, que nos deem os duzentos filmes de que precisamos.

Maiakóvski: Devo dizer que posso (ou: podem) dar quinhentos.

Bliákhin (intervenção final): [...] Quando examinávamos esse roteiro em reunião da diretoria*, tivemos oportunidade de dizer que quinhentos comsomolianos o leram e aprovaram. Foi dito então claramente que os filmes deviam resgatar-se. Quer dizer que *Os Rendados* são um resgate pago à opinião pública.

Maiakóvski: Houve alguma diretriz no sentido de se pagar resgate à opinião pública?

337

Bliákhin: Não houve semelhante diretriz, mas está atuando uma outra..., por assim dizer, uma orientação artística e ideológica. "... é preciso aceitar argumentos secundários e sobretudo de amor... Aprendam com os filmes estrangeiros como se deve quebrar pratos e esmigalhar narizes, e o resto virá por si".

Maiakóvski: E então? Existiu semelhante diretriz?

Bliákhin: Trata-se de uma formulação singela sobre a qual não houve diretriz, mas que assim mesmo existe.

* O roteiro de *Os Rendados*, dirigido pouco depois por S.I. Iutkévitch.

MAIAKÓVSKI HOJE

MAIAKÓVSKI[1]

No centenário do nascimento de Maiakóvski, ele está muito presente em nossa cultura. Versos seus aparecem na propaganda política ("Gente é para brilhar" dizem certos pichamentos em véspera de eleição, aproveitando uma tradução de Augusto de Campos) ou até em camisetas, como "melhor morrer de vodca que de tédio", uma tradução de Haroldo de Campos. O poeta russo repercutiu em nossa música popular em alguns de seus grandes momentos, inclusive naquele grito lancinante *Ressuscita-me!*, do poema "Sobre Isso", grito dirigido a um cientista do futuro, e que Caetano Veloso captou com tanta força. A partir do trabalho que Augusto e Haroldo de Campos realizam comigo, desde a década de 1960, e que aparece em *Maiakóvski: Poemas*, publicado pela Perspectiva, ele entrou não só em nossa poesia, em nossa música popular, no teatro, com as duas encenações de sua peça *O Percevejo*, mas até em nossa vida cotidiana e em nossa linguagem de todos os dias.

Nos últimos anos, tive a satisfação de ver esse trabalho continuado por vários tradutores mais jovens de poesia, com Nelson Ascher, Trajano Vieira e Luiz Sampaio Zacchi, ora em trabalhos já publicados, ora em textos a sair em breve.

Mas pensemos um pouco em como ele nos aparece hoje em dia. Neste final de século, depois da queda do muro de Berlim e do esfacelamento da União Soviética, em meio aos destroços de uma era de ilusões, o vulto gigante de Maiakóvski nos surge com imponência e vibração.

Não é difícil acompanhá-lo em seus momentos de plenitude épica, naquela consonância com o momento histórico, na aceitação da revolta revolucionária como um acontecimento de dimensões cósmicas.

> Troa na praça o tumulto!
> Altivos píncaros-testas!
> Águas de um novo dilúvio
> lavando os confins da terra.

Esta sua voz tonitruante, ressoando no Brasil graças à tradução do poema "Nossa Marcha" (1917) por Haroldo de Campos, atinge-nos facilmente.

O mesmo acontece com os versos gritados pelos atacantes do Palácio de Inverno, em 7 de novembro de 1917, desta vez transmitidos por Augusto de Campos:

> Come ananás, mastiga perdiz.
> Teu dia está prestes, burguês.
>
> (*Iesch ananássi, riábtchikov jui,*
> *Dienh tvói posliédni prikhódit, burjui.*)

Há uma identificação imediata, apesar do distanciamento histórico.

Bem próximas, ainda, sentimos a sua briga com os burocratas e a sua afirmação dos valores da poesia. Basta ler, neste sentido, a "Conversa sobre Poesia com o Fiscal de Rendas", traduzida por Augusto de Campos, onde ele diz que:

> Não!
> Hoje também
> a rima do poeta
> é carícia
> *slogan*
> açoite
> baioneta.

e, diante das preocupações burocráticas de contabilizar o *deve* e o *haver*, atira na face do fiscal:

> A poesia
> é como a lavra
> do rádio,
> um ano para cada grama.
> Para extrair
> uma palavra,
> milhões de toneladas de palavra-prima.

Está bem de acordo com o espírito de nosso tempo a sua atividade nos diferentes meios de comunicação, os seus cartazes, as peças de teatro e os filmes, as alocuções pelo rádio e a preocupação constante com a transmissão oral, os cuidados com a relação entre palavra e imagem e com a própria disposição gráfica do poema no papel.

E ao mesmo tempo, era o poeta da transformação social. E justamente esse poeta pressentiu claramente o avanço do obscurantismo em nome da Revolução. Assim, já em 1928, proclamava:

> A república das artes
> está em perigo mortal;
> perigam a cor,
> a palavra,
> o som.

Esses pressentimentos encontraram sua expressão mais cabal na peça *O Percevejo*, onde a vitória do comunismo é apresentada como a instauração de um mundo asséptico, virtuoso e cacete, sem canções nem fraquezas humanas.

Tudo isso só podia ter encontrado sua expressão depois de muita luta interior. Basta pensar em sua inscrição na RAPP (Associação Russa dos Escritores Proletários), pouco antes do suicídio, a mesma associação que se voltava contra a "arte de esquerda", isto é, a arte moderna, que Maiakóvski defendia com tamanho ardor. Um documento divulgado recentemente na Rússia mostra bem o seu sofrimento de seguidor fiel da linha do partido. A revista *Ogoniók* (Foguinho ou Luzinha) publicou umas reminiscências de um amigo próximo de Maiakóvski, o poeta Nicolai Assiéiev, numa conferência para estudantes do Instituto de Literatura A.M. Górki, de Moscou, em 15 de novembro de 1939:

estávamos caminhando juntos pela Pietrovka quando Maiakóvski de repente me disse: Kólia, e que tal se o Comitê Central baixar a seguinte ordem: escreva-se em versos iâmbicos? Eu lhe disse: Volóditchka, que fantasia absurda! O Comitê Central decretando a forma do verso? – Mas imagine você que um dia ... – Eu não consigo imaginar isso. – Ora, será que te falta imaginação? Então, imagine o inconcebível. – Bem, eu não sei. Eu certamente não saberia, seria o meu fim. Calamo-nos e continuamos a caminhar. Eu não dei importância a isso, achei que era uma fantasia louca. Percorremos uns quarenta passos. Ele agitava a bengala, fumava e disse: Pois eu vou escrever em verso iâmbico.

O trágico deste diálogo está, principalmente, em que o poeta se diz pronto a aceitar as ordens, mas na realidade ele não conseguiu, a poesia era mais forte, e foi esta certamente uma das causas de seu suicídio. Mas Assiéiev realmente passou a escrever em tetrâmetros iâmbicos, recebendo por isso prêmios e honrarias. Aliás, entre os seus títulos de glória passou a figurar a amizade com Maiakóvski, depois que este saiu do ostracismo póstumo e foi proclamado, pelo próprio Stálin, poeta da Revolução. (No trecho há pouco citado, aparece uma exibição de intimidade, sobretudo quando ele se dirige a Maiakóvski pelo diminutivo muito carinhoso "Volóditchka".)

Este poeta que se suicidou em 1930, realmente nos fala com muita força e está muito presente. Mas, poderíamos dizer isso em relação a toda sua obra? Claro que não. Ele era o primeiro a ver no objeto artístico algo perecível e que deveria ser reelaborado sempre. Numa discussão sobre teatro, em 1927, chegou a dizer que mesmo "as maiores obras de arte morrem com o decorrer do tempo, apodrecem e não podem destacar-se como fariam quando vivas". Mas havia algo de paradoxal nesta sua atitude, pois no poema "A Plenos Pulmões" (com que força ele nos chega em português na tradução de Haroldo de Campos!) dirige-se aos "caros camaradas futuros" e se vê chegando, "através dos séculos, à Comuna distante", e esta sua presença no porvir constitui preocupação que aparece em outros poemas também.

Realmente, como acreditar nesta hiper-valorizaçãoo do efêmero, se ele foi capaz de escrever no poema aquilo que não posso deixar de dizer agora:

> Sei o pulso das palavras a sirene das palavras
> Não as que se aplaudem do alto dos teatros
> Mas as que arrancam os caixões da treva
> e os põem a caminhar quadrúpedes de cedro
> às vezes as relegam inauditas inéditas
> Mas a palavra galopa com a cilha tensa
> ressoa os séculos e os trens rastejam
> para lamber as mãos calosas da poesia
> Sei o pulso das palavras Parecem fumaça
> Pétalas caídas sob o calcanhar da dança
> Mas o homem com lábios alma carcaça

Estes versos fazem parte dos fragmentos encontrados entre os papéis de Maiakóvski após o suicídio. O primeiro verso no original se lê assim: "Iá znáiu sílu slov iá znáiu slov nabát", isto é, a sua sonoridade foi reproduzida admiravelmente em português por Augusto de Campos.

O mesmo poeta que viu o efêmero como inerente a toda criação poética diz conhecer "o pulso das palavras, a sirene das palavras", que nos chegam através do tempo.

Mas se vamos aos seus textos sem "espírito arqueológico", sem buscar neles informações factuais sobre a época, e procuramos lê-los como algo vivo, certas páginas, sem dúvida, têm de ser postas de lado: tinham explicitamente uma finalidade imediata e não nos dizem muito, sem a reconstituição do contexto histórico. Se fazemos, porém, o balanço da obra, essas páginas parecem surpreendentemente escassas. E alguns escritos de ocasião trazem a marca de uma elaboração formal muito requintada: a explicação se encontra em seus cadernos de apontamentos: ele preparava minuciosamente as possíveis soluções para textos futuros.

Vejamos, do ponto de vista do efêmero e do permanente, como soa hoje a peça *O Mistério-Bufo*, "uma representação heroica, épica e satírica de nossa época", segundo o poeta. Ela se destinava à comemoração do primeiro aniversário da Revolução de Outubro, mas houve uma segunda versão, encenada em 1921, e que me parece superior à primeira. Lendo esse texto, temos de recorrer às notas explicativas, muitos elementos factuais estão praticamente esquecidos e somente os especialistas em história da época os conhecem. Ora, tais notas, ali, parecem menos toleráveis que nas edições de obras da Antiguidade clássica. Uma explicação sobre mitologia seria menos avessa à poesia do que uma informação sobre Lloyd George ou Clemenceau. Assim mesmo, o poema arrasta o leitor com o seu utopismo desbragado. E por mais que pareça estranho um final de peça onde os atores se põem de pé e cantam a "Internacional", acompanhados pela plateia, isto condiz com o tom épico do texto. Num preâmbulo à segunda variante, o poeta faz um apelo a "todos os que, no futuro, representarem, lerem ou imprimirem" essa obra, para que lhe modifiquem o conteúdo, tornando-o contemporâneo; mas, lendo-a sem as alterações exigidas, ela continua empolgando, com a sua intensidade e violência.

É verdade que, no Maiakóvski daqueles anos, temos muitas vezes uma violência de tempos ásperos, implacáveis, e à qual os acontecimentos dos últimos anos acrescentam um quê amargo. É o caso, entre outros, de uma pecinha de 1920, na qual um magote de operários obriga um pope a deixar de lado rezas e ícones e ir trabalhar com a pá. Na "Ode à Revolução", o poeta chega a exaltar os soldados que jogaram da ponte em Helsínque, a coronhadas, alguns almirantes grisalhos. Este maniqueísmo contrasta brutalmente com a sutileza e complexidade de um poema como "Os Doze" de Aleksandr Blok, inspirado pelas mesmas circunstâncias históricas e marcado pela mesma rudeza dos tempos. E com frequência contrasta não menos ferozmente com a alta elaboração formal do próprio texto maiakovskiano (veja-se, neste sentido, o poema "Black & White", traduzido por Augusto de Campos).

Mas o poeta parecia ter plena consciência dos perigos deste maniqueísmo, que aliás implicava num problema de linguagem poética e de eficácia, e em mais de uma passagem se refere a isso. Ao mesmo tempo, porém, faz questão de expressar sua dedicação integral aos ideais proclamados então pelo Partido. Assim, escreveu no poema que dedicou a Lênin, pouco após a morte deste:

> Toda
>   a minha força
>   mera de poeta
>   eu te entrego,
>   classe atacante.

Esta dedicação à linha partidária levou-o então a glorificar a própria *Tcheká*, a polícia política do regime, e seu organizador, F. Dzerjínski, o mesmo cuja estátua se erguia diante do prédio da KGB em Moscou, que foi derrubada por manifestantes, após o colapso da União Soviética.

Sem dúvida, alguns se cansam do fluxo retórico de Maiakóvski, de sua grandiloquência, embora de toque tão humano. Assim, Boris Pasternak, em seu *Avtobiografítcheski Ótcherk*, mostra especial predileção pelos poemas anteriores à Revolução, e considera desprezível, inexistente, tudo o que ele escreveu a partir de 1918 com exceção de um documento imortal: "A Plenos Pulmões". E o grande Angelo Maria Ripellino confessava, no prefácio à sua tradução italiana do poema a Lênin, estar cansado do "fragor de apoteose" e da "chuva de fogo verbal" que ali aparecem.

Podemos acompanhá-los? Parece-me que não. O tom franco e brutal do poeta, em minha leitura, soa mais alto. E o "fragor de apoteose" de muitos poemas políticos de Maiakóvski, dos seus grandes poemas políticos, parece-me o mesmo daquele documento imortal. Acho até difícil dizer o que não é poesia política nos versos posteriores à Revolução. O próprio lirismo aparece tocado pela tempestade política de nosso século. Que o diga, por exemplo, o extraordinário poema de amor que é "Carta a Tatiana Iácovleva".

Em nossos tempos de tibiedade e desencanto, a voz forte do poeta traz a lembrança de uma necessidade de luta, em cujo sentido não acreditamos mais. E ao mesmo tempo, o mundo ao redor insiste em que o poeta estava com a razão, embora os responsáveis pelo combate enveredassem por um caminho absurdo e criminoso. O seu suicídio, o seu "balaço lírico", na expressão candente de Marina Tzvietáieva, continua a ressoar em nossos ouvidos. Falência de um momento, de uma etapa, ele não apaga o seu canto vigoroso e contundente.

Notas

1. Publicado pela primeira vez em *Exu*, n. 34, jan.-mar. 1997.

BIBLIOGRAFIA

ALIGHIERI, Dante. *Rimas Pedrosas*. In: CAMPOS, Augusto; CAMPOS, Haroldo. *Traduzir e Trovar*. São Paulo: Papyrus Ltda., 1969.
_____. *La divina commedia*. In: *Tutte le opere*. Firenze: G. Barbèra, 1926.
AMBROGIO, Ignazio. *Formalismo e avanguardia in Russia*. Roma: Editori Riuniti, 1968.
ANDRADE, A.T.; MONIZ BANDEIRA; MELO, Clóvis. *O Ano Vermelho: A Revolução Russa e Seus Reflexos no Brasil*. Rio de Janeiro: Civilização Brasileira S.A., 1967.
ANDRADE, Mário de. *A Escrava Que Não É Isaura*. *Obra Imatura*. São Paulo: Martins, 1960.
ANDRADE, Oswald de. *Um Homem sem Profissão: Memórias e Confissões 1: Sob as Ordens de Mamãe*. Rio de Janeiro: Livraria José Olympio, 1954.
ARAGON, Louis. *Littératures soviétiques*. Paris: Denoël, 1955.
ASSIÉIEV, Nicolai. *Rúski Stikh* (O Verso Russo). *Zatchém i Komu Nujná Poésia* (Para Que e Para Quem a Poesia É Necessária). Moscvá: Soviétski Pissátielie, 1961.
AVÍLOVA, L.A. "A.P. Tchékhov" v Moiéi Jízni (A.P. Tchékhov em Minha Vida). *Tchékhov v Vospominániakh Svoikh Sovriemiênikov* (Tchékhov nas Reminiscências dos Contemporâneos). Moscvá: Goslitizdát, 1960.
_____. Tchekhov dans ma vie. *Europe*, n. 104-105, ago.-set. 1954.

BÁBEL, Isaac. *O Exército de Cavalaria*. Tradução de Aurora Fornoni Bernardini e Homero Freitas de Andrade. São Paulo: Cosac & Naify, 2006, 2. v.

_____. Avtobiográfia (Autobiografia). *Ízbranoie* (Obras Escolhidas). Moscvá: Goslitizdát, 1957.

_____. Konármia. (Cavalaria Vermelha). *Ízbranoie* (Obras Escolhidas). Moscvá: Goslitizdát, 1957.

_____. Nóvie Matieriáli (Novos Materiais). *Iz Tvórtcheskovo Nasliédia Soviétskikh Pissátieliei* (Do Legado de Escritores Soviéticos). Moscvá: Naúka, 1965.

BANDEIRA, Manuel. *Antologia de Poetas Bissextos Contemporâneos*. Rio de Janeiro: Zelio Valverde, 1946.

BENJAMIN, Walter. A Obra de Arte na Época de Sua Reprodutibilidade Técnica. *Civilização Brasileira*, Rio de Janeiro, n. 19-20, maio-ago. 1968.

BIÉLI, Andriéi. "Aleksandr Blok". *Poésia Slova: Pietierburg* (Petersburgo). Edição refundida. Petrográd: A Época, 1922.

_____. *Poésia Slova: O Smíslie Poznánia* (A Poesia da Palavra: Sobre o Sentido do Conhecimento). Petrográd: A Época, 1922 (2nd photo-offset edition, Chicago: Russian language specialties, 1965).

BILAC, Olavo. *Poesias*. 17. ed. Rio de Janeiro: Livraria Francisco Alves, 1938.

BLOK, Aleksandr. Nóvaia Amiérica (A Nova América). *Sotchiniênia v Odnóm Tômie* (Obras em um Volume). Moscvá: Goslitizdát, 1946.

BOLLE, Willi. *Fisiognomia da Metrópole Moderna*. 2. ed. São Paulo: Edusp, 2000.

_____. Viagem a Moscou: O Mito da Revolução. *Revista USP*, n. 5, mar.-maio 1990.

BRECHT, Bertolt. *Teatro Dialético*. Seleção e introdução de Luiz Carlos Maciel. Rio de Janeiro: Civilização Brasileira S.A., 1967.

BRETON, André. *Manifestes du surréalisme*. Paris: Gallimard, 1963.

BRIK, Lília I. Tchujie Stikhi (Versos Alheios). In: REFORMÁTSKAIA, N.V. *Maiakóvski v Vospominániakh Sovriemiênikov* (Maiakóvski nas Recordações dos Contemporâneos). Moscvá: Goslitizdát, 1963.

BRIK, Óssip. Ritm i Sintáksis (Ritmo e Sintaxe). *Nóvi Lef*, Moscvá, 3-4, 6, 1927.

_____. Zvukovie Povtóri (Reiterações Sônicas). In: SCHKLÓVSKI, Víctor et al. *Poétika*. Petrográd: OPOIAZ, 1919.

BROWN, Edward J. *Russian Literature since the Revolution*. Edição revista. London: Collier-Macmillan Ltd., 1969.

BUARQUE DE HOLANDA, Sérgio. Rebelião e Convenção. *Diário Carioca*, Rio de Janeiro, 20 abr. 1952.

BÚNIN, Ivan A. "Tchékhov". *A.P. Tchékhov v Vospominániakh Sovriemiênikov* (A.P. Tchékhov nas Recordações de seus Contemporâneos). Moscvá: Goslitizdát, 1960

_____. *O Tchékhovie* (Sobre Tchékhov). New York: Tchékhov, 1955.

CAMPOS, Augusto de. Canto I do "Inferno" de Dante (Fragmento). Tradução. *O Estado de S.Paulo*, São Paulo, 14 jun. 1969. Suplemento Literário.

_____. Fotomontagem Pound-Maiakóvski. *Verso, Reverso, Controverso*, 2. ed., São Paulo: Perspectiva, 1988.

CAMPOS, Augusto de; CAMPOS, Haroldo de. *Traduzir e Trovar*. São Paulo: Papyrus, 1969.

CAMPOS, Augusto de; CAMPOS, Haroldo de; PIGNATARI, Décio. *Teoria da Poesia Concreta*. São Paulo: Invenção, 1965.
CAMPOS, Haroldo de. Maiakóvski e o Construtivismo. In: *Maiakóvski: Poemas*. 9. ed. São Paulo: Perspectiva, 2013.
_____. *Metalinguagem e Outras Metas*. 4. ed. revista e ampliada. São Paulo: Perspectiva, 1992.
_____. *A ReOperação do Texto*. 2. ed. São Paulo: Perspectiva, 2013.
_____. *A Arte no Horizonte do Provável*. 5. ed. São Paulo: Perspectiva, 2010.
_____. Petrografia Dantesca. In: CAMPOS, Augusto de; CAMPOS, Haroldo de. *Traduzir e Trovar*. São Paulo: Papyrus Ltda., 1969.
_____. Kurt Schwitters ou O Júbilo do Objeto. *A Arte no Horizonte do Provável*. 5. ed. São Paulo: Perspectiva, 2010.
_____. Maiakóvski em Português: Roteiro de uma Tradução. *Revista do Livro*. Rio de Janeiro, n. 23-24, jul.-dez., 1961. (Posteriormente revisto e publicado em O Texto como Produção (Maiakóvski). *A ReOperação do Texto*.)
CARPEAUX, Otto Maria. *As Revoltas Modernistas na Literatura*. (14ª parte do volume 89 da *História da Literatura Ocidental*). Rio de Janeiro: Edições de Ouro, 1968.
CHANGE. Paris, n. 3, 1969.
COLUCCI, Michele. Futurismo russo i futurismo italiano: qualche nota e qualche considerazione. *Richerche slavistiche*, Roma, v. 7, 1964.
CORRÊA DE ARAUJO, Laís. Roda Gigante. *Minas Gerais*. Belo Horizonte, 4 nov. 1967. Suplemento Literário.
COSTA LIMA, Luiz. Il metodo stilistico e quello structurale di fronte a un poeta brasiliano, *Aut-aut*, Milano, 109-110, jan. 1969.
CROCE, Benedetto. *La poesia: introduzione alla critica e storia della poesia e della letteratura*. 5. ed. Bari: Giuseppe Laterza & Filhos, 1953.
_____. *Tesi fondamentali di un'estetica come scienza dell'espressione e linguistica generale*. In: *Atti dell'Accademia Pontaniana*, 1900.
DE AMICIS, Edmondo. La maestrina degli operai. *Il romanzo d'un maestro*. Milano: Treves, 1890.
DEUTSCHER, Isaac. *Trotski: O Profeta Desarmado*. Rio de Janeiro: Civilização Brasileira, 1968.
DUFRENNE, Mikel. *Le Poétique*. Paris: PUF, 1963.
ECO, Umberto. [1968]. *Obra Aberta*. 9. ed. São Paulo: Perspectiva, 2012.
EICHENBAUM, Boris. *Skvoz Litieratúru* (Através da Literatura). Haia: Mouton, 1962. (Slavistic Printings and Reprintings). Edição original, Moscvá: Acadiêmia, 1924.
ERENBURG, Iliá. *A Vsiótaki Oná Viértitsia!* (E, No Entanto, Ela Se Move). Berlin/Moscvá: Gelikon, 1922.
ERLICH, Victor. *Russian Formalism*. Haia: Mouton, 1955.
FRIOUX, Claude. *Maïakovski par lui-même*. Paris: Seuil, 1961.
GLADKÓV, Fiódor. *Cimento* (Fédor Gladkov). São Paulo: Unitas, 1933.
GORIÉLY, Benjamin. *Le avanguardie letterarie in Europa*. Milano: Feltrinelli, 1967.
_____. *Ka*. Seleção, tradução para o francês e apresentação de textos de V. Khlébnikov. Lyon: Emmanuel Vitte, 1960.

GRILLANDI, Massimo. Majakoviskij e gli futuristi italiani. *Letteratura*, 69-71, maio-out. 1964.
GUILLEMINAULT, Gilbert et al. *Le Roman vrai de la IIIe République: La belle époque*. Paris: Denoël, 1958.
GUINSBURG, J.; TAVARES, Zulmira Ribeiro. *Quatro Mil Anos de Poesia*. São Paulo: Perspectiva, 1969.
HALLETT CARR, Edward. *The Bolshevik Revolution*, v. 1. New York: The Macmillan Company, 1951.
HEGEL, G.F.H. *L'Esthétique*, v. 1. Paris: Aubier/Montaigne, 1964. 10 v.
HOUAISS, Antônio. "Carlos Drummond de Andrade – III". *Minas Gerais*. Belo Horizonte, 28 jun. 1969. Suplemento Literário.
_____. Qual Prefácio. In: MARTINS, Hélcio. *A Rima na Poesia de Carlos Drummond de Andrade*. Rio de Janeiro: Livraria José Olympio, 1968.
_____. *Seis Poetas e um Problema*. Rio de Janeiro: Edições de Ouro, 1967.
IELÁGUIN, I. *Tiômni Guéni* (O Gênio Sombrio). New York: Tchékhov, 1955.
ISTÓRIA *Soviétskovo Dramatítcheskovo Teatra* (História do Teatro Dramático Soviético). Moscvá: Naúka, 1966. v. 2, obra coletiva.
IVANOV, Viatcheslav V. Ritm Poêmi Maiakóvskovo "Tcheloviék" (O Ritmo do Poema de Maiakóvski "O Homem"). *Poetics, Poetyka, Poética*, v. 2. Warszawa: Mouton/Academia Polonesa de Ciências, 1966.
IVLEV, D.D. "OPOIAZ". In: *Krátkaia Litieratúrnaia Entzikloptédia*. Moscvá, v. 5, 1968.
IZ *Tvórtcheskovo Nasliédia Soviétskikh Pissátieliei* (Da Herança Criativa dos Escritores Soviéticos). Moscvá: Naúka, 1965. (Série Herança Literária.)
JACOBBI, Ruggero. *Poesia futurista italiana*. Selezione, prefazione e notas. Parma: Guanda, 1968.
JAKOBSON, Roman. À Procura da Essência da Linguagem. *Linguística e Comunicação*. São Paulo: Cultrix, 1969.
_____. *Linguística e Comunicação*. São Paulo: Cultrix, 1969.
_____. *Fonema e Fonologia*. Seleção, tradução, notas e um estudo sobre o autor, de J. Mattoso Câmara Jr. Rio de Janeiro: Livraria Acadêmica, 1967.
_____. Grammatical Parallelism and Its Russian Facet. *Language*, v. 42, abr.-jun. 1966.
_____. Notes préliminaires sur les voies de la poésie russe. In: TRIOLET, Elsa. *La Poésie russe*. Paris: Seghers, 1965.
_____. O Pokoliênii Rastrátivchem Svoikh Poetov (Sobre a Geração Que Esbanjou os Seus Poetas). In: *Smiert Vladímira Maiakóvskovo* (A Morte de Vladímir Maiakóvski). Berlin: [s. l.], 1931. (Trad. bras.: *A Geração Que Esbanjou Seus Poetas*. Tradução de Sonia R.M. Gonçalves, São Paulo: Cosac & Naify, 2006.)
_____. *Noviéichaia Rúskaia Poésia: Nabróssok Piérvi* (A Novíssima Poesia Russa – Esboço Primeiro). Praga: Tipografia Politika, 1921.
JÁROV, Aleksandr. Na Grob Iessiênina (Sobre o Túmulo de Iessiênin). *Izviéstia*. Moscou, 10 jan. 1926.
JIRMÚNSKI, Víctor. [Victor Zhirmunski]. The Versification of Majakovski. *Poetics, Poetyka, Poética*. Warszawa: Mouton/Academia Polonesa de Ciências, 1966.

JOLKÓVSKI, A.J. Ob Ussiliénii (Da Amplificação). In: *Structurno-Tipologuítcheskie Islédovania* (Pesquisas Tipológico-Estruturais). Coletânea. Moscvá: Academia de Ciências da URSS, 1962.
KATÁIEV, Valentin. Kvadratura Kruga (A Quadratura do Círculo). *Ízbranie Sotchiniênia*. Moscvá: Goslitizdát, 1956-1957. 5 v.
_____. *Ízbranie Sotchiniênia* (Obras Escolhidas). Moscvá: Goslitizdát, 1956-1957. 5 v.
KHLÉBNIKOV, V.V. *Ka*. Tradução de Aurora Fornoni Bernardini. São Paulo: Perspectiva, 1977.
_____. Livre des préceptes. *Poétique*. Paris, n. 1 e 2, 1970.
_____. *Gesammelte werke*. München: Wilhelm Fink, 1968. (Coleção Slavische Propylaen.). Volumes 1 e 2, reimpressão dos 4 primeiros volumes da edição russa de *Obras Reunidas*.
_____. *Choix de poèmes*. Tradução e apresentação de Luda Schnitzer. Honfleur/Paris: Pierre Jean Oswald, 1967.
_____. La Tentation du pecheur. In: TRIOLET, Elsa. *Poésie russe*. Paris: Seghers, 1965.
_____. *Ka*. Seleção, tradução para o francês e apresentação de textos de Benjamin Goriély. Lyon: Emmanuel Vitte, 1960.
_____. Kon Prjeválskovo (O Cavalo de Prjeválski). *Stikhotvoriênia i Poêmi* (Poemas Longos e Curtos). Leningrad: Soviétski Pissátielie, 1960.
_____. *Stikhotvoriênia i Poêmi* (Poemas Longos e Curtos). Leningrad: Soviétski Pissátielie, 1960.
_____. Iskuchênie Griéchnika (A Tentação do Pecador). *Sobránie Sotchiniêni* (Obras Reunidas), v. 4. Leningrad: Soviétski Pissátielie, 1928-1933.
_____. Liebiédia Búduschevo (A Cisneia do Futuro). *Sobránie Sotchiniêni*, v. 4. Leningrad: Soviétski Pissátielie, 1928-1933.
_____. Mi i Domá (Nós e as Casas). *Sobránie Sotchiniêni*, v. 4. Leningrad: Soviétski Pissátielie, 1928-1933.
_____. Rázin. *Sobránie Sotchiniêni*, v. 1. Leningrad: Soviétski Pissátielie, 1928-1933.
_____. *Sobránie Sotchiniêni* (Obras Reunidas). Leningrad: Soviétski Pissátielie, 1928-1933. 5 v.
_____. Zanguézi. *Sobránie Sotchiniêni*, v. 3. Leningrad: Soviétski Pissátielie, 1928-1933.
KNAURS *Lexikon Moderner Kunst*. München: Th. Knaur Nachf. Verlag, 1955.
KONDRATOV, A. *Matiemática i Poésia*. Moscvá: O Saber, 1962.
KRÁTKAIA *Litieratúrnaia Entziklopiédia* (Pequena Enciclopédia Literária), v. 1. Moscvá, 1962-1978.
LAFFITTE, Sophie. *Tchékhov par lui-même*. Paris: Seuil, 1955.
LISSITZKI, El. The Future of the Book (El Lissitsky). *New Left Review*, 41, jan.-fev. 1967.
LITIERATÚRNAIA *Entziklopiédia* (Enciclopédia Literária). Moscvá: Goslitizdát, 1929-1939. 12 v.
LIVI, Grazia. Io so di non sapere nulla. *Época*. Milano, n. 652, 24 mar. 1963.
LO GATTO, Ettore. *Storia della letteratura russa contemporanea*. 2. ed. Milano: Nuova Accademia, 1963.

_____. Letteratura russa. *Storia delle letterature moderne d'Europa e d'America*, v. 5. Milano: Casa Editrice Dr. Francesco Vallardi, 1958.
_____. *L'estetica e la poetica in Russia*. Firenze: G.C. Sansoni, 1947.
_____. *Storia della letteratura russa*. Firenze: Sansoni, 1943.
LONDON, Jack. *Martin Eden*. New York: Penguin, 1946.
LOTMAN, Iúri M. *Léktzii po Strukturálnoi Poétike, vip. 1: Vviediênie, Teória Stikhá* (Aulas de Poética Estrutural, Série 1: Introdução, Teoria do Verso). Tártu, República da Estônia: Universidade Estatal de Tártu, 1964.
LUKÁCS, Georg. *Realismo Crítico Hoje*. Brasília: Coordenada, 1969.
_____. *La Destruction de la raison*. Paris: L'Arche, 1958, 2 v.
LUNATCHÁRSKI, A.V. Lojka Protivoiádia (Uma Colher de Antídoto). In: *Stat'i o Litieratúre* (Artigos sobre literatura). Moscvá: Goslitizdát, 1957.
_____. *Stat'i o Litieratúre*. Moscvá: Goslitizdát, 1957.
MAGUIRE, Robert A. *Red Virgin Soil: Soviet Literature in the 1920's*. Princeton, New Jersey: Princeton University Press, 1968.
MACIEL, Luiz Carlos. *Teatro Dialético de Bertolt Brecht*. Seleção e introdução. Rio de Janeiro: Civilização Brasileira, 1967.
MAIAKÓVSKI, Vladímir. *Antologia Poética*. Estudo biográfico e tradução de E. Carrera Guerra. Rio de Janeiro: Leitura, 1963.
_____. *Obras Escogidas*. Tradução, seleção, prólogo e notas de Lila Guerrero. Buenos Aires: Platina, 1957. 4 v.
_____. *Poemas de Maiakóvski*. Tradução de E. Carrera Guerra. Rio de Janeiro: Civilização Brasileira S.A., 1956. (Coleção Maldoror.)
_____. *Pólnoie Sobránie Sotchiniêni* (Obras Completas). Edição da Academia de Ciências da URSS. Moscvá: Goslitizdát, 1955-1961. 12 v.
_____. *Vers et proses*. Seleção, tradução e apresentação de Elsa Triolet. Paris: Les Éditeurs Français Réunis, 1952.
_____. *Antologia de Maiakovski*. Seleção, tradução para o espanhol e prólogo de Lila Guerrero. Buenos Aires: Claridad, 1943.
MANDELSTAM, Óssip. Schum Vriêmeni. In: *Sobránie Sotchiniêni* (Obras Reunidas), v. 2. Washington: Interlanguage Literary Associates, 1964-1966. (*O Rumor do Tempo e Viagem à Armênia*. Tradução de Paulo Bezerra. São Paulo: Editora 34, 2000.)
_____. *Putieschéstvie v Armiéniu* (Viagem à Armênia). *Sobránie Sotchiniêni*, v. 2. Washington: Interlanguage Literary Associates, 1964-1966.
_____. *Sobránie Sotchiniêni*. Washington: Interlanguage Literary Associates, 1964-1966. 29 v.
MARINETTI. Filippo T. *Teoria e invenzione futurista*. Verona: Arnold Mondadori, 1968.
MARKOV, Vladimir. *The Longer Poems of Velimir Khlebnikov*. Berkeley/Los Angeles: University of California Press, 1962.
MARTINS, Hélcio. *A Rima na Poesia de Carlos Drummond de Andrade*. Rio de Janeiro: Livraria José Olympio, 1968.
MARX, Karl. *Contribuição à Crítica da Economia Política*. São Paulo: Flama, 1946.
MCLUHAN, Marshall. *The Medium is The Massage: An Inventory of Effects*. New York: Bantam, 1967.

_____. *Understanding Media: The Extensions of Man*. 6. ed. New York: Signet, 1964.
MEYERHOLD, V.E. *O Teatro de Meyerhold*. Tradução, apresentação e organização de Aldomar Conrado. Rio de Janeiro: Civilização Brasileira, 1969.
_____. Slovo o Maiakóvskom (Uma Palavra sobre Maiakóvski). In: *Maiakóvski v Vospominániakh Sovriemiênikov*. Moscvá: Goslitizdát, 1963.
_____. Uma Palavra sobre Maiakóvski. MEYERHOLD, V.E. *O Teatro de Meyerhold*. Tradução, apresentação e organização de Aldomar Conrado. Rio de Janeiro: Civilização Brasileira S.A., 1969.
MOTHERWELL, Robert. *The Dada Painters and Poets: An Anthology*. New York: Witterborn, Schultz, Inc., 1951.
OLIECHA, Iúri. *Ni Dniá Biez Strótchki* (Nem um Dia sem uma Linha). Moscvá: Rússia Soviética, 1965.
_____. Inveja. In: *Novelas Russas*. Seleção, prefácio, notas e tradução de Boris Schnaiderman. São Paulo: Cultrix, 1963.
_____. *Ízbranie Sotchiniênia* (Obras Escolhidas). Moscvá: Goslitizdát, 1956.
PAJITNOV, L.; SCHRÁGUIN, B. O Poeta da Revolução e a Época Atual. *Problemas da Paz e do Socialismo*, set. 1963.
PAPIÉRNI, Z. *Poetítcheski Óbraz u Maiakóvskovo* (A Imagem Poética em Maiakóvski). Moscvá: Academia de Ciências da URSS, 1961.
PASTERNAK, Boris. *Avtobiografítcheski Otcherk* (Ensaio Autobiográfico). *Sotchiniênia* (Obras), v. 2. 3. ed. Ann Arbor: The University of Michigan Press, 1967.
_____. Rietch na Piérvom Vsiessoiúznom S'iezdie Soviétskikh Pissátieliei (Discurso no 1º Congresso Soviético de Escritores). *Sotchiniênia*, v. 2. 3. ed. Ann Arbor: The University of Michigan Press, 1967.
_____. Siestrá Moiá Jizn (Minha Irmã Vida). *Sotchiniênia*, v. 1. Ann Arbor: The University of Michigan Press, 1967.
PISCATOR, Erwin. *Teatro Político*. Tradução de Aldo Della Nina. Rio de Janeiro: Civilização Brasileira S.A., 1968.
PLISCO, N. "Maiakóvski, V.V.". In: *Litieratúrnaia Entziklopiédia*, v. 7, 1934.
POSCHÓTCHINA Obschéstvienomu Vkússu (Bofetada no Gosto Público). In: MAIAKÓVSKI, Vladímir. *Pólnoie Sobránie Sotchiniêni*. Edição da Academia de Ciências da URSS. Moscvá: Goslitizdát, 1955-1961.
POETICS, *Poetyka, Poetica*, v. 2. Warszawa: Mouton/Academia Polonesa de Ciências, 1966.
POMORSKA, Krystyna. *Formalismo e Futurismo*. São Paulo: Perspectiva, 1972.
_____. *Russian Formalist Theory and Its Poetic Ambience*. Haia: Mouton, 1968.
_____. Tieorietítcheskie Vzgliádi Rúskikh Futuristov (As Concepções Teóricas dos Futuristas Russos). *Anais do Instituto Universitario Orientale*, Napoli, 10, 1967.
POUND, Ezra. Problemi della communicazione. *Marcatre*, Milano, 16-18, jul.-set. 1969.
_____. *ABC of Reading*. Norfolk/Connecticut: New Directions, [s. d.].

_____. *Literary Essays*. Introdução de T.S. Eliot. London: Faber and Faber, [s. d.].

PÚCHKIN, A.S. *A Dama de Espadas*. Tradução de Boris Schnaiderman e Nelson Ascher. São Paulo: Editora 34, 1999.

_____. O Poésii Classítcheskoi i Romantítcheskoi (Sobre a Poesia Clássica e a Romântica). *Pólnoie Sobránie Sotchiniêni, v. 7*. Moscvá: Academia de Ciências da URSS, 1956-1958.

_____. *Pólnoie Sobránie Sotchiniêni* (Obras Completas). Moscvá: Academia de Ciências da URSS, 1956-1958. 10 v.

_____. Vie, poésies et pensées de Joseph Delorme: Les consolations, poésies par Saint-Beuve. (Resenha). *Pólnoie Sobránie Sotchiniêni* (Obras Completas). Moscvá: Academia de Ciências da URSS, 1956-1958. v. 6.

RAIT, Rita. Tólko Vospominánia (Reminiscências Apenas). In: REFORMÁTSKAIA, N.V. *Maiakóvski v Vospominániakh Sovriemiênikov*, Moscvá: Goslitizdát, 1963.

RECK, Michael. A Conversation between Ezra Pound and Allen Ginsberg. *Evergreen Review*, New York, v. 12, n. 55, 84, jun. 1968.

REFORMÁTSKAIA, N.V. *Maiakóvski v Vospominániakh Sovriemiênikov*, Moscvá: Goslitizdát, 1963.

REZENDE DE REZENDE, Annete. Método da Amplificação na Arte. *O Estado de S.Paulo*, São Paulo, 17 ago. 1968. Suplemento Literário.

RIÊMIZOV, A. *V Rózovom Blieske* (No Brilho Róseo). New York: Tchékhov, 1952.

RIPELLINO, Angelo Maria. *O Truque e a Alma*. São Paulo: Perspectiva, 1996.

_____. *Maiakóvski e o Teatro de Vanguarda*. São Paulo: Perspectiva, 1972.

_____. *Poesie di Chlébnikov*. Ensaio, antologia e comentário. Torino: Einaudi, 1968.

_____. *Lènin* (de Vladímir Maiakóvski). Tradução e prefácio. Torino: Giulio Einaudi, 1967.

_____. *Poesia russa del novecento*. Parma: Guanda, 1954.

SALES GOMES, Paulo Emílio. O Cineasta Maiakóvski. *O Estado de S.Paulo*, São Paulo, 16 fev. 1961. Suplemento Literário (reproduzido em *Crítica de Cinema no Suplemento Literário*, v. 2, São Paulo: Paz e Terra/ Embrafilme, 1982.)

SAPIR, Edward. *El Lenguaje*. Cidade do México: Fondo de Cultura Econômica, 1962 (Série Breviários del Fondo de Cultura Economica, n. 96)

SCHKLÓVSKI, Víctor. *Jíli-Bíli* (Eram Uma Vez). Moscvá: Soviétski Pissátielie, 1966.

_____. *Khudójestvienaia Prosa: Razmischliénia i Razbóri* (A Prosa Literária: Reflexões e Análises). Moscvá: Soviétski Pissátielie, 1961.

_____. O Maiakóvskom (Sobre Maiakóvski). *Jíli-Bíli*. Moscvá: Soviétski Pissátielie, 1966.

_____. *Vstriétchi* (Encontros). Moscvá, 1944.

_____. *O Teórii Prósi*. (Sobre a Teoria da Prosa). 2. ed. Moscvá, 1929.

SCHKLÓVSKI, Víctor et al. *Poétika*. Petrograd: Edições da OPOIAZ, 1919.

SCHNAIDERMAN, Boris. *Tradução Ato Desmedido*, São Paulo: Perspectiva, 2011.

_____. Maiakóvski: Evolução e Unidade. In: SCHNAIDERMAN, Boris; CAMPOS, Augusto de; CAMPOS Haroldo de. *Maiakóvski: Poemas*. 9. ed. São Paulo: Perspectiva, 2013.

_____. "Maiakóvski". *Exu*. Salvador, n. 34, jan.-mar. 1997.

_____. *Hybris* da Tradução, *Hybris* da Análise. *Colóquio Letras*, n. 57, Lisboa, set. 1980. (publicado em *Tradução Ato Desmedido*).

_____. Górki e Maiakóvski. *O Estado de S.Paulo*. São Paulo, 14 mar. 1964. Suplemento Literário.

_____. Uma Antologia de Maiakóvski. *O Estado de S.Paulo*, São Paulo, 15 fev. 1964.

_____. Reflexões de um Poeta. *O Estado de S.Paulo*. São Paulo, 15 fev. 1964. Suplemento Literário.

_____. *Novelas Russas*. Seleção, prefácio, notas e tradução de Boris Schnaiderman. São Paulo: Cultrix, 1963.

_____. Maiakóvski e o Formalismo. *O Estado de S.Paulo*. São Paulo, 31 mar. 1962.

_____. *O Negro de Pedro, O Grande*, de A.S. Púchkin. Tradução. São Paulo: Difusão Europeia do Livro, 1962.

_____. Maiakóvski e o Cinema. *O Estado de S.Paulo*. São Paulo, 18 mar. 1961. Suplemento Literário.

_____. Dois Ásperos Batalhadores. *Minas Gerais*. Belo Horizonte, 14 set. 1968. Suplemento Literário.

SCHNAIDERMAN, Boris; CAMPOS, Augusto; CAMPOS Haroldo de. *Poesia Russa Moderna*. 6. ed. revista e ampliada. São Paulo: Perspectiva, 2012.

_____. *Maiakóvski: Poemas*. 9. ed. São Paulo: Perspectiva, 2013.

SILVA BRITO, Mário da. *História do Modernismo Brasileiro, 1: Antecedentes da Semana de Arte Moderna*. 2. ed. revista. Rio de Janeiro: Civilização Brasileira, 1964.

SIPARIO, n. 260, dez. 1967.

STERNE, Laurence. *The Life & Opinions of Tristram Shandy*. New York: Dell, 1964.

STRUCTURNO-*Tipologuítcheskie Islédovania* (Pesquisas Tipológico-Estruturais). Coletânea. Moscvá: Academia de Ciências da URSS, 1962.

SVIERTCHKÓV, N.A. Constructivizm. In: *Krátkaia Litieratúrnaia Entziklopiédia*, v. 3. Moscvá: Soviétiskaia Entziklopiédia, 1966.

TALBOT RICE, Tamara. *A Concise History of Russian Art*. 2. ed. New York/Washington: Frederick A. Praeger, 1965.

TCHÉKHOV, A.P. *A.P. Tchékhov v Vospominániakh Sovriemiênikov* (A.P. Tchékhov nas Reminiscências dos Contemporâneos), Moscvá: Goslitizdát, 1960.

_____. *Histórias Imortais* (Anton Tchékhov). Introdução, seleção e tradução de Tatiana Belinky. São Paulo: Cultrix, 1959.

_____. *Sobránie Sotchiniêni* (Obras Reunidas). Moscvá: Goslitizdát, 1959-1960. 12 v.

TCHERNICHÉVSKI, N.G. *Tchtó Dielat?* (Que Fazer?). Moscvá: Editora Estatal de Literatura Infantil, 1950.

TCHUKÓVSKI, Korniéi. *Sovríemiêniki* (Contemporâneos). 2. ed. Moscvá: Jovem Guarda, 1963.

TEL QUEL, Paris, 35, out. 1968. La Sémiologie aujourd'hui en URSS.

TODOROV, Tzvetan. Le Nombre, la lettre, le mot. *Poétique*, n. 1, 1970.

_____. *Théorie de la littérature*. Paris: Seuil, 1965. Antologia do Formalismo Russo.
TRIOLET, Elsa. *La Poésie russe*. Paris: Seghers, 1965.
_____. *Maïakovski: poète russe*. Paris: Seghers, 1945.
VALÉRY, Paul. *Oeuvres, v. 1*. Paris: Gallimard, 1957. (Bibliothéque de La Pléiade.)
WARREN, Austin; WELLEK, René. *Theory of Literature*. London: Penguin, 1968.
WELLS, H.G. *The Time Machine and The Island of Doctor Moreau*. Leipzig: Tauchnitz, 1920.
_____. *La Guerre des mondes*. Bruxelles: L. Vandanme, 1916.
ZÓSCHENKO, Mikhail. *Ízbranoie* (Obras Escolhidas). Ann Arbor: The University of Michigan Press, 1960.

ÍNDICE

Abramov, N. 198, 273
Akhmátova, Ana 267, 279
Aksakov, S.T. 137
Aleikhem, Scholem 312
Alikhanov, general M. 112, 139
Altman, N.I. 129
Ambrogio, Ignazio 90, 95, 100, 266, 285, 286
Amicis, Edmondo de 142, 143
Andrade, A.T. 275
Andrade, Carlos Drummond de 25, 149, 282
Andrade, Mário de 99
Andrade, Oswald de 276
Andriéiev, Leonid 34, 288
Andriéieva, M.F. 127, 147
Anticristo 199
Antokólski, M.M. 329, 337
Antonio Candido 17
Apeles 58
Apollinaire, Guillaume 146
Aragon, Louis 33, 89

Araujo, Laís Corrêa de 101
Arnheim, R. 146
Artzibáchev, M.P. 140
Arvatov, Boris 54, 95, 129
Assiéiev, Nicolai 55, 85, 129, 139, 148, 189, 212, 246, 273, 277, 280, 288, 344
Aviértchenko, A.T. 34, 141
Avílova, L.A. 265, 266

Bábel, Isaac 82, 103
Bagrítzki, Eduard 279
Balasz, Béla 146
Ball, Hugo 50
Balmont, C.D. 34, 89, 117, 185, 186, 231, 269, 287, 297
Bandeira, Manuel 267
Baratínski, I.A. 279
Bart, V.S. 168
Bauman, N.E. 113, 139
Benjamin, Walter 16, 76, 102
Bernardini, Aurora Fornoni 18, 80, 103

Bester, Alfred 348
Biédni, Diemian 204
Biéli, Andriéi 80, 81, 103, 117, 118, 274, 276, 279, 285
Belinky, Tatiana 313
Bielínski, V.G. 91
Biezimiênski, A.I. 213
Bilac, Olavo 70, 100
Bliákhin, P.A. 327, 328, 331, 336, 337, 338
Blok, Aleksandr 34, 47, 64, 80, 81, 92, 103, 133, 200, 274, 275, 276, 288, 347
Bóbtchinski 305, 314
Boem, I. 115, 139
Bolle, Willi 15
Bosi, Alfredo 17, 37
Bowra, C.M. 268
Bradbury, Ray 48
Brakke, V. 139
Braque, Georges 168
Brecht, Beltolt 43, 44, 45, 46, 57, 70, 76, 91
Breton, André 39, 40, 90
Brik, Lília 64, 99, 106, 125, 141, 143, 145, 149
Brik, Óssip 24, 25, 53, 54, 58, 65, 75, 86, 102, 125, 129, 138, 141, 161, 191, 246, 277, 280, 288, 289
Brito, Mário da Silva 89
Briússov, V.I. 34, 89, 228, 255, 286, 287, 289
Brodóvski, M. 198, 273
Brown, Edward J. 88
Bukhárin, N. 329, 337
Búnin, Ivan 34, 264, 266
Burliuk, David 34, 40, 41, 64, 107, 120, 121, 140, 167, 189, 191, 271
Burliuk, Nicolai 40
Byron, J.N.G. 118

Câmara Jr., J. Mattoso 85
Camões, Luís de 97
Campos, Augusto de 18, 25, 86, 90, 92, 93, 96, 98, 100, 101, 137, 269, 270, 271, 273, 275, 281, 284, 288, 341, 342, 345, 347
Campos, Haroldo de 17, 25, 51, 86, 90, 91, 92, 93, 94, 96, 97, 99, 100, 101, 103, 140, 141, 147, 148, 149, 244, 269, 270, 281, 282, 283, 284, 285, 286, 287, 288, 289, 290, 341, 342, 345

Carpeaux, Otto Maria 24, 94, 97
Carr, Edward Hallett 167
Carrera Guerra, E. 22, 85, 276
Cendrars, Blaise 142
Cézanne, Paul 69
Chagall, Marc 30, 312, 313
Chenguéli, G.A. 198, 208, 216, 224, 273
Chercheniévitch, V. 284
Chráguin, B. 33, 89
Christiansen, Broder 100
Chub, E.F. 330, 337
Coelho, Ruy 17
Coleridge, Samuel 100
Colucci, Miguel 90
Conrado, Aldomar 102
Costa Lima, Luiz 86
Cristo 199, 245, 288
Croce, Benedetto 56, 57, 58, 59, 97, 98

Dante Alighieri 92, 93
D'Anthés, Georges-Charles (Barão Hekkeren) 207
Dedecius, Karl 96
Delaunay, Robert 168
Delorme, Joseph 101
Derain, André 168
Dermée 99
Deutscher, Isaac 291
Dieníkin, general A.I. 127, 148
Dierjávin, G.R. 274
Dix, Otto 30
Dobroliubov, N.A. 91
Dóbtchinski 305, 341
Dorônin, I.I. 227, 241, 286, 287
Dostoiévski, Fiódor 34, 35, 91, 166, 2. 267, 290
Dufrenne, Mikel 100
Duncan, Isadora 284
Dzerjínski, F.E. 167, 347
Dziga-Viértov 50, 75

Eco, Umberto 276
Edison, T.A. 46
Efrêmio Siríaco, São 64
Efros, Abraão 254, 289
Eichenbaum, Boris 272, 273

stein, Albert 46
enstein, S.M. 36, 50, 75, 94, 330, 334, 337
ster 312
ot, T.S. 60, 98, 99
enburg, Iliá 169
ich, Victor 95
ikó, A.M. 314
nollosa, Ernest 61
vrálski, A. 313
oux, Claude 142

bo, Naum 51
ndúrin, K.D. 315
rdin, V.R. 329, 336
rin, Eugênio 98
uguin, Paul 97
nsberg, Allen 98
adkóv, Fiódor 285
eizes, Albert 168
uschkóvski, B.P. 109
ethe, J.W. 91, 280
gol, Nicolai 91, 175, 181, 304, 305, 306, 308, 313, 314
ld, Michael 163, 169
ntcharova, N.S. 49, 64, 168
riély, Benjamin 88, 90, 97, 98, 103, 268, 271
rki, Maksim 34, 82, 94, 124, 139, 141, 147, 174, 210, 264, 276, 284, 322, 335, 344
rodiétzki, S.M. 189, 271
amsci, Antonio 88
anóvski, A.M. 129, 312
etch, N. 198, 200, 273, 276
iaznóv, general F.F. 139
iboiedov, A.S. 290
illandi, Massimo 90
osz, Georges 30
erássimov, M.P. 305, 314
errero, Lila 24, 85, 86, 101
eruláitis, I.M. (Stzepuro, C.V.) 117
insburg, Jacó 18
milévski, L.N. 290
ro, Ieliena 271
tchkóv, A.I. 141

msun, Knut 298
spar 30

Hegel, G.W.F. 101, 115
Helzer, I.V. 259, 290
Herder, Johann Gottfried 286
Herédia, José Maria de 276
Herzen, A.I. 91
Hippius, Zinaída 199, 275
Hitler, Adolf 51, 91
Hoffmann, E.T.A. 143, 276
Holanda, Sérgio Buarque de 17, 90, 97
Holbein, Hans 119
Homero 93, 256
Horácio 277
Houaiss, Antônio 24, 86, 97, 282
Hülsenbeck, Ricardo 51

Iácovlev 331, 337
Iakulov, G.B. 312
Iefrêmenko 331
Iefremov 331
Ieláguin, Iúri 102
Iermilov, V. 315
Iermolóv, general 290
Iessiênin, Sierguéi 64, 86, 209, 210, 211, 212, 213, 214, 217, 220, 221, 222, 223, 226, 227, 230, 231, 234, 239, 267, 279, 282, 283, 284, 286, 287, 289
Ievriéinov, N.N. 87, 124, 267
Ievtuchévski, V.A. 176
Iudiénitch, general N.N. 203, 2825
Iliazd cf. Zdaniévitch, Iliá
Imbriani, Vittorio 92
Issakóvski, Mikhail 268
Istômin, Karion 277
Iutkévitch, S.I. 36, 338
Ivanov, Viatcheslav 23, 85
Ivanov, Viatcheslav V. 278
Ivlev, D.D. 95

Jacobbi, Ruggero 36
Jakobson, Roman 18, 21, 36, 37, 40, 41, 55, 64, 67, 69, 81, 85, 89, 90, 95, 100, 103, 188, 263, 268, 270, 274, 277, 281, 287, 290
Járov, A.A. 74, 102, 213, 284, 305, 314
Jirmúnski, Víctor 100, 277, 278, 280, 282
João Damasceno, São 64

361

Jolkóvski, A.K. 94, 150
Joyce, James 80
Jukóvski, S.I. 40, 119
Jukóvski, V.A. 329, 336

Kaiser, Georg 30, 289
Kamiênski, Vassíli 34-35, 36, 122, 167, 170, 189, 191, 192, 246, 285, 288, 298, 312
Kandeláki, Vassíli 114
Kandínski, Vassíli 30
Kant, Emmanuel 57
Kantiêmir, Antiokh 277
Kárichev, N. 139
Katáiev, Valentin 282, 283
Kaviérin, V.A. 258, 290
Kayser, Wolfgang 280
Kélin, P.I. 40, 119, 140
Kêrenski, A.F. 141
Khlestakóv 305, 306, 307, 313, 314
Khlébnikov, Vielimir 25, 34, 35, 36, 40, 41, 47, 48, 65, 67, 69, 72, 73, 79, 80, 85, 89, 90, 92, 93, 101, 121, 138, 139, 183, 184, 185, 186, 187, 188, 189, 190, 191, 192, 246, 254, 267, 268, 269, 270, 271, 274, 277, 285, 288
Khrakóvski, V.L. 129
Kirilov, V.T. 116, 139, 199, 216, 275, 305, 314
Kirsanov, S.I. 138
Kíssielev, V.P. 129
Kliúiev, N.A. 210, 283
Kógan, P.S. 214, 229, 243, 284
Kolmogorov, A.N. 278, 279, 280
Kondratov, A. 273, 789, 279, 280, 281, 282, 285
Koridze, S.S. 117
Koriêniev, M.M. 291
Kózintzev, G.M. 26
Kriestóv, subcomandante 117, 185
Krúpskaia, N.C. 256
Krutchônikh, Aleksiéi 34, 35, 40, 41, 121, 138, 189, 191, 204, 214, 246, 272, 284
Kszesinska, M.F. 126, 146
Kúschner, B.A. 129, 191, 192
Kurlóv, P.G. 118, 140
Kuprin, A.I. 34
Kurzon, Lorde 150
Kúzmin, M.A. 34

Laffitte, Sophie 266
Larionov, M.F. 49, 64, 119, 140, 168
Larrauri, Agustín 101
Lassale, Ferdinand 113
Lavínski, A. 31, 32, 129, 143
Lavróv, P.L. 285
Lavut, P.I. 133, 286
Le Dantu 289
Léger, Fernand 91, 157, 167, 168
Lênin, V.I. 88, 89, 91, 97, 102, 115, 129, 1 149, 167, 279, 290, 334, 337, 347, 34
Lentulov, A.V. 64
Leonardo da Vinci 64
Lérmontov, M.I. 138, 267, 270, 276
Libiedínski, I.N. 215, 285
Lifschitz, Benedikt 271
Linder, Max 143
Lissítzki, El cf. Lissítzki, L.M.
Lissítzki, L.M. 50, 51, 72, 73, 75, 93
Livi, Grazia 98
Lo Gatto, Ettore 23
Lobatchévski, N.I. 197
Lomonossov, M.V. 274
Lomov, G.I. 116
London, Jack 142, 143
Lotman, I.M. 94
Lukács, Georg 76, 91
Lunatchárski, A.V. 30, 88, 146, 147, 30 313, 314
Lvov, príncipe 122

Machbitz-Vierov, I. 88
Máchkov, I.I. 64, 119, 140
Maguire, Robert A. 89, 97, 100
Maiakóvskaia, Aleksandra Aleksiéiev 108
Maiakóvskaia, Liudmila 138
Maiakóvskaia, Olga 138
Maiakóvski, Vladímir Constantínovit 138
Makhmudbekov, S.A. 117, 118
Makhnó, Niéstor 167
Malévitch, Casimir 49, 127
Mallarmé, Stéphane 101
Mandelstam, Óssip 85, 93, 137
Marienhoff, A. 284
Marinetti, F.T. 35, 36, 88

arkov, V. 90, 268
artins, Hélcio 24, 25, 86
arx, Karl 115, 211, 214
atisse, Henri 168
cLuhan, Marshall 72-73, 76, 101, 170
eierhold, V.E. 31, 50, 75, 102, 127, 30, 303, 305, 306, 307, 308, 311, 312, 313, 314, 315
elo Neto, João Cabral de 97
elo, Clóvis 275
elville, Herman 97
etzinger, Jean 168
iátliev, S.P. 265
iedviédiev, S.S. 119
ierejkóvski, Dmítri 275
iliukóv, P.N. 125, 141
ilton, John 60
odl, coronel 123, 141
ozjúkhin, I.I. 324, 336
oniz Bandeira 275
onteiro, Adolfo Casais 17
ortchadze, I.I. cf. Koridze, S.S.
otherwell, Robert 94
ussolini, Benito 150

adson, S.I. 150, 177, 264
akaschidze, Príncipe 110
azárenko, V. 277
icandrov 337
icon, patriarca 103
ikonov, V.A. 278
iekrassov, N.A. 174, 264, 274
iéstor 272
ietzsche, Friedrich 91
ielsen, Asta 143
izen, Iecatierina 271

iecha, Iúri 83, 93, 283
 Neill, Eugene 314
rlínski, A.P. 333, 337
stróvski, A.N. 300, 301, 306, 312, 313, 314
vídio (Públio Ovídio Naso) 273

jitnov, L. 33, 89
ipiérni, Z. 286

Pasternak, Boris 64, 85, 87, 93, 95, 96, 97, 139, 189, 209, 246, 274, 281, 283, 288, 347
Pedro I (o Grande) 99, 337
Pégasos 251
Pevsner, A. 51
Picabia, Francis 52
Picasso, Pablo 168
Piérski, R.D. 145
Pignatari, Décio 100
Pilsudski, marechal J. 150
Piscator, Erwin 30, 31, 32, 41, 42, 43, 57, 76, 87
Plótnikov, Irmãs 114
Poincaré, Raymond 150
Polônski, V.P. 257, 290
Polótzki, Simeon 274
Pomorska, Krystyna 18, 40, 41, 90, 138, 269, 270, 288
Potiebniá, Aleksandr 266
Pound, Ezra 21, 59, 60, 61, 76, 85, 98, 99
Povóljetz (Weger, V.I.) 116
Prjeválski, M.M. 90, 271
Propp, Vladímir 94
Protazanov, I.A. 333, 337
Púschkin, A.S. 34, 35, 53, 63, 64, 65, 71, 72, 81, 89, 100, 175, 196, 234, 249, 255, 256, 257, 264, 267, 272, 273

Radimov, P.A. 216, 285
Rait, Rita 87, 148, 283
Rakhmáninov, S.V. 120, 140
Rasputín, G.E. 31
Rávdel, I.V. 129, 312
Rázin, Stiepan 224, 269
Raikh, Zinaída 307, 314
Reck, Michael 98
Reformátskaia, N.V. 99
Rezende, Annete Rezende de 18, 99, 150
Ribot, T. 99
Riábova, N. 150
Riêmizov, Aleksiéi 34, 81, 103
Répin, I.I. 87, 124, 141
Riesel, E. 280
Rilke, Rainer Maria 87
Ripellino, Angelo Maria 33, 35, 36, 41, 87, 88, 90, 91, 97, 102, 140, 142, 143, 146, 147, 148, 267, 268, 312, 313, 314, 347

363

Ródtchenko, A.M. 50, 75, 129
Rodzianko, M.V. 125, 141
Rosenfeld, Anatol 18
Rubákin, N.A. 113
Rubinstein, A.G. 137

Saint-Beuve, C.A. 101
Sales Gomes, Paulo Emílio 146, 335
Saltan, Tsar 290
Sanzio, Rafael 64
Sapir, Edward 70, 100
Schklóvski, Víctor 21, 52-53, 70, 75, 82, 85, 99, 100, 103, 265, 270, 286, 289, 308, 314, 329, 337
Schlegel, Friedrich 286
Schmidt, A.N. 81
Schnaiderman, Boris 85, 93, 101, 269
Schnaiderman, Regina S. 18
Schnitzer, Luda 268
Schopenhauer, Arthur 91
Schviédtchikov 327, 328, 330, 336
Schwitters, Kurt 51, 94
Selvínski, Iliá 50, 229, 286
Shakespeare 118, 209, 321
Sievieriânin, Igor 35
Skitáletz (S.G. Pietróv) 264
Skoropádski, general P.P. 167
Slavínski, I.O. 143
Smidóvitch, P.G. 116
Smirnóv 331, 332
Smith, Adam 256
Sobátchkin 313
Sóbinov, L.V. 226,3 242, 254, 259, 286, 287, 289
Sófia 81, 103
Sologub, Fiódor 34
Solovióv, Vladímir 23, 81, 85, 103
Sólski 331
Sosnóvski, L.S. 211, 284
Srietiênski, professor 313
Stálin, J. 91, 267, 344
Stanislávski, C.S. 31, 267, 314
Sterne, Laurence 286
Stieklóv, I.M. 259, 290
Stiepanov, M. 271
Strynovsky, Julius 98
Surkov, Aleksiéi 268

Sviertchkóv, N.A. 49, 50, 93, 132, 169

Taírov, A.I. 50, 312
Talbot Rice, Tamara 93, 99
Tátlin, V.I. 50, 75
Tchaikóvski, P.I. 137, 286
Tcharov 310, 332
Tcharov, A. 315
Tchékhov, Antón Pávlovitch 52, 64, 1 174, 177, 178, 179, 180, 181, 263, 2 265, 266, 267, 299, 312, 313, 322
Tchekríguin, Vassíli 99
Tchernichévski, N.G. 48, 91
Tchitchérin, A.M. 50
Tchórni, Sascha 34, 119
Tchukóvski, Korniéi 87, 124, 263, 264, 2
Teócrito 256
Tikhonóvitch, V.V. 312
Tiutchev, F.I. 89
Todorov, Tzvetan 85, 268, 280, 289
Toller, Ernst 30, 289
Tolstói, Aleksiéi Constantínovitch 2 287
Tolstói, Aleksiéi Nicoláievitch 31
Tolstói, Lev 34, 35, 91, 118, 137, 166, 174, 1 178, 249, 255, 256, 290, 336
Tomachévski, Boris 86, 278
Tráinin 328, 330
Trauberg, L.Z. 36
Trietiakóv, S.M. 129, 148, 191, 246, 288,
Triolet, Elsa 86, 103, 140, 268, 274
Turguiêniev, Ivan 178, 179, 265
Tzara, Tristan 51

Útkin, I.P. 228, 286, 305, 314

Valentino 81, 103
Valéry, Paul 285
Vandervelde, Émile 150
Vassílides 81
Vênus de Milo 100
Verhaeren, Émile 71, 286, 312
Verlaine, Paul 69
Verne, Júlio 111
Voltanóvski, R.R. 116

364

Worônski, A.C. 89, 97, 100, 101, 257, 290
Vostokov, A.C. 280

Wagner, Richard 91, 287
Warren, Austin 24, 25, 86
Wellek, René 24, 25, 86
Wells, H.G. 48, 92

Wittfohel, Karl 247, 289
Wordsworth, William 100

Zdaniévitch, Iliá 51, 289
Zhirmunski, Victor cf. Jirmúnski, Víctor
Ziemlianika 314
Zóschenko, Mikhail 83, 257, 290

BORIS SCHNAIDERMAN nasceu em 1917 em Úman, na Ucrânia, mas teve formação russa. Quando tinha cerca de um ano, foi levado para Odessa. Em 1925, veio com os pais para o Brasil, residindo ora em São Paulo, ora no Rio de Janeiro. Formou-se engenheiro-agrônomo em 1940 pela Escola Nacional de Agronomia no Rio de Janeiro. Incorporado à Força Expedicionária Brasileira, lutou na Segunda Guerra Mundial, na frente italiana. Entre 1948 e 1953 trabalhou como funcionário do Ministério da Agricultura, lotado na Escola Agrotécnica de Barbacena, Minas Gerais. A partir de 1960, assumiu o posto de professor de russo da Universidade de São Paulo, da qual se aposentou em 1979. Tornou-se professor-emérito em 2001. Traduziu para o português obras de Púschkin, Tolstói, Dostoiévski e outros.

Recebeu, em 2003, o Prêmio de Tradução da Academia Brasileira de Letras, concedido então pela primeira vez. Em 2007, foi agraciado pelo governo da Rússia com a Medalha Púschkin, em reconhecimento por seu trabalho de divulgador da cultura russa. Em 2010, recebeu o prêmio de Personalidade Cultural do Ano, concedido pela revista *Bravo!* e pelo Bradesco Prime.

Este livro foi impresso em São Paulo,
nas oficinas da Vida e Consciência Gráfica e Editora,
em março de 2014, para a Editora Perspectiva.